E.M 普通高校应用型本科经济与管理系列规划教材

财务管理（第二版）

Financial Management

李延喜　张永鑫　孙喜云　主编

大连理工大学出版社

图书在版编目(CIP)数据

财务管理／李延喜，张永鑫，孙喜云主编．—2版．
—大连：大连理工大学出版社，2013.7
（普通高校应用型本科经济与管理系列规划教材）
ISBN 978-7-5611-5224-9

Ⅰ.①财… Ⅱ.①李… ②张… ③孙… Ⅲ.①财务管理—高等学校—教材 Ⅳ.①F275

中国版本图书馆CIP数据核字(2009)第222838号

大连理工大学出版社出版
地址：大连市软件园路80号 邮政编码：116023
发行：0411-84708842 传真：0411-84701466 邮购：0411-84703636
E-mail：dutp@dutp.cn URL：http://www.dutp.cn
大连美跃彩色印刷有限公司印刷 大连理工大学出版社发行

幅面尺寸：185mm×240mm 印张：19.25 字数：410千字
2010年1月第1版 2013年7月第2版
2013年7月第3次印刷

责任编辑：邵 婉 责任校对：诗 雨
封面设计：波 朗

ISBN 978-7-5611-5224-9 定 价：33.00元

第二版前言

目前，财务管理知识已经成为企事业单位乃至个人理财的基本知识，在各个领域均被广泛地运用。“财务管理”这门课程已经成为经济类、管理类专业的一门必修课程。

本书在第一版的基础上，结合经济的发展，在保持原教材基本特色与优点的前提下，对部分内容进行修改，引入新的案例。在编写过程中力求做到应用性、科学性、系统性相结合，以基本理论、基本知识为基础，以基本内容和基本方法为主线，侧重于培养学生的应用能力和专业技能，以及分析问题和解决问题的能力，突出为培养适应目前社会经济环境的应用型人才服务。

本书在编写中突出以下几个鲜明特点：

(1)案例导入。每章开头都有教学导入案例并提出问题，让学生带着问题去学习，以便于教师授课时启发学生思考，也让学生产生学习兴趣。

(2)理论与案例相结合。每章结束都有综合案例分析，让学生感到所学内容是真实可信的，为培养学生实践能力服务。

(3)既适用于教学，也适用于自学。本书在结构安排上，章首是本章框架体系、学习目标和本章导读，章中穿插了练习题和自测题，章末是本章小结和思考题。这样的结构安排不仅有利于提高教学效果，而且能够满足读者自学需要。

本书由大连理工大学李延喜教授负责编写大纲、统稿和修改。由李延喜(第1～3章)、张永鑫(第4～6、9～10章)和孙喜云(7～8章)共同编写完成。

由于编写时间仓促和编者水平有限，书中错漏在所难免，敬请广大读者批评指正。

编者

2013年6月

目 录

第1章
财务管理概论

本章框架体系

- 财务管理概论
  - 财务管理基本概念
    - 什么是财务管理
    - 财务管理的产生与发展
    - 财务经理在财务管理中的地位
    - 财务管理的基本理念
  - 财务管理活动
    - 投资决策
    - 融资决策
    - 股利决策
  - 财务管理目标
    - 明确财务管理目标的必要性
    - 财务管理目标的内容
      - 利润最大化
      - 股东财富最大化
      - 企业价值最大化
    - 企业价值最大化的意义
  - 财务管理与金融市场
    - 金融市场的分类
    - 金融市场的作用
    - 金融机构与金融体系

导读

假设你现在要开设自己的公司，不论是哪种类型的公司，你都必须以某种形式回答下面三个问题：

1. 你将如何管理每天的财务活动，比如向客户收款或向供应商付款？

2. 你将做何种长期投资？也就是说，你将进入哪个行业，需要何种厂房、机器和设备？

3.投资项目的长期融资来源是什么？你将引入其他股东，还是举债？

这些并不是仅有的问题，但属于最重要的问题。财务管理是企业管理的中心，作为一个公司，在竞争的市场中如何采用不同的理财项目，合理分配资金、回避风险、提高收益是一项十分重要的工作。下面，请带着上述问题，开始本章的学习。

学习目标

- 理解财务管理的概念和基本理念
- 熟悉财务管理活动的内容
- 理解关于财务管理目标的相关观点
- 了解企业价值最大化的意义
- 掌握金融市场的分类和作用

1.1 财务管理基本概念

1.1.1 什么是财务管理

财务管理是企业管理的重要组成部分，是以企业资金运动为重点，对企业资金取得和有效使用进行的管理工作。简单地说，企业财务管理是企业获得资金和有效使用资金的管理活动，财务管理的核心是企业的资金。财务管理具体表现为对企业资金供需的预测、组织、协调、分析、控制等方面。通过有效的理财活动，可以理顺企业资金流转程序和各项分配关系，以确保生产经营的顺利进行，使各方面的利益要求得到满足。

1.1.2 财务管理的产生与发展

财务管理的理论与实践经验都是在企业资金管理实践中逐渐形成和发展起来的。财务管理之所以有今天，取决于其之前的成就。只有了解历史，才能了解发展；只有了解过去，才能更好地把握现在和未来。正确理解财务管理的发展历史，对于系统地学习和掌握现代财务管理的基本理论和具体管理技巧具有十分重要的意义。

财务管理作为一门独立的学科，产生于19世纪末，发展于20世纪初，特别是在20世纪中期，股份公司迅速发展，企业规模不断扩大，各种各样的证券已经在市场上发行和流通，这就使公司出现了一种新的管理职能(针对怎样筹集资本，股票怎样发行，外界有什么资金来源，筹集到的资金怎样使用，企业盈利怎样分配等)。于是，各个公司纷纷成立新的管理部门——财务管理部门，来承担以上职能。公司财务管理作为一项独立的职能，开始从企业管理中分离出来，专业化的理财活动也就产生了。

1. 财务管理理论的产生与发展，大致经历了四个阶段

(1)融资阶段(19 世纪末期至 20 世纪 20 年代后期)

19 世纪末期和 20 世纪初期，财务管理一直被当作经济理论的应用学科，被看做是经济学的一个分支。1897 年格林(Thomas L. Greene)出版的《公司财务》(Corporate Finance)，是最早论述财务管理的书籍，奠定了财务管理的理论框架。他将财务管理分为信用工具、金融机构和资本市场三部分，适应了当时资本市场和企业理财的需求。到了 20 世纪初期，西方国家的资本市场已经发展到相当的规模，投资银行、商业银行、储蓄银行、保险公司等中介机构已经成为企业融资不可缺少的一个组成部分，各种各样的证券开始在资本市场上发行和流通，证券交易日趋活跃，企业理财手段也愈加丰富。

由于经济和科学技术的发展，新的行业不断涌现。随着股份公司的迅速发展，各公司都面临着如何筹集扩大经营所需资金的问题。这时，资金市场还不甚成熟，财务管理的主要内容是外部融资，其注意力主要集中在如何利用股票、债券和其他证券来筹集资金，此时，投资银行家和证券经纪商的作用和地位开始引起人们的注意。

(2)财务控制阶段(20 世纪 30 年代至 20 世纪 50 年代)

20 世纪 30 年代，西方国家出现了巨大的经济危机。企业的财务管理活动不单单是筹集资金，还包括如何用好和管理好资金，此时财务管理的重点已转到如何维持企业的生存上，如维持资产的流动性、防范破产、企业债务清偿、企业收购兼并等。这个时期，西方国家政府加强了对企业的监管，对财务管理学科的发展起了很大的推动作用。例如，美国政府在 1933 年和 1934 年分别通过了《证券法》和《证券交易法》，要求公司公开公布财务信息。为保证公司财务信息的透明度和真实性奠定了基础。

20 世纪 40 至 50 年代，传统的观念在财务管理学科依然占统治地位。到 20 世纪 50 年代中期，财务管理的重心开始转向资本预算。随着投资项目评估管理方法的出现，财务管理开始注重资本的合理利用。此外，财务管理还扩展到现金和存货管理、资本结构和股息政策上。于是财务管理的重点开始从企业的外部资金筹集转向企业的内部资金管理，注重企业资金的内部决策和控制。这时，财务管理进入内部控制阶段。

在这一时期，公司内部的财务决策被认为是公司财务管理最重要的问题，而与资金筹集有关的事项已退居到第二位。各种计量模型逐渐应用到存货、应收账款、固定资产等项目上。此时，财务分析、财务计划、财务控制等都得到了广泛应用。

(3)投资管理阶段(20 世纪 50 年代至 20 世纪末期)

随着企业经营规模的不断发展扩大，资金运用的日趋复杂，市场竞争的加剧，通货膨胀和通货紧缩的发生，利率的波动，企业投资面临巨大风险。因此，在企业财务管理过程中，投资管理不断得到重视。

20 世纪 60 年代至 70 年代资本结构理论的发展，标志着财务管理进入一个崭新的发展阶段。这个时期，财务管理理论得到很大发展，出现了著名的 MM 资本结构理论以及马科维茨（Markowitz）、夏普（Sharpe）和林特（Linter）等人的投资组合理论。20 世纪 80 年代财务管理的理论研究开始侧重于不确定性条件下企业资产定价方面。此外，税务筹划、资产证券化和融资工具创新等企业迫切需要解决的问题也成为财务管理面临的新挑战。进入 20 世纪 90 年代，金融的全球化，引起财务管理的重大发展，使得财务管理的投融资技术和方法日趋多样化和复杂化。

(4)电子商务下的财务管理阶段(21 世纪以后)

进入 21 世纪，随着国际经济一体化进程的推进，以及计算机、互联网、电子商务技术的发展，财务管理超越了国家和民族的界限，进入经济全球化时代，国际财务管理越来越受到人们的重视。

目前，电子商务环境下的理财理论和技术正逐步发展，中国国家自然科学基金委员会委托部分专家专门就电子商务环境下的财务管理问题进行研究，并取得了一定成果。其中资金实时控制、财务决策支持等观点开始在我国部分企业推广。

总之，财务管理学已从描述转向严格的分析和研究；从单纯的融资转到资产管理、资本分配和企业估价；从单纯注重企业外部分析转到注重企业外部分析和内部决策的有效结合上。

2. 我国财务管理的发展趋势

我国的社会主义市场经济已经发展了 20 多年，其间引进了国外先进的财务管理经验。我国加入 WTO 后，金融市场得到快速发展，资本的国际流动日趋活跃。企业财务管理呈现出以下发展趋势。

(1)财务决策的量化随着市场竞争的加剧而加剧

企业的投融资决策日益慎重，需要财务人员依靠各种数量工具对决策进行详尽分析，提供可靠的量化指标，为企业制定各项决策提供参考。例如在投资项目评价中，利用内含报酬率、投资回报率、投资风险量化等指标进行决策已经成为一种趋势。

(2)财务预测能不断提高对未来可能出现结果的主观判断能力

预测的准确性和科学性对于企业财务管理愈加重要。在收购兼并过程中，往往利用企业未来现金流量折现确定目标企业价值，而合理预测未来现金流量是影响定价结果的重要因素。因此，企业的财务人员更加注重财务预测工作，即使在制定财务预算过程中，往往也会用到大量的数学工具进行预测。

(3)通货膨胀和通货紧缩对财务的影响越来越重要

我国经济高速发展的同时，也伴随着通货膨胀、通货紧缩的发生，给企业财务管理活动带来很大影响。通货的出现造成企业会计信息失真，并影响企业的融资成本，带来巨大财务风险。因此,加强对通货膨胀的预测,控制债务规模,对于防范财务风险具有重要意义。

(4)收购兼并与资产重组成为公司财务管理的主要活动

企业的发展离不开资本市场的运作,其中收购兼并和资产重组成为企业跨越式发展的辅助手段。通过收购兼并实现强强联合、优势互补,或者达到借壳上市、二次融资等目的,国内外资本市场不断上演着资本竞争的大戏。在资产重组过程中,目标企业定价、并购风险控制等成为财务管理必须解决的问题。

除此之外,中国加入 WTO 后逐渐融入国际资本市场,国际财务与跨国公司财务管理成为公司理财内容。这需要我们不断熟悉国际资本市场规则,了解各国税收、会计、财务等方面的特点,帮助企业参与国际市场竞争。

阅读材料

旺旺集团:轻松面对海量报表

旺旺集团于 1996 年在新加坡上市。在中国地区开办工厂 110 多家,分公司 40 余家,打造生产线 200 余条。除了经营食品行业外,旺旺还涉足医疗服务、餐饮连锁、农业、酒店、房地产等领域。为了实现网络化财务管理,旺旺集团于 2007 年实施了金蝶 EAS 总账管理项目(简称金蝶)。通过金蝶,旺旺集团统一了下属单位的会计科目体系,加强了内部控制,实现集团一套账和数据集中式管理,提高了内部对账的及时性和准确性。此外,集团还可以及时查询到下属公司的账簿数据,实现了集团的信息能够及时下发给下级各家单位。财务人员通过使用金蝶,大大提高了对业务的解决能力,集团本部 30 多名财务人员已经开始转型,从原有的核算型向更高级的管理分析型人员转变。

1.1.3 财务经理在财务管理中的地位

财务管理技巧的不断更新与发展变化是一个企业生存与发展的必然要求。作为企业的财务经理,自然在企业的经营与管理之中起着举足轻重的作用,具有不可替代的地位。

企业财务经理,是指企业财务部门的负责人,在大型企业中常被称为财务总监、总会计师、财务主管等;在中小型企业中常被称为财务主任、财务经理、财务科长等。

现代企业一般都将企业的营运分成若干职能部门,设立若干职能经理。财务管理部门一般由一位高级副总经理(即财务经理)负责。在现代企业,由于金融资本市场的发展和企业追求利润的需要,财务经理的地位往往高于其他部门经理,财务经理直接向总经理汇报工作,主要负责会计和理财两个部门。

财务经理主要负责制定公司财务政策和决策，并与其他部门经理相互联系，解决在企业生产经营活动中所涉及的财务问题，并直接领导公司财务主任和主管会计。财务经理的工作任务通过财务主任和主管会计的具体业务活动来实现。财务主任与主管会计直接对财务经理负责。

财务经理工作的重要意义可以贯穿企业的成长、成熟乃至衰退的整个过程，影响到企业产品开发、生产、经营、销售、人事任免等，兼顾微观与宏观两个方面的管理与调控。财务经理领导下的财务部门，是企业发展的支点，在企业之中起着牵一发而动全身的作用。

一个有能力和做事积极主动的财务经理会介入公司所有高层管理政策和决策的制定，这些活动常常为他从财务经理提升到公司最高管理层提供不可多得的机会。

自测题：1. 一次，魏文王问名医扁鹊："你们家兄弟三人，哪一位最善于医术?"扁鹊回答说："大兄最佳，二兄次之，我最差。"魏文王很诧异地问："既然你最差，可是为什么你却最有名气?"扁鹊答道："我的大兄治病，是在病没有发生之前，别人还没有觉察到病症时，所以，他的名气只有我们家里人才知道，没有传出去。我的二兄治病，是在病刚开始的时候，一般人都以为是小病，很容易治，所以他的名气也不大。而我治病，往往是病到最严重的时候，别人看到我时而割肉切骨，时而敷药，自然以为我医术精湛。因此，比起我大兄二兄，我最有名，但是我的医术却是三人中最差的。"魏文王恍然大悟。

要求：以一个财务经理的眼光，来解读这个故事（提示：通过这个故事，给你什么样的启示，其对指导企业财务管理工作有何帮助）。

1.1.4 财务管理的基本理念

财务管理最基本、最重要的理念包括四个方面：资金的时间价值、风险报酬、利率与通货膨胀、现金流转。

1. 资金的时间价值

财务管理中最基本的理念就是资金的时间价值。在一个理想化的完美的资本市场中，资金会不断升值，也就是说现在的一元钱比未来的一元钱更值钱。资金会随着时间的延续而不断增值，这就是资金的时间价值。树立资金的时间价值理念，可以帮助人们更好地管理资金，提高资金的使用效率，减少资金的浪费。

2. 风险报酬

任何投资都会有风险，不同投资项目的风险与收益是互不相同的。风险越高，其预期收益也越高；反之亦然。在财务管理中，任何财务决策都是在风险与收益的博弈中做出的均衡决策。由此引出风险报酬这一概念，即承担风险的同时，会获得较高的报酬，即风险报酬。

3. 利率与通货膨胀

利率的波动会影响到财务管理活动，对于企业的融资成本、投资期望等产生作用。随着我国利率市场化进程的加快，利率的波动将会更加频繁，这对企业财务管理将会带来巨大的影响。

通货膨胀是经济发展不可避免的后果，对于企业财务工作也会产生巨大影响，对于企业采购成本、人工成本将会带来巨大压力。

4. 现金流转

企业资产的流动性越来越受到重视，其中现金流量及其流转是重要的一环。在财务管理中，人们重视的是现金流量而不是会计学上的收入与成本。企业的现金流量必须足以偿还债务和购置为达到其经营目标所需要的资产，现金流量的充足与否将影响到公司的偿债能力。

财务管理中的四个理念反映了财务管理实践当中相对应的最基本的，同时又是最重要的财务理念、财务原理、财务原则以及财务假设等。

企业的财务活动离不开资本市场，而且市场有效与否会对财务管理工作产生影响。有效市场意味着市场是灵敏的，价格是合理的。任何影响市场因素的变化，都会在价格上表现出来。那么，有效市场假说对财务管理意味着什么呢？第一，证券市场价格是合理的。证券价格反映了所有与企业价值有关的公开信息。这就意味着财务经理可以在其他条件不变的情况下，通过财务决策对证券市场价格因素的影响来实现企业价值最大化目标。第二，会计方法的变更所导致的收益变化不会导致证券市场价格变化。这时，证券价格反映企业价值，我们可以通过分析证券市场价格得到企业价值。但是，在现实生活中，完全有效的市场是不存在的。这就增加了公司经营活动的不确定性。

阅读材料

资金链的影响

以前“脑黄金”的巨人集团史玉柱的失败，后来的德隆集团、三九集团倒闭，原因是惊人的相似：都是因为资金链断裂，导致企业经营失败。可见，在企业的经营中，由于资金链断裂而导致失败的占了很大比例。

所谓资金链是指维系企业正常生产经营运转所需要的基本循环资金链条。现金—资产—现金(增值)的循环，是企业经营的过程，企业要维持运转，就必须保持这个循环不断地良性运转。

1.2 财务管理活动

财务管理需要对企业的各项财务工作做出决策，其中围绕现金流量为核心的管理更加关键。现金流量管理，就是要根据企业所面临的内外部经营环境，合理地安排现金的流向和流量，使得企业的现金流入量与现金流出量在数额、时间、币种和利率表现形式上匹配。

如果我们将企业视为一个人，将现金看成企业的血液，财务管理就是企业的心脏，财务部门的运作促进现金在企业的血管中流动，决定企业资金结算（现金流量的流向），调节血管里血液的流量和流速（现金流量的流量与流速）。流量是一个动态过程，流量导致存量，存量是一个结果。现金流动过程就是流量与存量相互联系、相互转化的过程。在会计账户上，流量就是发生额，存量则表现为余额。从这个意义上说，会计反映现金流量，财务管理则改变现金流量，基于这样的认识，以金融市场、现代企业制度与财务管理的共生互动作为基础构造现代财务管理的基本框架。

财务管理的基本框架主要包括融资活动和投资活动两大部分。至于股利（利润）分配及相应的股利（利润分配）政策，不过是融资活动与投资活动决策中的一个重要组成部分。上述思路用简图表示如下：

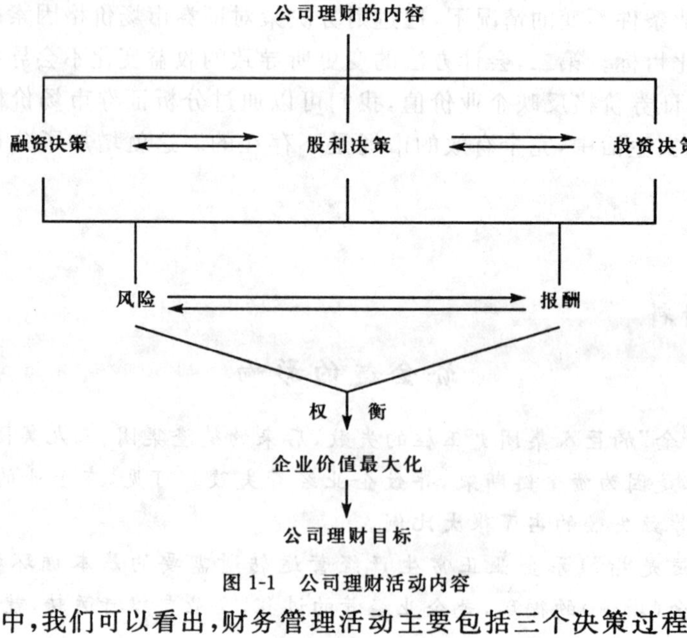

图 1-1 公司理财活动内容

从图 1-1 中，我们可以看出，财务管理活动主要包括三个决策过程：投资决策、融资决策和股利决策。

1.2.1　投资决策

1. 投资决策概述

投资是指将财力投放于一定的对象，以期望未来获取收益的经济行为。企业财务管理的目标是不断提高企业价值，为此，就要采取各种措施增加利润，降低风险。企业要想获得利润、发展生产、扩大经营，就必须拥有一定数量的资金，并把资金合理地投放到生产经营上。

企业把资金投向生产经营的关键环节或薄弱环节，可以使企业各种生产经营能力配套、平衡，形成更大的综合生产能力。企业如把资金投向多个行业，实行多角化经营，则更能增加企业销售和盈利的稳定性。这些都是降低企业经营风险的有效方法。

对于企业而言，所谓投资决策就是在充分估计影响企业长期发展的内外环境等各种因素的基础上，对企业长期投资作出的总体规划和部署。企业投资战略的主要目的在于：有效地利用人力、物力、财力，合理地、科学地组织配置企业生产资源，使企业在急剧变化的环境中保持旺盛的生机与活力。

2. 投资决策的分类

投资决策按其性质的不同，可划分为稳定性投资决策、扩张性投资决策、紧缩性投资决策和混合性投资决策。

(1)稳定性投资决策

这是一种维持现状的决策，即在外部环境短期内不发生重大变化的情况下，将现有决策继续进行下去，最有效地利用现有的资金和条件，继续保持现有市场，维持现有投资水平，降低成本和改善企业现金流量，以尽可能多地获取利润、积累资金为将来发展作准备。这种决策实际上是产品转向的一个前期准备阶段。

(2)扩张性投资决策

这种决策目的是扩大生产规模，增加新的产品生产和经营项目，其核心是使企业发展和壮大。具体包括市场开发决策、产品开发决策和多样化成长决策(即经营新的产品或服务)。

(3)紧缩性投资决策

这种决策是从竞争环境中退下来，从现有经营领域抽出资金，缩小经营范围的投资决策。这种决策可从两方面来分析：一是当企业受到全面威胁，欲将全部资产清算以收回资金、偿还债务时，它是一种完全的紧缩投资决策；二是当企业在经营决策严重失误，经营优势丧失，或者在取得竞争胜利后，欲放慢竞争节奏时，它是一种部分紧缩投资决策。

(4)混合性投资决策

这是指企业在一定时期内同时采取稳定、扩张、紧缩等几种决策，多管齐下、全面出击的投资决策。其核心是在不同阶段或不同经营领域，采取不同的投资决策。

3. 投资决策的内容

财务管理的一个重要任务就是为企业进行投资决策提供方法上的支持，从而最大限度地保证投资决策的科学性。投资决策所要考虑的一些基本问题包括：企业现在或将来有多少可供选择的投资项目？这些项目所产生的现金流量或者所节约的现金流量能否补偿投资支出并带来符合要求的盈利？投资项目的风险程度如何？

具体地说，企业投资决策应包括如下内容：(1)预测企业的投资规模；(2)确定企业的投资结构；(3)研究企业的投资环境；(4)评价企业的投资方案；(5)选择可行的投资方案。

4. 投资决策在财务管理活动中的作用

投资决策所影响和改变的是企业的资产结构。不同的投资决策，将产生不同的资产结构，进而影响到企业经营的风险和收益。最佳的资产结构应是实现价值最大化的资产结构，要么在既定的风险程度上带来最高的收益水平，要么在要求收益水平下承担最小的风险。财务管理的任务就是为企业经营确定一个最佳的资产结构。例如，财务人员如果提高企业流动资产（如现金、应收账款、存货等）的比重，可以减轻企业的流动性风险，因为这样企业可以拥有较为充足的资金用于偿还到期债务。

另外，投资决策的优劣决定了企业在项目运作后所获得的现金流量的多少，也就在很大程度上决定了企业价值的大小。现金流量越多越稳定，企业价值越大；现金流量越少越不稳定，企业价值越小。

阅读材料

尚德电力面临破产——过度扩张决策失误

20 世纪末，欧美光伏市场在一系列强有力政策的刺激下由此开启。而当时的全球太阳能电池产量小之又小，2002 年仅为 536.8 兆瓦。施正荣抓住了这一巨大商机。2001 年，尚德电力成立；2002 年 9 月，其首条封装线正式投产，年产能达 10 兆瓦。2002 年 12 月，尚德电力就开始盈利；2003 年 5 月，就把 2003 年全年可生产的产品一售而光。尚德电力从此走上了快速扩张的路子。到 2010 年年底，尚德电力的年产能达 1.8 吉瓦，居于全球光伏电池制造企业第一的位置。

2008 年金融危机不期而至，光伏产业的泡沫至少提前半年破灭。2008 年第四季度，尚德电力单季净亏损 6 590 万美元，毛利率仅剩 0.6%。急剧扩张带来的是，尚德电力的银行贷款从 2005 年年末的 0.56 亿美元攀升至 2011 年年底的 17 亿美元，不到 7 年暴增 30 多倍，截至 2011 年第四季度负债总额为 36 亿美元，负债率 79%。

（资料来源：能源，2012 年 9 月 17 日）

1.2.2　融资决策

企业要从事经营活动，首先必须筹集一定数量的资金。筹集资金是财务管理的一项最原始的也是最基本的职能。

企业融资是企业根据生产经营、对外投资和调整资本结构等的需要，通过金融机构和金融市场，运用适当的方式获取所需资金的一种理财活动。

1. 企业融资的必要性

在财务管理活动中，如果预测到企业的现金流出量大于现金流入量，而银行存款又不能完全弥补这个差额时，企业就必须通过一定的方式筹集资金。具体来说，企业融资的原因主要有以下几方面：

(1)企业扩张

企业在其扩张阶段，往往需要筹集大量的资金，尤其是长期资金，用于生产经营规模的扩大、设备更新和技术改造，以利于提高产品的产量和质量，增加新品种，满足不断扩大的市场需要。

(2)偿还债务

企业可以利用一定的负债进行生产经营，以获得杠杆利益。如果企业的现有支付能力不足以偿还到期债务，那么企业必须通过一定的方式筹集资金，来满足到期债务的需求。

(3)调整资本结构

资本结构是企业各种资金的构成及其比例关系，它是由企业采用各种融资方式及其不同的组合而形成的。当企业的资本结构不合理时，可以通过采用不同的融资方式对其进行调整。

2. 融资决策内容

投资决策一旦作出，公司财务人员必须进行融资决策，为企业投资筹集所需要的资金。融资决策所要考虑的一些基本问题包括：所需资金的数量有多大？需要短期资金还是长期资金？筹集资金所能承担的最高资本成本是多少？

具体说来，企业的融资决策应包括如下内容：

(1)预测企业资金的需要量；(2)规划企业资金的来源；(3)研究企业可行的融资方式；(4)确定企业资本成本与可行资本结构。

3. 融资决策在财务管理活动中的作用

融资决策会改变企业的资本结构。由于债务融资成本低于股权融资成本，众多企业都利用债务融资手段。但是如果负债率过高，将加大企业财务风险，引发企业财务危机。因此在融资过程中，必须综合考虑企业内外的各种因素，以及将来可能发生的变化，审慎而合理地选择融资方式，确定合理的资本结构，促进企业发展。

1.2.3 股利决策

股利分配是指对企业盈余的管理，企业产生利润后，拿出多少向股东分配，有多少用于留存收益。在进行股利决策时，既要考虑股东对近期利益的要求，定期发放一定的股利，又要考虑企业的长远发展，留存一定的收益，用于项目投资，促进企业不断发展。同时财务人员还要考虑到，用什么形式分配股利、现金或者股票，这将影响股东的现金收入以及企业的现金流出。

企业进行股利决策时需要处理的内容包括：

(1)股利分配与内部融资的关系；(2)股利政策及影响股利政策的因素；(3)股利的支付程序；(4)股利的支付方式

总之，上述三项决策是有机地联系在一起的。一般而言，融资是财务管理最基本的环节，在财务管理中，企业如果能采用适当的方式，以较低的成本和较小的风险筹集到所需要的资金，那么就可能会有更多有利的机会取得盈利，也可以将更多的股利分配给股东。反之，如果融资成本较高，资本来源有限，就限制了企业的投资机会，也限制了企业股利发放的数额。同样，投资也会影响资金筹集和股利分配，如果一个企业有较多的有利可图的投资机会，那就要求其必须筹集较多的资金，保留更多的盈利资金来实现各种投资；反之，如果企业有利可图的投资机会较少，融资也就不是很重要了，那么发放股利的数额相对也就较多了。

因此，构成财务管理基本内容的三种财务决策，通过影响企业的风险与收益来影响企业的价值。在风险和收益之间进行适当的调节，可以使企业价值最大化。

阅读材料

家庭投资组合

俗话说"不要把全部鸡蛋放进一个篮子里"，每个家庭在做财务规划时，都应考虑进行投资组合，以分散风险，取得较稳定的收益。

家庭投资组合是一种理性投资，它是以不影响家庭正常生活为前提，以实现资本保值、增值，提升家庭生活质量为目的的投资，其中最基本的三种模式为：保守安全型投资组合、稳中求进型投资组合及冒险速进型投资组合，见下表。

不同投资组合的投资比例及适用者

家庭投资组合	投资比例	适用者
保守安全型投资组合	储蓄占60%、保险占10%、债券占20%、其他投资占10%	适用于收入不高，希望资金安全的投资者

（续表）

家庭投资组合	投资比例	适用者
稳中求进型投资组合	储蓄、保险占 40%，债券占 20%，基金股票占 20%，其他投资占 20%	适用于收入在中等以上，有较大风险承受能力并希望家庭财富能迅速增值的家庭
冒险速进型投资组合	储蓄、保险占 20%，债券股票占 30%，期货、外汇、房地产占 50%	适用于收入较高、资金实力雄厚、没有后顾之忧的家庭

自测题：2. 一个家庭的理财计划：

王先生和王太太准备在市中心购买一套总价 45 万元的房子作为投资，但是他们因工作忙碌而无暇理财，为此，请身为好友的你为他们完善现有的家庭理财方案，并为他们的购房计划提供建议。

家庭基本资料：

王先生为一家私营企业的部门经理，今年 36 岁，月收入 9 000 元；王太太是一位医生，33 岁，月收入 4 000 元；儿子 6 岁，明年将上小学。全家每月基本生活费需要 4 500元；平安保险需缴纳 580 元；按揭贷款 3 850 元；每月节余 4 070 元。家庭主要投资有定期储蓄和短期国债。

1.3　财务管理目标

财务管理目标是一个重要的财务理论问题，是财务管理活动所要达到的目的和境界，也是评价财务管理活动合理化的标准。因为财务管理目标直接决定了各种财务决策的选择，并直接影响财务理论体系，所以它的构建是一个不容忽视的重要的财务实践问题。

1.3.1　明确财务管理目标的必要性

财务管理目标是对企业优化理财行为结果的理论化描述，是企业未来发展的蓝图。对于财务人员而言，明确合理的理财目标是极为重要的。

1. 有助于进行科学的财务决策

投资决策与融资决策是企业的两大财务决策。进行财务决策的过程实际上就是一个选择的过程，而选择行为将直接受到财务管理目标的制约。如果没有明确的理财目标，财务决策会由于没有目标约束而增大其随意性，使选择过程呈现一种非理性状态，极大地影响企业的稳定发展。例如在投资决策中，是选择能使企业规模最大的项目，还是选择能使企业利润最大化的项目，抑或是选择能使企业未来现金流量最大的项目？这些问题的回答完全依赖于财务管理目标。

2. 有助于日常理财行为的高效与规范化

明确了财务管理目标，可以使财务人员在日常的财务控制中有所依据，保持理财行为的稳定高效。比如，如果以企业价值最大化为理财目标，那么在日常的理财活动中，财务人员就可以侧重于对现金流量的预测和控制。反过来，现金流量的剧烈变化也足以引起财务人员的高度警觉，因为他们清楚，按照股东财富最大化的理财目标，现金流量的变化就意味着企业价值的变化。

3. 有助于财务人员树立科学的理财观念

财务人员的管理行为通常受到两种因素的制约：一种是外在的规章制度、管理模式的约束；另一种是内在的管理观念的约束。正确合理的理财观念可以从根本上提高财务人员认识问题、解决问题的能力。按照企业价值最大化这一理财目标，财务人员应当树立起一些基本观念，并将其应用到具体的理财实践中，如风险与收益权衡观念、现金流量至高无上观念、持续发展观念等。而如果采用其他理财目标，比如利润最大化目标，对财务人员产生重大影响的理财观念就可能是其他一些内容。

总之，明确财务管理目标，是企业搞好理财工作的基本方面。这类行为的一大特征即是目的性，没有目的的行为是盲目的、低效的，甚至是无效或有害的，理财行为也是如此。

1.3.2 财务管理目标的内容

随着我国由计划经济体制向市场经济体制转变，企业理财目标依次经历了三个阶段：利润最大化、股东财富最大化、企业价值最大化。

1. 利润最大化

利润最大化在西方经济理论中已经根深蒂固了，是西方微观经济学的理论基础。西方经济学家一般都是以利润最大化为标准，来分析和评价企业行为和业绩的。从传统的观念来看，以利润最大化作为财务管理目标，能够促进企业加强管理，提高劳动生产率，降低产品成本。

但是利润最大化存在一定缺陷，主要表现在：

(1)利润最大化不是一个很明确的概念。例如，所说的利润到底是短期利润还是长期利润？是税前利润还是税后利润？是经营的总利润还是分配给股东的利润？这些都不明确。再比如，本年利润意味着什么？是不是越大越好？如果是这样，那么推迟设备维护或取消其他支出性项目、不摊销有关费用，都可以提高本年利润，但这些行为都是不合理的财务行为。

另外，利润总额在不同的两个企业之间的比较有时是无意义的，例如，甲企业的利润是 1 000 万元，乙企业的利润是 2 000 万元，很难根据这一数据判定乙企业就一定优于甲企业。

(2)利润最大化没有考虑利润形成的时间,没有体现货币时间价值观念。一方面,利润最大化通常是指当期或最近几期的利润总额最大化,很难将其扩展至企业经营的较长时期。具体而言,利润最大化只适宜作为单期目标,不适宜作为多期或长期目标。例如,今年获利 100 万元和明年获利 100 万元,哪一个更符合企业的目标?不考虑资金的时间价值,就难以作出正确的判断。

(3)利润最大化没有有效考虑风险问题,可能导致财务人员盲目追求利润,忽视风险。较高的利润额与较低的利润额之间有时并不具备可比性,因为过高的风险会抵消掉利润的绝对值优势。

(4)利润最大化没有考虑所获利润与资本额的关系,有可能会使财务决策优先选择高投入而低效率的项目。

(5)利润最大化还容易导致企业行为短期化,只考虑眼前利益,而不考虑企业的长远发展。所以,利润最大化目标不适应企业持续发展的需要。

自测题:3. 利润最大化作为财务管理目标的缺点是(　　)

A. 片面追求利润最大化,可能导致公司的短期行为

B. 没有反应投入与产出之间的关系

C. 没有考虑风险因素

D. 没有反映剩余产品的价值量

E. 没有考虑货币的时间价值

2. 股东财富最大化

股东财富是指股东持有企业的股份的市场价值,股东财富最大化是指股东持有股份的市场价值达到最大。尤其对于上市公司而言,公司经营状况会影响股票市场价格的表现,高收益、高成长性、低风险的公司的股票价格会表现良好。因此,股东持有这类上市公司的股票,其财富会随着公司盈利能力的提高而增长。

股东财富最大化将利润动机明确集中于公司所有者。通过股东财富最大化,可以直接阐明利润最大化的问题。首先,股东财富非常明确,它是基于期望流向股东的未来现金流量,而不是模糊的利润或收入概念。克服了企业在追求利润上的短期行为,企业在谋求所有者财富最大化的过程中,必须尽到自己的社会责任,要保证产品质量,搞好售后服务,维护社会公共利益。其次,考虑了风险与收益之间的联系,能有效克服企业财务人员不顾风险大小,片面追求利润的倾向。最后,股东财富的计量过程考虑了风险与收益的时间因素,通过资金时间价值可以对企业价值进行科学的计量。

由于委托代理关系的存在,股东与债权人在企业决策中的地位不同,股东比债权人更能影响公司决策,股东可以对债务资金的投放施加影响,并改变契约约定。例如,股东将借贷的资金投放于高风险的项目,如果项目盈利,则股东获得高额利润,而债权人只能获得预定的利息收入;如果项目失败,则双方共同承担责任,甚至债权人承担更大的损失。

同时，股东可以决定增加新的借款，而这种做法将使公司的负债率上升，财务风险加大，侵犯原有债权人的利益。

由于股东与债权人之间存在博弈关系，股东常会为了自身利益而损害债权人利益，使公司债权人价值发生贬值，因此，股东财富最大化是从股东角度考虑的，目的是实现股东价值最大化。但是由于资本市场的不完善，以及股东与债权人之间的信息不对称，股东在实现自身价值的同时，往往会损害债权人的利益。

同时，由于利润操纵行为的存在，股东会通过操纵利润来影响股票价格。虽然高股价会使股东持有股票的市值得到增加，但同时也增加了股市风险，使股东潜在风险加剧。

因此，我们认为股东财富最大化在一定程度上可以反映公司的经营状况，但是仍然存在缺陷。股东财富最大化不能完全代表企业财务管理的最终目标。

自测题：4. 作为财务管理的目标，股东财富最大化目标与利润最大化目标相比，其优点在于(　　)

A. 能够避免企业的短期行为

B. 考虑了资金的时间价值因素

C. 反映了创造利润与投入资本之间的关系

D. 考虑了风险价值因素

3. 企业价值最大化

企业价值最大化，是指通过合理经营，采用最优的财务决策，在考虑资金的时间价值和风险的情况下，使企业的总价值达到最大，进而使股东价值和债权人价值达到最大。这是现代西方财务管理理论公认的财务目标，也是衡量企业财务行为和财务决策的合理标准。

在市场经济条件下，企业理财应以追求企业价值最大化为目标。企业价值最大化在股份制企业里体现为股东财富最大化，在非股份制企业里体现为企业投资者财富最大化。股东财富是由股东拥有的股票数量和股票市场价格决定的，当股票价格达到最高时，股东财富也达到最大。值得注意的是：股东财产价值并不是股票的账面价值，而是股票的市场价格。

同时，企业价值最大化还表现为债权人价值最大化。企业价值由股东权益和债务组成，在发达的市场中由于资产可以证券化，企业的债务价值可以通过市场价格来反映。企业债务价值不断增值，说明企业债权人价值也得到提升。当企业不断降低财务风险，提高偿债能力和盈利能力，扩大资产的流动性时，会引发债权人价值上升。

因此，我们认为，企业价值最大化是财务管理的目标，企业价值最大化包括股东财富最大化和债权人价值最大化两方面。因此，在财务管理过程中，必须均衡考虑股东利益和债权人利益，因为两者都是企业资金的供应者，都应该受到关注。

综上所述，价值最大化不仅反映出股东和债权人的愿望，也反映出公司外部的客观评价；不仅反映财务管理目标，也反映了整个社会的经济目标。

1.3.3 企业价值最大化的意义

1. 企业价值最大化对债权人的意义

企业价值最大化的目标，是和债权人的利益相一致的。对企业来说，短期借款和长期借款的供应者主要有：商业信用提供者、债券持有人、商业银行和其他金融机构。这些债权人有权得到固定利率，在企业破产清算时有权优先分得公司财产，而企业的所有者——股东，只有剩余财产权。这样，如果一个公司的目标是使享受剩余财产的股东的财富最大化，那么，资本供应者的利益当然也能得到保证。

2. 企业价值最大化对企业员工的意义

员工的目标是获得货币的或非货币的最大收益。如果公司的收益一定，那么员工的收益与股东的收益则是此长彼消的。这种情况下，员工的合理利益只能是通过与业主之间讨价还价来取得。但如果公司的价值能达到最大，员工将会取得更多的收益。

3. 企业价值最大化对社会的意义

社会利益最大化实现的条件是社会资源的最合理分配。社会资源的最合理分配，就是要把资源分配到生产效率最高的经济单位，其衡量标准就是经济单位的价值。把资源分配到为社会创造最大财富的投资项目上，社会利益就会得到实现。因此，企业价值最大化的财务目标也能使社会利益最大化。

4. 企业价值最大化对经营管理者的意义

如前所述，现代资本主义企业的管理权和所有权是高度分离的，具体管理和组织企业的是职业经理（经营管理者）。这些经营管理者有其自身的利益，在进行各种决策时，是否会不考虑股东的利益而追求个人的利益呢？一般来说不会，因为经营管理者片面追求个人利益会受到业主、员工、债权人、消费者和政府的限制。经营管理者必须尽量使上述各方的利益，特别是业主的利益得到满足，才能继续从事管理，否则，其地位将受到威胁。更重要的是，企业价值最大化的目标同业主、债权人、员工等利益集团的目标及经营管理者的目标应是一致的。

5. 以企业价值最大化为目标的财务框架

企业价值最大化是财务管理的目标，需要持续的价值增长来实现，而持续的价值增长需要不断地投资做保证，而且投资应该是科学和有效的。有效的投资又需要大量的资金支持，企业通过股权融资和债务融资来获取资金。在融资时要考虑融资风险和融资成本，以及企业的资本结构。这样，从资金筹集到企业价值最大化，形成了财务管理的清晰链条，如图 1-2 所示。

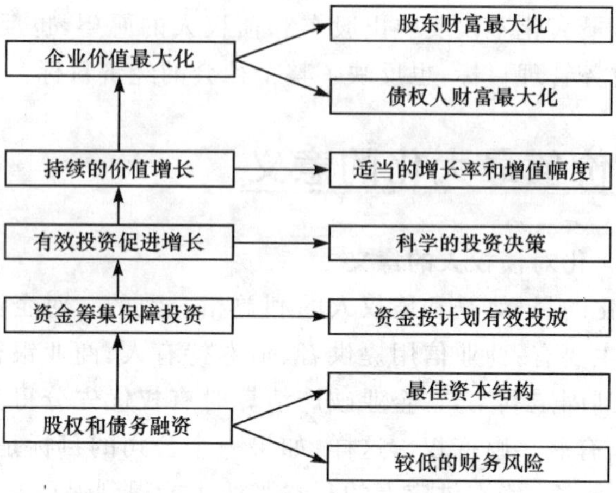

图 1-2　以企业价值最大化为目标的财务框架

1.4　财务管理与金融市场

金融市场是指资金供应者和需求者双方通过各种形式融通资金的场所。金融市场有两个基本特征:(1)金融市场的交易对象是资金供应者直接或通过中介把资金让渡给资金需求者所取得的金融工具。(2)金融市场可以是有形的市场,如银行、证券交易所等;也可以是无形的市场,如利用电脑、电传、电话等设施,通过经纪人进行资金融通活动的场所。

企业是金融市场的主要参与者,一般企业需从金融市场上筹措资金,以求得生存与发展,是资金的需求者;但有时候,企业也会将闲置的资金投资到金融市场中,以获取尽可能高的收益。金融市场直接制约着企业的融资与投资活动。

1.4.1　金融市场的分类

金融市场的分类,按融资期限分,可分为货币市场和资本市场;按证券发行与流通分,可分为一级市场和二级市场;按交易方式分,可分为现货市场、期货市场和期权市场;按交易区域分,可分为国际市场、国内市场和地区市场;按交易种类分,可分为资金市场、外汇市场和黄金市场三大类。上述市场之间的关系如图 1-3 所示。

从公司理财角度进行分析,资本市场是进行融资或投资活动的主要场所。在资本市场中,金融市场为股票和债券提供了一级和二级市场这样的双重服务功能。一级市场是指政府和企业初始发行证券进行融资所形成的市场,而二级市场则指证券在初始发行之后又进行交易所形成的市场。当然,股票只能由公司来发行,而债券则是市政府和公司均可以发行。

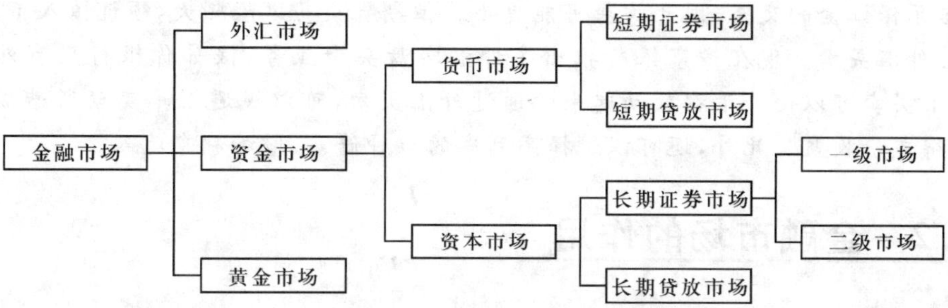

图 1-3　各类市场之间的关系

一级市场上，公司是卖方，交易的目的是为公司融资。公司可参与两类主要的市场交易形式：公募与私募。顾名思义，公募是向普通大众发售股票，而私募是向特定对象协议出售股票。

二级市场所涉及的是股东之间和债权人之间的交易。因此，二级市场为公司证券所有权的转移提供了便利。尽管发行证券进行融资的公司仅直接参与一级市场的交易（当其发售证券进行融资时），但二级市场对于大公司来说依然是至关重要的，原因是当投资者知道这些证券日后可以在必要时售出后，更愿意参与一级市场的交易。

自测题：5. 将金融市场划分为一级和二级市场的标准是（　　）

A. 金融市场的融资期限

B. 金融市场的交易方式

C. 金融市场上证券发行与流通

D. 金融市场的交易区域

阅读材料

金融市场上的 5 种理财方式

1. 购买国债。购买国债是一种不错的投资，它风险小，利率高于银行定期存款利率，并且可在证券市场交易，兑现方便。凭证式国债还可以做质押物，在需要用钱时可以申贷到所需的部分资金。

2. 证券投资。证券投资的风险度较高，回报率相对来说也比较高。但对于证券技术分析能力不强、消息相对闭塞的人而言，入市需要慎重。

3. 储蓄。这是一种传统的理财方式。定期存款是一个不错的选择，不一定要积累到一个大数目，其实几百元、几千元都可以存定期存款。可以结合自己的经济现状、用钱频率、工资收入等因素来决定合适的存期，以获取恰当的利息收入。由于定期存款的特殊性，它在一定程度上可以帮你有计划地用钱，而且定期存单还可以作为个人贷款的质押物，及时借贷到资金。

4. 期货买卖。期货买卖由于实行的是保证金制度，只需不多的保证金，就可以进行数倍于保证金的交易，因此收获可能更丰。但期货交易风险颇大，须谨慎入市。

5. 外汇买卖。现在多家银行推出了外汇实盘买卖业务，假如你银行里有外币存款，外汇买卖可以使外币存款动起来。通过外汇买卖，可以规避汇率变动所造成的损失，获得差价收益。此外，还可以选择高利率的币种储蓄，增加利息收入。

1.4.2 金融市场的作用

从公司理财角度看，金融市场主要有以下四个基本作用：

(1)资金的筹集和投放。公司的资金来源主要有两种：一是筹措内部资金，如将税后利润用于再投资；二是筹措外部资金，即向外部的资金供应者筹措资金。根据资金需求的不同性质，公司可向金融市场发售不同性质的证券，如股票、债券、短期商业债券等，吸收不同期限的资金。公司也可以是金融交易中的买方，通过购买金融工具进行长、中、短期投资，以获取额外报酬。

(2)分散风险。在金融市场的初级交易过程中，金融资产购买人在获得金融资产出售人一部分收益的同时，也有条件地分担了其所面临的一部分风险。这样，金融资产购买人本身也成了风险投资人，使经济活动中风险承担者的数量大大增加，从而减少了每个投资者所承担的风险量。

(3)转售市场。金融资产的购买者可根据需要在金融市场上将尚未到期的金融资产转售给其他投资者，或用其交换其他金融资产。此外，由于公司股票没有到期日，即股票持有人无法从其发行者处回收购买股票的资金(除非股票发行者想回收已发行的股票)，此时，股票转售市场的存在就格外重要了。

(4)确定金融资产价格。金融资产购销活动的存在，导致了其定价的必要性。通常，新发行的金融资产的价格是根据金融市场上同类金融资产的转售情况制定的。此外，在金融市场交易中形成的各种参数，如市场利率、汇率、证券价格和证券指数等，是进行财务决策的前提和基础。

1.4.3 金融机构与金融体系

1. 金融机构

金融机构是金融市场上的专业参加者，也是特殊参加者。在金融市场上，资金供应者与资金需求者之间的交易有时直接进行，有时则要通过金融机构来进行。金融机构在资金供给者和需求者之间起着至关重要的中介作用。金融机构作为专业参加者，其专业活动是为潜在的和实际的金融交易双方创造交易条件，它们的作用就是提供中介服务，促进金融市场买方和卖方之间的信息往来，为买方寻找卖方，为卖方寻找买方，从而使潜在的金融交易变为现实。因此，它们往往被称为“市场创造者”。金融机构一般可分为三类：(1)各种银行；(2)市场中介，如证券交易公司、经纪人公司等；(3)合同储蓄机构，如保险公司、退休基金等。

具体来说，资金供应者与资金需求者之间进行资金交易有如下三种方式，如图1-4所示。

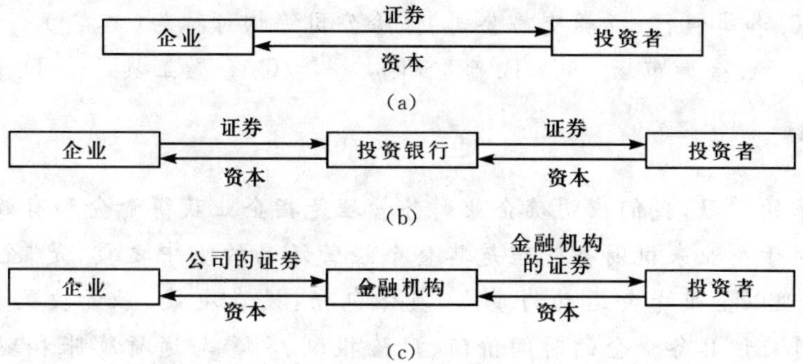

图 1-4　资本(资金)交易图

第一，不经过任何中介机构的直接交易。在这种方式下，需要资金的公司直接将其证券(股票或债券)卖给资金供应者(投资者)。图 1-4(a)描述了其资金(资本)转移方式。

第二，经由投资银行的间接交易。在这种方式下，投资银行是一个承销公司的新证券，并协助公司获得融资的金融机构，扮演中间人的角色。图 1-4(b)描述了其资本(资金)转移方式。

第三，经由金融机构的间接交易。在这种方式下，金融机构以其本身所发行的证券来交换投资者的资金，然后再将资金转投到各种股票或债券上。图 1-4(c)描述了其资金(资本)转移方式。

2. 金融体系

由金融市场、金融机构和资金供应者、需要者所构成的资金集中与分配的系统，称为金融体系。金融体系的构成如图 1-5 所示。

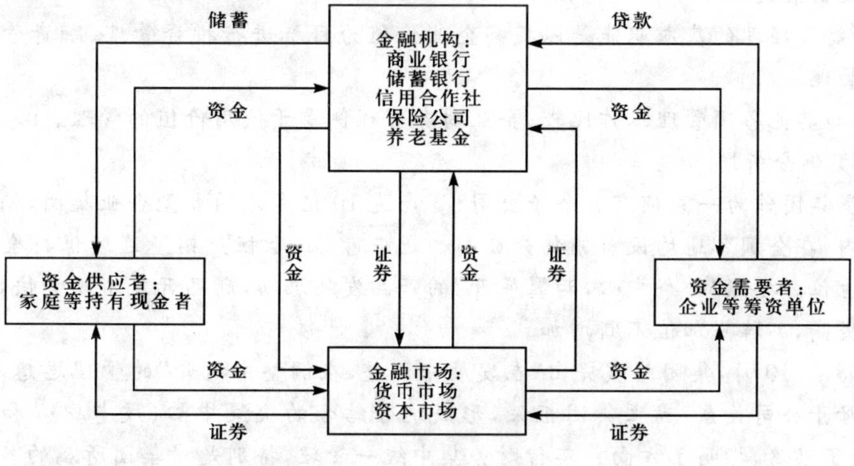

图 1-5　金融体系的构成

健全的金融体系,使资金的供应者和需求者自由地参加交易,为资金的融通提供了方便,也有利于引导资金流向最有利的部门,因而对于国家的经济发展和企业的财务管理工作都具有重要意义。

自测题:6. 各类银行、证券交易公司、保险公司等均可称为(　　)

A. 金融市场　　B. 金融机构　　C. 金融工具　　D. 金融体系

本章小结

通过本章的学习,我们应明确企业财务管理是指企业获得资金和有效使用资金的管理活动。对于企业来说财务管理是其整个经营活动的重中之重,是"企业管理的中心"。财务管理以企业资金运动为重点,具体包括:投资决策、融资决策和股利决策。财务管理人员应该具备资金的时间价值、风险报酬、利率与通货膨胀和现金流转这四个最基本的财务管理理念。同时,我们还研究了财务管理的目标,对其中具有代表性的目标(利润最大化、股东财富最大化、企业价值最大化)分别加以介绍。最后,我们又介绍了与现代财务管理有密切关系的金融市场的基本情况。

思考题

1. 掌握下列专业术语

财务管理　　财务管理目标　　企业价值最大化　　金融市场

投资决策　　融资决策　　股利决策

2. 企业财务管理的基本理念有哪些?

3. 判断题

(1)以企业价值最大化作为财务管理的目标有利于社会资源的合理配置,从而实现社会效益最大化 。(　　)

(2)财务经理的基本职能是以提高企业价值为目标进行投资管理、融资管理和收益分配管理。(　　)

(3)与其他各项管理工作比较,企业财务管理侧重于使用价值的管理。(　　)

4. 案例分析题

星星集团作为一家拥有8个子公司、资产达10亿多元的大型企业集团,销售网络遍布国内,在全国各地均设有销售分公司。近三年来,冷柜产销量连续保持全国行业领跑者地位。按照"一个中心,两翼展开"的产品发展思路,新品开发不断加快,技术含量不断提高,品牌附加值不断增加。

2008年10月,集团总裁提出"在发展中调整,在调整中提升"的管理思想,为进一步理顺母子公司关系、确立集团框架,形成统分结合的决策中心、成本中心和利润中心,明确了思路,指明了方向。实行财务集中统一管理,特别是对集团所属的各子公司实行收支两条线管理,突出了企业管理以财务管理为中心,财务管理以资金管理为中心的理念，以推进集团管理走上新的平台，突出“以财务管理为中心”的经营思想。为此，星星集团采取了以下两个措施：

一、设立内部“结算中心”，实行“一个漏斗进出”管理

结算中心的设立对集团的财务管理和资金的统筹、调配、监督、管理等工作有重要作用。首先，结算中心统一管理各子公司的资金，有利于集团集中调配资金，缓解资金紧张的矛盾。结算中心全面掌握资金运营情况，及时调配余缺，大大提高资金的利用率和收益率，发挥好蓄水池的作用；其次，设立结算中心，加大集团对子公司的监督力度，消除各子公司费用开支的随意性，解决子公司在各银行开户带来的弊端；最后，在“内部银行”引入信贷管理机制，设定利率，统一信贷，实行资金限额控制，同时制定有关管理制度。这样，也打通了子公司之间互为堡垒的形式，确立了企业的整体概念。

二、实行“五个统一”，强化财务管理的监控职能

财务集中管理主要通过“五个统一”来实行。“五个统一”包括机构、人员、制度、资金、核算等五大方面的统一，“机构统一”是指集团下属控股企业财务部门的设立全部由集团财务部统一决定；“人员统一”是指集团所有的财务人员由集团财务部派驻和管理，实行垂直领导；“制度统一”是指财务方面的制度由集团财务部统一制定；“资金统一”是指集团所有的资金由集团财务部一个账户统一管理；“核算统一”是指分配核算统一监督。从而形成财务统管网络，强化财务管理职能，规范子公司的运营，推动总部的管理并产生积极的作用，使集团的财务管理做到三个一致：财务制度上下贯彻一致；资金收支调配一致；分解下达的费用指标执行一致。

阅读以上案例，回答下列问题：

(1)为什么财务管理是企业活动的中心？

(2)星星集团的财务管理措施对你有哪些启示？

第 2 章
财务报表分析

本章框架体系

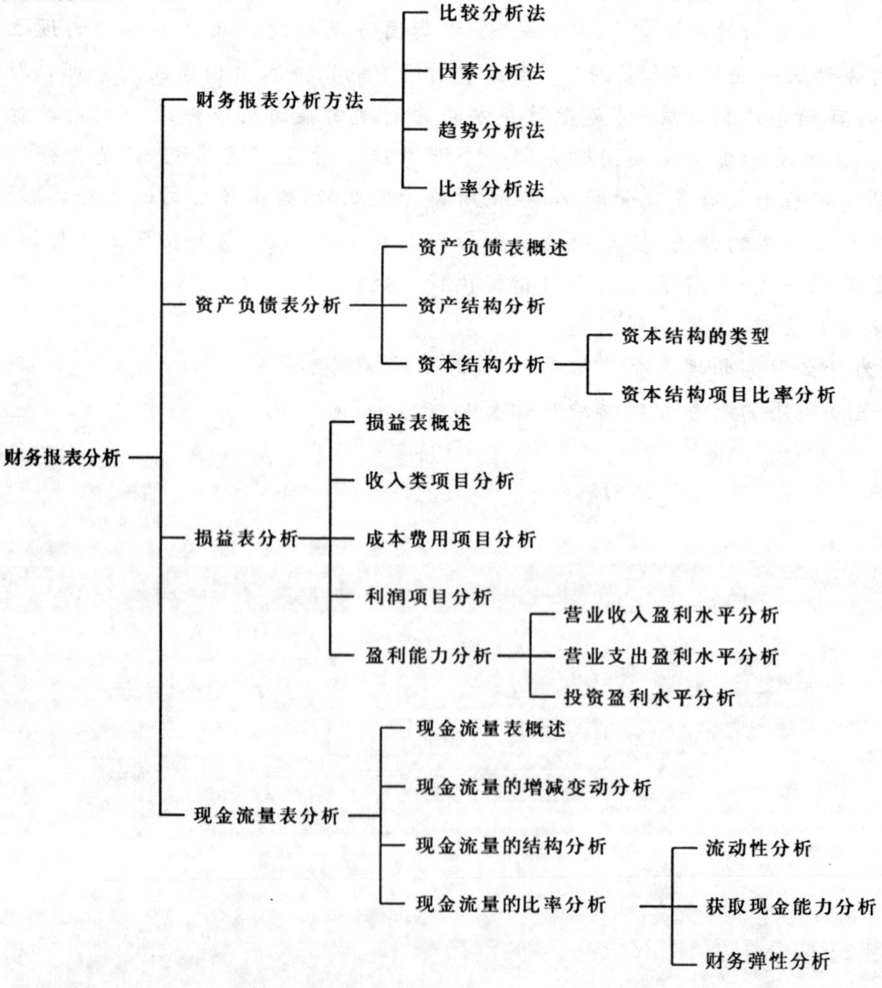

导　读

财务报表是财务会计报告系统的重要组成部分，可以反映一个企业的资本结构、盈利能力和现金流量等经营状况。一个公司的整套财务报表包含了大量的内容，人们不仅可以从报表中窥见出该公司的财务状况、经营业绩、管理政策，而且可以由此预测该公司未来的经营情况。一般来说，人们查阅财务报表的目的，不外乎是为了回答如下问题：

1. 这项投资能够带来预期的收益吗？
2. 我手头的这些股票或者债券或者其他证券是否应当出手？
3. 这家公司为什么借贷？能不能按时偿还所借款项的本金和利息？
4. 这家公司是否可以为自己提供合适的就业机会？
5. 这家公司在同行业中占据什么地位？是否能在同行业中独占鳌头？
6. 这家公司在消费者心中的形象怎么样？

如此这般，等等。公司的财务报表涵盖着大量的数据，那么如何从这些眼花缭乱的数据中获得自己想要的信息呢？本章将带领你学习上述问题所涉及的知识，在介绍财务报表分析方法的基础上，分别介绍资产负债表、损益表和现金流量表分析的内容和结构，了解企业的资产和资本结构、盈利能力和现金流量等方面的情况，对企业的经营业绩作出评价。

学习目标

- 了解财务报表分析方法
- 了解资产负债表、损益表和现金流量表的内容及结构
- 掌握资产负债表和资本结构的分析
- 掌握损益表各项目分析及企业盈利能力的分析
- 掌握现金流量分析

2.1　财务报表分析方法

财务报表分析是指以企业财务报表资料为基础点，采用一系列的分析方法和指标，对企业的财务状况和经营成果所进行的分析与评价，反映企业经营过程中的利弊得失及未来发展前景，为改进企业财务管理工作和优化管理决策提供重要的财务信息。财务报表分析的目的是通过分析过去、评价现在，并预测未来，向有关利益各方提供对特定决策有用的信息，减少决策的不确定性。

财务报表分析的方法主要有比较分析法、因素分析法、趋势分析法、比率分析法等。

2.1.1 比较分析法

比较分析法是对两个或两个以上相关的财务指标进行比较，揭示差异和矛盾的方法。比较分析法是财务分析中最基本、最主要的方法。根据财务分析的要求与目的的不同，比较分析法可分为以下 3 种基本类型：

1. 将分析期的实际指标与计划指标进行对比，以确定实际与计划的差异，检查计划的完成情况；

2. 将分析期的实际指标与前期指标（或过去的某期指标）进行对比，以确定本期实际与前期（或某期）实际的差异，提示有关指标的增减变动情况，预测企业未来的发展趋势。在实际工作中，最典型的形式是本期指标与前期指标或历史最高水平的比较。

3. 本企业的实际指标与同行业该指标的平均水平或先进水平做比较，以确定本企业与行业平均水平或先进水平的差异，分析存在的问题，不断提高企业的管理水平。

在实际财务分析中，应特别注意指标之间的可比性，例如，价格水平的不同会导致数据的不可比。财务上的数据大都是用货币计量的，这就必然受价格水平的影响。由于不同地区的价格水平存在差异，各个企业的业务关系在区域上又不尽相同，必然导致不同企业的价格水平的差异，从而使之缺乏可比性。而价格水平的波动，尤其会削弱不同时期数据间的可比性。所以，在运用比较法进行对比分析时要特别注意可比性的问题，如果对本来就没有可比性的指标进行分析比较，难免会得出错误的结论。

【例 2-1】 A 公司 2005 年度产品销售成本指标的对比情况，见表 2-1。

表 2-1　产品销售成本指标的对比　　单位：元

指标	实际数	计划数	差异	
			差额	百分比
产品销售成本	3 486 540	3 450 000	36 540	1.06%

由表 2-1 可知，A 公司实际发生的产品销售成本比计划数高出 36 540 元，高出了 1.06%，没能完成计划，应该分析原因，找出问题所在。

2.1.2 因素分析法

因素分析法，是依据分析指标和影响因素的关系，从数量上确定各因素对财务指标的影响程度。

企业的活动是一个有机整体，每个指标的高低，都受若干因素的影响。从数量上测定各因素的影响程度，可以帮助人们抓住主要矛盾，更有说服力地评价经营状况。因素分析的方法具体分为：

1.差额分析法：如固定资产净值增加的原因分析，可分解为原值增加和折旧额增加两部分。

2.指标分解法：如资产利润率，可分解为资产周转率和销售利润率的乘积。

3.连环替代法：指确定影响因素，并按照一定的替换顺序逐个因素替换，计算出各个因素对综合性经济指标变动影响的一种计算方法。

4.定基替代法：分别用分析值替代标准值，测定各因素对财务指标的影响，如标准成本的差异分析。

在实际的分析中，各种方法通常是结合使用的。

2.1.3 趋势分析法

趋势分析法是将企业连续几年的财务报表的有关项目进行比较，用以分析企业财务状况和经营成果的变化情况及发展趋势的一种方法。

1.按金额编制的比较财务报表

按金额编制的比较财务报表，将两期或数期财务报表上的相同项目，按金额分别列示，计算出增减变动额，以便财务分析者使用。

【例2-2】 表2-2列示了B公司20×5年到20×9年连续5年的销售收入和净收益金额。

表2-2　　B公司销售收入与净收益情况　　单位：元

项目＼年份	20×5年	20×6年	20×7年	20×8年	20×9年
销售收入	230 000	200 000	240 000	260 000	300 000
净收益	105 000	100 000	110 000	118 000	141 000

从表2-2可以看出，B公司20×5年到20×9年连续5年的销售收入与净收益都有比较令人满意的增长趋势，但仍不能精确地确定其逐年变动的程度。因此，为了精确地确定各年变动程度，还要进一步编制以百分比表现的比较财务报表，反映其趋势百分比。

2.按百分比编制的比较财务报表

有的企业不仅要按金额编制比较财务报表，反映有关项目的增减变动额，还要按百分比编制比较财务报表，反映有关项目的增减变动百分比。要按百分比编制比较财务报表，必须首先确定比较的基准期，即基期。

【例2-3】 根据表2-2，以20×5年为基期，用基期的数字去除其他各期的数字，可以得出B公司5年来的趋势百分比，见表2-3：

表2-3　　B公司20×5年到20×9年趋势百分比(1)　　单位：%

项目＼年份	20×5年	20×6年	20×7年	20×8年	20×9年
销售收入	100.00	86.96	104.35	113.04	130.43
净收益	100.00	95.24	104.76	112.38	134.29

从表2-3可以看出，B公司20×6年销售收入与净收益都有所下降，但净收益下降的幅度比销售收入下降的幅度小，而20×5年到20×9年期间内净收益的增长基本超过销售收入的增长，且20×9年的净收益是20×5年的1.34倍，而同期销售收入仅增长了30.43%。

在趋势分析中，由于各年的趋势百分比，均以基期为计算基础，因此，基期的选择必须要有代表性或正常性。例如，若20×5年的净收益不是105 000元，而是80 000元，与销售收入相比低于一般盈利水平，这时如果仍以其为基期，那么，将会得到表2-4所示的趋势百分比。

表2-4　　B公司20×5年到20×9年趋势百分比(2)　　单位：%

项目＼年份	20×5年	20×6年	20×7年	20×8年	20×9年
销售收入	100.00	86.96	104.35	113.04	130.43
净收益	100.00	125.00	137.50	147.50	176.25

可见，由于基期选择不当，其净收益缺乏代表性，令人产生净收益增长趋势大大高于销售收入增长趋势的误解。

2.1.4 比率分析法

在同一期财务报表上有一些项目或类别之间彼此存在着一定的关系，可用相对数来表示它们之间的相互关系，据以分析和评价企业的财务状况和经营成果，以表明企业某一方面的情况，这种分析方法就是比率分析法。比率分析法是财务分析中最重要的方法。

在比率分析中，有关的比率较多，不同的分析者(如投资者、债权人、公司管理者、政府管理部门等)进行分析的目的各不相同，因而他们的着眼点也不同。其中的比率一般可以分为：反映短期偿债能力的比率、反映长期偿债能力的比率、反映获利能力的比率、反映资产运营效率的比率和成本费用比率等类型。

阅读材料

安然公司轰然倒塌和财务造假

2001年初，安然公司位于世界百强企业的前列，这个让世人赫然的能源巨人有将近600亿美元的资产，股票价格一度飙升至80美元，华尔街分析家们常常对其成功的投资和管理方式津津乐道，大力推荐该公司的股票。

然而，不到一年的时间，安然公司宣布倒闭，它的股票全都变成了一张张废纸，投资家们损失了上亿美元，公司两万多名员工中，很多人连他们的退休金都保不住。可是，相比而言，公司主席Kenneth Lay在过去四年中的股票红利超过两亿美元。这不能不让人对安然公司每年公布的财务报告产生怀疑。负责为安然做审计的Anderson(安达信)公司最近不得不公布，它的雇员有销毁安然公司关键财务报表和备忘录的行为。身为五大会计师事务所的Anderson公司居然掩盖安然的信用危机，这也使它的声誉大受玷污。更让人不安的是，华尔街的金融分析专家们长期以来为安然公司摇旗呐喊，即便在该公司股票市值已经缩水时还鼓励人们不要出售，这也不禁让人们对于被华尔街奉为金科玉律的"诚信、客观"打上问号。

2.2 资产负债表分析

2.2.1 资产负债表概述

1. 资产负债表的含义

资产负债表是反映企业在某一特定日期财务状况的会计报表。它是根据"资产＝负债＋所有者权益"这一会计基本等式，按照一定的分类标准和一定的顺序，把企业一定日期的资产、负债和所有者权益各项目予以适当排列，并对日常工作中形成的大量数据进行整理后编制而成的。它表明企业在某一特定日期所拥有或控制的经济资源、所承担的现有义务和所有者对净资产的要求权。

2. 资产负债表结构

我国企业的资产负债表采用账户式结构，它由表头和基本内容两部分构成，见表2-5。

表 2-5　　资产负债表

编制单位:××公司　　××××年××月××日　　单位:××

资产	年末余额	年初余额	负债及所有者权益	年末余额	年初余额
流动资产:			**流动负债:**		
货币资金			短期借款		
交易性金融资产			交易性金融负债		
应收票据			应付票据		
应收账款			应付账款		
预付账款			预收账款		
应收股利			应付职工薪酬		
应收利息			应交税费		
其他应收款			应付利息		
存货			应付股利		
待摊费用			其他应付款		
一年内到期的非流动资产			预提费用		
其他流动资产			预计负债		
流动资产合计			一年内到期的非流动负债		
长期资产:			其他流动负债		
可供出售金融资产			流动负债合计		
持有至到期投资			**长期负债:**		
长期股权投资			长期借款		
长期应收款			应付债券		
固定资产			长期应付款		
在建工程			专项应付款		
固定资产清理			递延所得税负债		
无形资产			其他非流动负债		
开发支出			长期负债合计		
商誉			负债合计		
长期待摊费用			**所有者权益:**		
递延所得税资产			股本		
其他非流动资产			资本公积		
长期资产合计			盈余公积		
资产总计			未分配利润		
			减:库存股		
			所有者权益合计		
			负债及所有者权益总计		

(1)表头部分

表头部分包括报表名称、编制单位、报表编号、编表日期和货币计量单位等内容。

(2)基本内容部分

这部分是资产负债表的核心所在,它采用账户式左右对称格式排列,左方为资产,右方为负债及所有者权益。资产负债表所依据的是"资产=负债+所有者权益"这个会计恒等式,所以资产负债表左方项目金额总计与右方项目金额总计必须相等,始终保持平衡。

资产负债表左方项目为资产,它是按照流动性程度高低(即变现速度快慢)的顺序排列的,依次为流动资产、长期资产、固定资产、无形资产和其他资产,即先流动资产,后长期资产。

资产负债表右方项目为负债及所有者权益,它是按先负债后所有者权益的顺序排列,其中负债按偿还时间的顺序排列,先流动负债后长期负债,而所有者权益则是按其金额的稳定程度排列。

这种资产负债表,既可以清晰地反映企业资产的构成和来源,又可以充分反映其转化为现金的能力,以及企业的偿债能力和财务弹性,并明确划分不同投资者的权益界限,适应了不同报表使用者对各种信息的需求。

2.2.2　资产结构分析

资产结构,就是指企业的流动资产、长期投资、固定资产、无形资产等占资产总额的比重。资产结构分析,对报表使用者来说,可以深入地了解企业资产的组成状况、盈利能力、风险大小及弹性高低等方面的信息,从而为其合理地做出决策提供强有力的支持;对企业管理者而言,有助于其优化资产结构,改善财务状况,使资产保持适当的流动性,降低经营风险,加速资金周转;对债权人而言,有助于其了解债权的物资保证程度或安全性;对企业的关联企业而言,可了解该企业的存货状况和支付能力,从而对合同的执行前景心中有数;对企业的所有者而言,有助于对企业财务的安全性、资本的保全能力以及资产的收益能力做出合理的判断。

资产结构分析包括:现金资产比重分析、应收账款资产比重分析、存货资产比重分析、生产经营用资产比重分析、无形资产比重分析和对外投资比重分析。

1. 现金资产比重分析

现金是指企业的库存现金和可支配的银行存款。现金资产比重如果过低,会影响企业的正常经营能力和正常支付能力;但该比重如果过高,会导致现金的闲置,影响企业的获利能力。企业应当根据自身多年的经营和管理经验确定合理的现金储备量,或根据同行业的参照值确定现金储备量。从目前企业经营情况看,多数企业存在着现金储备量不足的问题,资产的变现能力和支付能力有待提高。

2. 应收账款资产比重分析

应收账款在资产总额中所占的比重有日益扩大的趋势。应收账款属于债权性流动资产，其本身占用的资金不能为企业带来经济利益，它只是企业对外提供的一种商业信用。

对应收账款资产的比重进行分析，就是要提高企业资金的使用效率，为加强资产的安全性提供信息。企业应收账款资产的多少取决于企业的信用政策，当企业提供优惠的信用政策时，企业在应收账款方面占用的资金就会增多，比重加大；反之，企业占用在应收账款的资金就会减少，同时比重也相应减少。影响应收账款资产比重的因素有很多，如市场的经济情况、需求情况、产品质量、季节变化等。总之，对应收账款资产比重的分析，就是要分析影响应收账款资产比重的各因素，使应收账款有较为合理的占用额，也就是要在应收账款占用收益与应收账款占用成本之间做出权衡。只要所产生的盈利超过应收账款所增加的成本，企业就应当放宽信用条件，增加销量。

阅读材料

中国服装拟以应收款项置换房产，改善资产结构

中国服装拟以 3 982 万元应收款项置换汉帛（中国）所持有的房产，该交易增加当期利润总额 219 万元，此举将改善公司的资产结构，并有利于公司提升业绩。

中国服装发布公告称，公司拟以 3 982 万元应收款项与汉帛（中国）所持有的浙江大厦及远洋国际中心的房产进行置换。置出资产与置入资产之间的差额 479 万元由汉帛（中国）以现金方式支付给公司。此次置换是汉帛在成为公司第一大股东后，对公司资产的持续整合，公司此次置换出的资产为应收款项，置入的是房产和现金。公司拟用于资产置换的应收款项按期末余额的 5.5%计提坏账准备，该交易增加当期利润总额 219 万元。

公司所处的行业为纺织服装行业，公司主要从事服装加工和纺织品贸易业务。由于银根趋紧、退税调整、汇率波动、环保瓶颈以及原材料和劳动力价格上涨等众多不利因素，公司的经营生产面临较大的压力。所以，中国服装此次拟以应收款项置换汉帛（中国）所持有的房产。

（资料来源：世华财讯，2008 年 7 月 1 日）

3. 存货资产比重分析

进行存货资产比重分析的目的主要是要了解企业存货的占用额是否合理，构成存货总额的各项存货所占比例是否恰当，并且要进一步查明企业存货占用不合理的原因，以便采取措施控制存货储备量，降低存货占用额，加速存货的周转。

企业的存货占用源于满足企业生产和销售的需要。企业持有一定的存货是必要的，但过多的存货将给企业带来诸多不利的影响，如存货资产投资过大，会造成企业资

金周转困难;存货资产过多,相应的管理费用就会增多,相应的利息也会增多等。为此,企业应保持适当的存货占用量,确定适当的经济订货批量。

4. 生产经营用资产比重分析

企业的全部资产按用途分为生产经营用资产和非生产经营用资产两部分。这两部分各占的比重应适当,如果企业占用非生产经营用的资产过多,会导致企业总资产的使用效果不佳,束缚企业生产经营的周转及创新。由于历史原因,国有企业存在大量非生产经营用资产,企业承担着诸多社会职能,严重影响其前进的步伐。剥离和净化资产结构,可以使企业轻装前进,发挥生产经营用资产的更大效能。

5. 无形资产比重分析

在科技飞速进步和经济快速发展的今天,无形资产的比重有越高越好的趋势。因为企业流动资产和固定资产的价值在生存和发展中的作用相对下降,而无形资产的价值和相对作用在不断上升。无形资产的这个规律和趋势与社会和经济形势相适应。企业应善于培育和合理配置无形资产,并借助无形资产比重指标,观察企业知识化和高新技术化的程度,分析企业的可持续发展能力和综合竞争能力的强弱。

6. 对外投资比重分析

对外投资比重应该略高一些。这是因为企业的资产需要有一个适当的组合,内外分布便是企业降低经营风险的重要途径。商品经营与资本经营并举,是现代企业经营发展的新趋势,而对外投资是资本经营的重要形式。对资本经营的重视,将促使资产中对外投资的比重上升。反过来,借助这个指标也可以观察企业资本经营的水平和效果。另外,集团化的大企业一般都是以资本为纽带组建的,通常情况下,如果企业的对外投资少,则集团化和大型化的进程和规模也会受到限制。

阅读材料

兴业银行:不断优化资产结构

兴业银行将以 24 日的股权登记日为准,在此后的五个工作日内对全体投资人实施每 10 股配 2 股,按照其 50 亿股的总股本,预计可共计募集资金总额不超过 180 亿元。通过本次资产结构的调整,公司资本充足率将达到 12%,核心资本充足率则达到 9%,能够支撑公司未来两到三年的业务发展需要。在资本充足率压力进一步降低后,兴业银行在做好传统业务的基础上,还可以适度扩大占用资本、收益率相对较高的非信贷类业务,如企业债券、信托类资产等。

(资料来源:上海证券报,2010 年 5 月 25 日)

2.2.3 资本结构分析

资本结构有广义和狭义之分,本小节所讲的资本结构是广义资本结构,它是指企业的全部资金来源中负债和所有者权益所占的比重及其相互间的比例关系。企业的全部资金来源于两个方面:一是借入资金,包括流动负债和长期负债;二是自有资金,即企业的所有者权益(在股份制企业中,自有资金为股东权益)。

企业的资本结构如图 2-1 所示。

- 企业全部资金来源
  - 借入资金
    - 流动负债
    - 长期负债
  - 自有资金
    - 股本
      - 优先股股本
      - 普通股股本
    - 资本公积
    - 盈余公积
    - 未分配利润

图 2-1 企业的资本结构

1. 资本结构的类型

不同的资本结构,其成本和风险是各不相同的。最佳的资本结构应是成本最低而风险最小。而事实上,这种资本结构是不存在的,低成本一般伴随着高风险,而低风险又与高成本相联系。企业应在成本和风险之间合理取舍,选择最适合自身生存和发展的资本结构。资本结构一般有以下三种类型。

(1)保守型资本结构,是指在资本结构中,主要采取权益性融资,且负债融资中又以长期负债融资为主。这种结构下,企业对流动负债的依赖性较低,从而减轻了短期偿债压力,风险较低;但同时由于权益性融资和长期负债融资的成本较高,又会增加企业资金成本。可见,这是一种低风险、高成本的资本结构。

(2)中庸型资本结构,这是一种中等风险和成本的资本结构。这种结构下,用于流动资产的资金主要由流动负债融资提供,用于长期资产的资金主要由权益性融资和长期负债融资提供。同时,要使权益性融资和负债融资的比重保持在较为合理的水平之上。

(3)风险型资本结构,是指在资本结构中,全部采用或主要采用负债融资,并且流动负债融资被大量用于长期资产。显然,这是一种风险高但成本低的融资结构,对于希望取得高收益的企业而言,这是一种有吸引力的资本结构。

2. 资本结构项目比率分析

所谓资本结构项目比率分析,就是对负债和所有者权益(股东权益)中所包含的各个项目进行比较分析，以便了解资本结构是否健全、安全。

(1)流动负债(短期负债)与负债总额比率

流动负债与负债总额比率是指企业中流动负债与负债总额的比例关系。其计算公式为：

$$\text{流动负债与负债总额比率}=\frac{\text{流动负债}}{\text{负债总额}}\times 100\%$$

一般来说，流动负债与负债总额比率可以反映一个企业依赖短期债权人的程度。流动负债是在两年以内必须偿还的债务(或超过一年的一个营业周期内偿还的债务)，流动负债与负债总额比率越高，说明企业对短期资金的依赖性越强，当然，企业偿债的流动性压力也越大。或者更确切地说，企业借入流动负债，必须在很短的时间内偿还，这必然要求企业营业周转或资金周转要快，自然也就给企业造成了流动性压力，企业要保证及时清偿债务，只有加快周转。相反，这个比率越低，说明企业对短期资金的依赖程度越小，企业面临的偿债压力也就越小。

【例 2-4】 某公司 2013 年流动负债与负债总额比率的变化情况，见表 2-6：

表 2-6　　流动负债与负债总额比率　　单位：百万元

项目	年初数	年末数	差异数
a. 流动负债	143 910	167 792	23 882
b. 负债总额	242 515	275 566	33 051
c. 流动负债与负债总额比率(%)	59.34	60.89	1.55

从表 2-6 中可以看出，该公司的流动负债与负债总额比率的年初数为 59.34%，年末数为 60.89%，比年初增长了 1.55%，单从流动负债与负债总额比率来看，该企业的偿债压力较大，但其变动不大，不会增加偿债压力。

(2)资产负债率

资产负债率又称负债比率，是企业的负债总额与资产总额的比率。它表示在企业资产总额中债权人提供的资金所占的比重，以及企业资产对债权人权益的保障程度。其计算公式为：

$$\text{资产负债率}=\frac{\text{负债总额}}{\text{资产总额}}$$

由于举债经营既可以给企业带来财务杠杆利益，同时也增加了财务风险，因此对于企业来说，资产负债率越高，企业扩大生产经营的能力和增加盈利的可能性就越大，但风险也随之增大，一旦经营不力，企业就可能陷入财务困境；反之，情况则相反。而对于债权人来说，资产负债率反映了企业对长期债权人偿还债务的能力。资产负债率越低，资产对债权的保障程度越高，企业的长期偿债能力就越强；反之，资产负债率越高，资产对债权的保障程度越低。资产负债率超过 1，说明企业已资不抵债，债权人将蒙受损失。该指标为 0.4～0.6 较为正常。在西方，通常把 0.7 作为该指标的警戒线，若超过 0.7，则说明企业的经营风险较大。

【例 2-5】 某公司 2013 年年末的资产总额为 520 572 百万元，负债总额为 275 566百万元，则资产负债率为：

$$资产负债率=\frac{275\ 566}{520\ 572}=0.529$$

说明该公司的资产负债率正常，也就是说该公司的资产对债权的保障程度较高。

自测题：1. 某公司 2013 年年末负债总额为 162 761 807.10 元，所有者权益总额为 227 142 909.76 元，那么该公司 2013 年资产负债率为多少？

(3)负债与所有者权益比率

负债与所有者权益比率也称产权比率，是指负债总额与所有者权益总额的比率，是企业财务结构稳健与否的重要标志，用来表示所有者权益的保障程度。其计算公式为：

$$负债与所有者权益比率=\frac{负债总额}{所有者权益总额}$$

该比率越低，表明企业的长期偿债能力越强，债权人的权益保障程度越高，承担的风险越小；反之，该比率越高，表明企业的长期偿债能力越低。当然，这一比率也不能过低，也就是说，如果所有者权益比重过大，尽管偿还长期债务的能力很强，但企业财务杠杆的作用会减弱；另一方面，这一比率也不能过高，如果企业的投资报酬率小于借款利率的话，固定的利息费用会成为债务人的沉重负担，同时债权人贷款的风险就会加大。

【例 2-6】 某公司 2013 年年末的负债总额为 275 566 百万元，所有者权益总额为 215 623 百万元，则负债与所有者权益比率为：

$$负债与所有者权益比率=\frac{275\ 566}{215\ 623}=1.277999$$

由此可见，该公司的负债与所有者权益比率偏高，企业的长期偿债能力比较弱。

自测题：2. 某公司 2013 年年末负债总额为 162 761 807.10 元，所有者权益总额为 227 142 909.76 元，那么该公司 2013 年负债与所有者权益比率为多少？

练习题

1. 某企业 2013 年年末所有者权益总额为 3 879 029 元，资产总额为 6 444 099 元，那么该公司 2013 年资产负债率、负债与所有者权益比率分别为多少？

2. 某企业 2013 年年末负债总额为 2 536 781 元，资产总额为 5 432 195 元，那么该公司 2013 年资产负债率、负债与所有者权益比率分别为多少？

阅读材料

温州丹璐百货负债 7 400 万破产

温州丹璐百货有限公司成立于 2006 年 1 月 10 日，注册资金 2 000 万元。成立之初，新疆丹璐实业有限公司投资入股占 68%、温州欧洲城建设有限公司投资入股占 30%，剩余均由自然人入股。

从 2006 年至 2009 年经营惨淡，丹璐百货多次调整经营模式仍然不能突破经营困局。公司连续亏损，股东个人借钱给公司，但仍无法力挽狂澜。

审计报告显示，截至 2010 年 4 月 30 日，温州丹璐百货有限公司负债 74 631 663.46 元，而主要债权人即为股东。

2012 年 5 月 23 日，作为温州丹璐百货的法人股东之一—— 温州欧洲城建设有限公司正式向法院提出申请温州丹璐百货有限公司破产清算，法院当日受理此案并指定浙江人民联合律师事务所作为管理人。同年 9 月 28 日，鹿城区人民法院第一次召开债权人会议。

2013 年 4 月 11 日，温州丹璐百货有限公司管理人向法院申请终结破产清算，称该公司的财产已经不足以支付管理人报酬以及预期发生的审计费用等破产费用。

法院经过审理后认为，管理人的申请符合法律规定，予以准许，裁定温州丹璐百货有限公司破产，终结破产程序。

（资料来源：中国新闻网，2013 年 5 月 14 日）

2.3　损益表分析

2.3.1　损益表概述

1. 损益表的含义

损益表，又称利润表，是反映企业在一定会计期间经营成果的会计报表。损益表的列报必须充分反映企业经营业绩的主要来源和构成，有助于使用者判断净利润的质量及其风险，有助于使用者预测净利润的持续性，从而作出正确的决策。

常见的损益表结构主要有单步式和多步式两种。在我国，企业损益表基本采用多步式结构，即通过对当期的收入、费用、支出项目按性质加以归类，按利润形成的主要环节列示一些中间性利润指标，分步计算当期的损益。

通过损益表，可以反映企业一定会计期间的收入实现情况，如实现的营业收入有多少、实现的投资收益有多少、实现的营业外收入有多少等；可以反映一定会计期间的费用耗费情况，如耗费的营业成本有多少，营业税费有多少，销售费用、管理费用、财务费用各有多少，营业外支出有多少等；可以反映企业生产经营活动的成果，即净利润的实现情况，据以判断资本保值、增值情况。

2. 损益表的结构

损益表一般由表首、基本部分和补充资料三部分组成，其具体格式见表2-7。

表 2-7　　利润表

编制单位：×××公司　　×××年　　单位：××

项目	本年金额	上年金额
一、营业收入		
减：营业成本		
营业税金及附加		
销售费用		
管理费用		
财务费用		
资产减值损失		
加：公允价值变动收益		
投资收益		
二、营业利润		
加：营业外收入		
减：营业外支出		
三、利润总额		
减：所得税费用		
四、净利润		

(1)表首部分

表首部分主要填制报表名称、编制单位、计量单位、报表编号以及报表编制的期间。需要强调的是，损益表的编表日期，一般填写“某年某月”，或“某个会计年度”，因为损益表是反映某一个期间损益的动态报表。

(2)基本部分

基本部分是损益表的主体，列示其具体项目，主要反映收入、成本费用和利润各项目的具体内容及其相互关系，揭示了企业财务成果的形成过程。

损益表基本部分的内容，由以下几个方面构成：

①营业利润

营业利润＝营业收入－营业成本－营业税金及附加－销售费用－管理费用－财务费用－资产减值损失＋公允价值变动收益(－公允价值变动损失)＋投资收益(－投资损失)

其中，营业收入是指企业经营业务所确定的收入总额，包括主营业务收入和其他业务收入。营业成本是指企业经营业务所发生的实际成本总额，包括主营业务成本和其他业务成本。资产减值损失是指企业计提各项资产减值准备所形成的损失。公允价值变动收益（或损失）是指企业交易性金融资产等公允价值变动形成的应计入当期损益的利得（或损失）。投资收益（或损失）是指企业以各种方式对外投资所取得的收益（或发生的损失）。

②利润总额

利润总额＝营业利润＋营业外收入－营业外支出

其中，营业外收入（或支出）是企业发生的与日常活动无直接关系的各项利得（或损失）。

③净利润

净利润＝利润总额－所得税费用

其中，所得税费用是指企业确认的应从当期利润总额中扣除的所得税费用。

此外，为了使报表使用者通过比较不同期间利润的实现情况，判断企业经营成果的未来发展趋势，企业需要提供损益表比较的情况，因此损益表还应就各项目再分为"本期金额"和"上期金额"两栏分别填列。

（3）补充资料部分

这部分主要列示那些影响本期财务报表金额或未来经营活动，以及有助于报表使用者准确地分析企业经营成果的事项等，这些事项在本期损益表中无法或不便于表达，均列于报表的补充资料进行揭示。

2.3.2 收入类项目分析

收入是企业在销售商品、提供劳务和让渡资产使用权等日常经营活动中产生的经营利益的总流入，包括主营业务收入和其他业务收入。收入不包括为第三方或客户代收的款项，如增值税、代收销货款等。在市场经济条件下，企业只有不断地增加收入、扩大利润，才能提高偿债能力，筹集更多的资金，以扩大生产经营规模，提高市场竞争力。因此，收入的大小直接关系到企业的生存和发展。所以，要经常对各种收入进行分析，了解收入的构成及其变化，判断其中存在的问题，为企业的经营决策服务。

1. 营业收入分析

企业的营业收入是根据重要性程度进行分类的，分为主营业务收入和其他业务收入两部分。主营业务收入是企业收入的最重要来源，它稳定性较好，数额也最大，直接体现了企业的市场占有情况。一个企业的主营业务或产品销售规模越大，其产品的市场占有份额就越高，则经营和竞争力就越强。从这个意义上来说，企业产品和劳务的市场占有状况又直接影响甚至决定该企业的生存和发展能力，所以我们在进行收入分析时，应重点分析主营业务收入状况。通过对企业主营业务收入的种类构成分析，可了解企业各种产品销售收入的情况，帮助判断企业未来的发展方向。通过对企业主营业务收入的地区构成分析，可了解企业的销售市场布局、顾客分布及变动情况等。

2. 投资收益分析

在投资收益对应企业的短期性投资的条件下，投资收益的确认不会导致企业现金流转的困难；在投资收益对应企业的长期股权投资，而企业还要将这部分投资收益用于利润分配的条件下，这种利润分配将导致企业现金流转的困难。也就是说，对应长期股权投资增加的投资收益，其质量较差。

3. 营业外收入分析

营业外收入反映企业发生的与其经营活动无直接关系的各项收入。它们不是耗费企业经营资金而产生的，不需企业付出任何代价，具有非常规性和偶发性的特点，所以也不可能与费用相配比。发生营业外收入时，按实际发生的数额在单独设置的“营业外收入”账目中反映。这部分的收入数额较大并不是坏事，它会使企业净利润增加，进而增加企业利润分配的能力。但是，营业外收入的稳定性是较差的，企业不能根据这部分收益来预测将来的净收益水平。此外，如果营业外收入对利润总额的比例过大，说明企业的盈利结构出了问题，存在某些不稳定因素。但是，如果营业外收入中的无形资产转让收入保持一个较大的数额和持续的增长，则反映企业的研究与开发工作做得很好，而这正是将来企业发展所必需的。

阅读材料

上市公司的收益

在经济弱复苏的背景下，部分行业复苏依然缓慢，投资收益仍然是不少公司调节业绩盈余的“法宝”。

截至6月2日，深市和沪市近千家上市公司发布了2013年上半年业绩预告，除去无法确定公司之外，预喜公司约占64%，预忧公司约占36%，中期复苏势头已然呈现。在563家预喜公司之中，预增幅度在50%以上的达到120家，占比21%；预增幅度在50%以内的公司为214家，占比69%，近七成公司业绩增长幅度仍不强劲。

而在业绩预增或扭亏公司之中，投资收益成为不少公司业绩大幅增长的关键原因所在。

但投资收益只是在短期之内令业绩看上去很美，并不一定能使盈利能力得到真正的大幅度改善，上市公司过于依赖非经常性损益来粉饰报表毕竟难以长久，并潜藏了一定的风险，投资者需要仔细甄别。

（资料来源：中国证券报，2013年6月3日）

2.3.3 成本费用项目分析

1. 主营业务成本分析

主营业务成本是企业已销售产品和提供劳务的实际成本。主营业务成本是根据存货发出的计算方法计算而来的，具体包括先进先出法、加权平均法、个别记账法。分析时应将各品种的成本在各个会计期间作详细的对比分析，了解成本增减变动因素，并采取相应的对策。

对企业来说，营业成本的高低直接关系到企业利润的多少，因为主营业务成本是主营业务收入中最重要的，往往也是最大的扣除项目。在主营业务收入、主营业务税金和附加不变的条件下，主营业务利润直接取决于主营业务成本。主营业务成本提高，则主营业务利润、利润总额下降；主营业务成本下降，则主营业务利润、利润总额提高。工业企业的主营业务成本是企业产品销售量与已销产品单位成本的乘积。在产品销售量既定的情况下，主营业务成本取决于已销产品的单位成本，而已销产品的单位成本又取决于产品的单位生产成本。

2. 期间费用分析

期间费用是指不能直接计入某一特定产品成本的费用，它包括营业费用、财务费用、管理费用。期间费用不计入产品制造成本，而要直接计入企业当期损益。对企业来说，期间费用的多少直接影响到当期利润的大小。在其他条件既定时，期间费用越多，则利润越少；期间费用越少，则利润越多。因此，对企业管理者来说，控制和减少期间费用是提高企业经济效益最直接、最有效的途径。

(1)销售费用分析

销售费用是指企业在销售商品和材料、提供劳务的过程中发生的各种费用。销售费用有的与企业的业务活动规模有关，有的与企业从事销售活动人员的待遇有关，也有的与企业的未来发展、开拓市场、扩大企业品牌知名度有关。从企业管理层对上述各项费用的有效控制来看，尽管管理层可以对诸如广告费、营销人员的工资和福利费等采取控制或降低等措施，但是，这种控制或降低，或者对企业的长期发展不利，或者影响有关人员的积极性。

因此，在分析报表时应将企业销售费用的增减变动和销售量的增减变动结合起来。有一个评判标准是可以借鉴的，即销售费用的增减变动与营业收入的增减变动，从长期来看应该是方向相同、速度相近。当销售收入的增速超过了营业费用的增速时，营业费用就会显现出其必要性和一定的规模效应。

(2)管理费用分析

管理费用是指企业为组织和管理企业生产经营所发生的管理费用。尽管管理层可以降低管理费用，但是这种控制或降低，或者对公司的发展不利，或者影响有关人员的积极性。另一方面，折旧费、摊销费等是企业以前各个会计期间已经支出的费用，不存在控制其支出规模的问题。对这类费用的处理更多地受到企业会计政策的影响。

因此，一般认为，在企业业务发展的条件下，企业管理费用的变动不会太大，单一追求一定时期费用的降低，有可能对企业的长期发展不利。对于管理费用的分析，我们应结合企业的总资产规模和销售水平来进行。销售的增长会使相应的应收账款和存货规模扩大，资产规模的扩大会增加企业的管理要求，比如设备的增加、人员扩充等，从而增加管理费用。

(3)财务费用分析

财务费用是指企业为筹集生产经营所需资金而发生的融资费用，包括利息支出、汇兑损益以及相关的手续费、企业发生的现金折扣或收到的现金折扣等。企业贷款利息水平的高低，主要取决于三个因素：贷款规模、贷款利息率和贷款期限。对于财务费用中的利息支出，应与使用资金产生的效益进行对比分析，如果得不偿失应及时归还贷款，或采取相应的措施。

阅读材料

净利大增得益于成本下降

虽然金融危机给我国PC行业带来的“寒意”仍未散去，但长城电脑2009年一季度的业绩着实让人欣喜，营业收入下降近三成，而净利润却增长了255.96%。这也使得业界对长城电脑刮目相看。

一季度业绩报告显示，公司实现营业收入7.94亿元，比2008年同期下滑28.85%；净利润1 489.94万元，同比增长255.96%。股票每股收益为0.03元，净资产收益率为1.27%。而2008年长城电脑营业收入同比下滑6.99%，全年净利润仅1 182.39万元，同比下滑近九成。

财务报告分析指出，长城电脑净利润上升的主要原因是主营业务利润增长、费用下降。在长城电脑此次公布的利润表项目中，营业成本比上年同期减少31.37%，主要是由于本报告期产品原材料采购价格下降所致；而财务费用比上年同期减少55.15%，主要是由于本报告期银行借款利息费用、贴现利息减少所致。另外，长城电脑所公布的现金流量表项目中，经营活动产生的现金流量净额比上年同期增加67.49%，经营活动产生的现金流量充足也反映出长城电脑最近生产经营情况良好。

（资料来源：《通信信息报》，2009年5月6日）

2.3.4 利润项目分析

企业作为独立的经济实体，应当以自己的经营收入抵补其成本费用，并且实现盈利。企业盈利的大小在很大程度上反映企业生产经营的经济效益的好坏，表明企业在每一会计期间的最终经营成果如何。

利润是指企业在一定会计期间的经营成果。它包括收入减去费用后的净额、直接计入当期利润的利得和损失等。直接计入当期利润的利得和损失，是指应当计入当期损益、会导致所有者权益发生增减变动的、与所有者投入资本或者向所有者分配利润无关的利得或者损失。

1. 营业利润

企业营业利润的多少，代表了企业的总体经营管理水平和效果。通常营业利润越大的企业，效益越好。

(1)营业利润较大时

此时通常认为企业经营管理水平和效果较好。但在分析中，应注意下列问题：

①营业利润包括了其他业务利润，所以在企业多元化经营，即多种经营业务开展较好时，其他业务利润会弥补主营业务利润低的缺陷；如果企业其他业务利润高于主营业务利润，企业应适当考虑进行产业结构调整问题。

②应注意其他业务利润的用途，是用于发展主营业务，还是用于非生产经营性消费，如果是前者，企业的盈利能力会越来越强；如果是后者，企业缺乏长远盈利能力。

(2)营业利润较小时

当企业营业利润较小时，应着重分析主营业务利润的大小、多种经营的发展情况和期间费用的多少。如果企业主营业务利润和其他业务利润均较大，但其期间费用较高，也会使营业利润减少，这就要重点分析营业费用、管理费用和财务费用的构成，找出这三项费用居高的原因，严格控制和管理，通过降低费用，提高营业利润。

2. 利润总额和净利润

在正常情况下，企业的非营业利润都是较少的，所得税也是相对稳定的，因此，只要营业利润较大，利润总额和净利润就会较高，在分析时应注意下列问题：

(1)若一个企业利润总额和净利润主要是通过非营业利润获得的，则该企业利润实现的真实性和持续性应该引起报表分析人员的重视。

(2)如果企业在营业利润方面是亏损的，而靠投资收益盈利，企业应肯定以前的投资决策是正确的，同时要分析内部经营管理存在的问题，以提高企业内部生产经营活动的创新能力。

2.3.5　盈利能力分析

盈利能力又称企业的获利能力、资金增值能力。它是企业在一定时期内赚取利润的能力。无论是企业的股东(投资者)、债权人、政府部门、企业职工，还是企业经理人员，都非常关心企业的盈利能力，并重视对利润率及其变动趋势的分析与预测。由于企业获得利润是以投入并耗费资源为代价的，因此只有把所得利润与所付出的代价作对比，才能客观地反映企业的盈利水平。下面我们将从三方面对企业的盈利能力进行分析。

1.营业收入盈利水平分析

营业收入可看做是企业一定期间内利润的来源，将收入与利润对比，可反映企业盈利水平的高低。反映营业收入盈利水平的指标主要有销售毛利率和销售净利率。

(1)销售毛利率

销售收入净额减去销售成本就是销售毛利。销售毛利率就是销售毛利与销售收入净额之比，其计算公式为：

$$销售毛利率=\frac{销售毛利}{销售收入净额}\times 100\%$$

$$销售毛利=销售收入净额-销售成本$$

【例 2-7】 若某公司 2012 年度的销售收入净额为 799 115 百万元，销售成本为 668 249 百万元，则该公司的销售毛利率为：

$$销售毛利率=\frac{799\ 115-668\ 249}{799\ 115}\times 100\%=16.3764\%$$

销售毛利率指标反映了企业的产品或商品销售的初始盈利能力，用来评价企业产品销售收入净额的盈利能力。销售毛利率的变动是销售收入与销售成本两者变动的综合结果。外界经济环境的变动对企业的影响首先反映在毛利率上，因此，分析销售毛利率的高低，要把影响它的外界因素和内部因素结合起来考虑才更有意义。一般而言，该指标越高，表示取得同样销售收入的销售成本越低，销售利润越高。

(2)销售净利率

销售净利率又称利润边际，它是本期净利润和销售收入净额的比率。由于损益表中非常项目具有不常发生、性质特殊的特点，为评价企业正常经营的利润质量，应从净利润中剔除非常项目。因此，除特别说明外，以下本期净利润与相关项目之比均指剔除非常项目后的净利润。销售净利率的计算公式如下：

$$销售净利率=\frac{本期净利润}{销售收入净额}\times 100\%$$

【例 2-8】 若某公司 2012 年度的净利润为 39 558 百万元，销售收入净额为 799 115 百万元，则该公司的销售净利率为：

$$销售净利率=\frac{39\ 558}{799\ 115}\times 100\%=4.9502\%$$

该指标反映了每元销售收入净额所能产生的净利润。由于净利润中包含波动较大的营业外收支净额和投资收益，使得该指标年度之间的变化会相对较大。另外，对于单个企业来说，销售净利率越大越好，但各行业的竞争能力、经济状况、利用负债筹集资金的程度及行业经营特征的差异，都使得不同行业的销售净利率大不相同。因此，在使用该指标时要将企业的个别销售净利率与同行业的其他企业进行对比分析。

阅读材料

两张"成绩单"一喜一忧

康佳年报显示，去年康佳实现营业收入 122.05 亿元，同比增长 0.3%；实现净利润 2.51 亿元，同比增长 21.11%，净利润连续三年较大幅度增长。在股票方面，康佳每股收益为 0.2083 元，每股净资产为 3.135 元，净资产收益率为 6.64%。另外，公司库存净额同比下降 12.3%，连续三年保持下降趋势；资产负债率为61.97%，公司财务状况良好，资金周转顺畅。康佳去年之所以能取得如此好的业绩与它大力发展主营业务是分不开的。去年公司主营业务板块保持着强劲的增长，内销彩电业务表现尤为突出，实现销售收入 83.65 亿元，同比增长 3.7%。

康佳今年一季度的业绩与去年业绩比起来显得逊色许多。今年一季度康佳实现营业收入 26.11 亿元，同比减少 15.14%；净利润为 4 023 万元，同比减少14.52%。股票的每股收益为 0.033 元，每股净资产为 3.17 元，净资产收益率为 1.05%。康佳表示，上游液晶面板、液晶模组等配套企业对面板需求预测过度悲观，致使液晶面板在第一季度供货严重不足，从而影响了康佳在第一季度的营收和盈利能力，造成营收和利润的双双下滑。

（资料来源：《通信信息报》，2009 年 5 月 6 日）

自测题：3. 某公司 2012 年销售收入净额为 99 196 008.79 元，毛利润为 32 959 418.16 元，净利润为 22 057 971.43 元，那么该公司 2012 年销售毛利率和销售净利率分别是多少？

2. 营业支出盈利水平分析

它是站在经济资源耗费的角度，评价单位成本费用支出为企业创造的利润是多少。常用的指标主要有两个：销售成本利润率与成本费用利润率。

(1)销售成本利润率

销售成本利润率是指企业一定期间的主营业务利润与主营业务成本的比率。计算公式为：

$$销售成本利润率=\frac{主营业务利润}{主营业务成本}\times 100\%$$

【例 2-9】 某公司 2012 年度的主营业务利润为 113 714 百万元，主营业务成本为 668 249 百万元，则该公司的销售成本利润率为：

$$销售成本利润率=\frac{113\ 714}{668\ 249}\times 100\%=17.0167\%$$

这个指标反映企业从事主营业务时，一定的成本耗费（投入）为企业带来的经济效益(产出)。销售成本利润率越高,说明每一元的成本耗费为企业带来的收益越多。

自测题:4. 某公司2012年度的主营业务利润为1 428 480元,主营业务成本为6 424 060元,那么该公司2012年的销售成本利润率是多少?

(2) 成本费用利润率

成本费用利润率是企业一定期间的利润总额与成本费用总额的比率。其计算公式为:

$$成本费用利润率=\frac{利润总额}{成本费用总额}\times 100\%$$

上式中,成本费用总额包括营业成本(即主营业务成本与其他业务成本之和)、营业费用、管理费用和财务费用。其中,对于其他业务成本,企业内部人员可从"其他业务成本"账户中查明,企业外部人员可从有关附表中查明。

成本费用利润率是反映企业所费与所得对比关系的指标,它表明企业每支出100元成本费用所获得的利润额。成本费用利润率高,说明企业以低消耗得到高产出,盈利能力强;反之,说明企业的投入并未带来高产出,盈利能力弱。

自测题:5. 某公司2012年度的利润总额为61 482百万元,主营业务成本为668 249百万元,营业费用、管理费用、财务费用分别为839百万元、22 690百万元、23 330百万元,假设其他业务成本为50百万元,那么该公司的成本费用利润率是多少?

3. 投资盈利水平分析

投入企业的经济资源表现为企业的资产,它是企业生产经营的物质条件。所以,资产与利润的对比关系能够反映企业投资的盈利水平。常用的指标有:总资产报酬率、净资产报酬率与资本收益率等。

(1)总资产报酬率

总资产报酬率,又称总资产收益率,是企业一定期间的息税前利润与资产平均余额的比率,它反映了企业资产综合利用的效果,是评价企业资产运营效益的重要指标。其计算公式为:

$$总资产报酬率=\frac{息税前利润}{资产平均余额}\times 100\%=\frac{利润总额+利息费用}{资产平均余额}\times 100\%$$

$$资产平均余额=(期初资产总额+期末资产总额)/2$$

【例2-10】 某公司2012年度的利润总额为61 482百万元,利息费用为5 266百万元,期初资产为460 081百万元,期末资产为520 572百万元,则该公司的总资产报酬率为:

$$总资产报酬率=\frac{61\ 482+5\ 266}{(460\ 081+520\ 572)/2}\times 100\%=13.613\%$$

总资产报酬率反映了资产利用的综合效果,该比率越高,表明企业资产利用效果越好,盈利能力越强。总资产报酬率是企业进行综合分析的起点,该指标实际上是由销售利润率与总资产周转率构成的综合指标，即：

$$总资产报酬率=\frac{利润总额+利息支出}{销售净额}\times\frac{销售净额}{平均资产总额}\times100\%$$

$$=销售利润率\times总资产周转率\times100\%$$

可见，影响总资产报酬率的因素有两个：一是总资产周转率，该指标反映了企业资产的运营能力，是资产经营效果的直接体现；二是销售利润率，该指标反映了企业生产经营的盈利能力，产品的盈利能力越强，销售利润率就越高。因此，资产的经营能力受商品的经营盈利能力和资产的运营效率两方面的影响。

(2)净资产报酬率

净资产报酬率也称所有者权益报酬率或股东权益报酬率，它是净利润和净资产平均余额的比率。其计算公式为：

$$净资产报酬率=\frac{净利润}{净资产平均余额}\times100\%$$

$$净资产平均余额=(期初净资产+期末净资产)/2$$

净资产报酬率是从所有者角度分析企业盈利水平的高低，该指标反映所有者权益的收益水平。净资产报酬率越高，说明应由企业所有者享有的净利润就越高，投资盈利水平也越高，企业的盈利能力越强。

自测题：6. 某公司2012年度的净利润为39 558百万元，期初净资产为186 350百万元，期末净资产为215 623百万元，则其净资产报酬率是多少？

(3) 资本收益率

资本收益率是企业一定期间的税后利润(即净利润)与实收资本的比率。其计算公式为：

$$资本收益率=\frac{净利润}{实收资本}\times100\%$$

【例2-11】 某公司2012年度的净利润为39 558百万元，实收资本为86 702百万元，则其资本收益率为：

$$资本收益率=39\ 558/86\ 702=45.62525\%$$

资本收益率指标用于衡量企业运用所有者投入资本获取收益的能力，该比率越高，说明企业所有者投入资本的盈利能力越强。

阅读材料

分析属于你的家庭财务报表

在完成了财务报表基础知识的学习后，有必要进行一下实战演练。以下是一份家庭财务报表，请根据你的家庭状况，填写表2-8和表2-9，然后对表中数据进行分析，看看你的家庭财务状况究竟如何。

表 2-8　　　　　　　　　　损益表

收入				
项目		现金		非工资收入：
工资：				
利息：				
股利：				(利息＋股利＋房地产＋企业现金流)
房地产：(毛收入)				
				总收入：
企业投资：				
支出				
税金：				
住房抵押贷款：				
教育贷款：				
信用卡支出：				
额外支出：				
水、电、气支出：				
电视、高速网、电话支出：				总支出：
房屋地税：				
物业管理费：				
车辆保险：				
小孩支出：				
银行贷款支出：				
购车贷款：				
其他支出：				
				月净收入：

表 2-9　　　　　　　　　　资产负债表

资产					负债		
银行存款：					住房抵押贷款：		
股票/基金/存单：	股数		每股成本		教育贷款：		
					购车贷款：		
					信用卡：		
					额外负债：		
房地产：	首期支付		总成本		房地产抵押贷款：		

（续表）

资产					负债			
					负债:(企业)			
企业投资:	首期支付		总成本		银行贷款:			

练习题

3. 某公司 2012 年净利润为 22 057 971.43 元，实收资本为 227 142 909.76 元，则该公司 2012 年的资本收益率为多少？

4. 某公司 2012 年净利润为 22 057 971.43 元，年初净资产为 389 904 716.86 元，年末净资产为 405 344 509.84 元，则该公司 2012 年的净资产报酬率为多少？

2.4　现金流量表分析

2.4.1　现金流量表概述

1. 现金流量表含义

现金流量表是以现金为基础编制的，用以反映企业在一定会计期间现金和现金等价物流入和流出情况的会计报表。其中现金流量表的现金是个广义的概念，它不仅包括库存现金，还包括可以随时用于支付的存款（银行存款和其他货币资金）以及现金等价物。现金流量分为三类：经营活动产生的现金流量、投资活动产生的现金流量、融资活动产生的现金流量。

2. 现金流量表的结构

（1）现金流量表正表

现金流量表正表采用报告式的结构，分别反映经营活动产生的现金流量、投资活动产生的现金流量和融资活动产生的现金流量，最后汇总反映企业现金及现金等价物净增加额。在有外币现金流量及境外子公司的现金流量折算为人民币的企业，正表中还应单设“汇率变动对现金的影响”项目。

（2）现金流量表补充资料

补充资料包括三部分内容：将净利润调节为经营活动的现金流量；不涉及现金收支的投资和融资活动；现金及现金等价物净增加情况。

表 2-10 现金流量表

编制单位：××公司 ××××年度 单位：××

项目	本年	上年
一、经营活动产生的现金流量：		
销售商品、提供劳务收到的现金		
收到的税费返还		
收到其他与经营活动有关的现金		
经营活动现金流入小计		
购买商品、接受劳务支付的现金		
支付给职工以及为职工支付的现金		
支付的各项税费		
支付其他与经营活动有关的现金		
经营活动现金流出小计		
经营活动产生的现金流量净额		
二、投资活动产生的现金流量：		
收回投资收到的现金		
取得投资收益收到的现金		
处置固定资产、无形资产和其他长期资产收回的现金净额		
处置子公司及其他营业单位收到的现金净额		
收到其他与投资活动有关的现金		
投资活动现金流入小计		
购置固定资产、无形资产和其他长期资产支付的现金		
投资支付的现金		
支付其他与投资活动有关的现金		
投资活动现金流出小计		
投资活动产生的现金流量净额		
三、融资活动产生的现金流量：		
吸收投资收到的现金		
取得借款收到的现金		
收到其他与融资活动有关的现金		
融资活动现金流入小计		
偿还债务支付的现金		
分配股利、利润或偿付利息支付的现金		
支付其他与融资活动有关的现金		
融资活动现金流出小计		
融资活动产生的现金流量净额		
四、汇率变动对现金及现金等价物的影响		
五、现金及现金等价物净增加额		
加：期初现金及现金等价物余额		
六、期末现金及现金等价物余额		
补充资料		
1. 将净利润调节为经营活动现金流量：		
净利润		
加：资产减值准备		

（续表）

项目	本年	上年
固定资产折旧、油气资产折耗、生产性生物资产折旧		
无形资产摊销		
长期待摊费用摊销		
处置固定资产、无形资产和其他长期资产的损失（收益以“一”号填列）		
固定资产报废损失（收益以“一”号填列）		
公允价值变动损失（收益以“一”号填列）		
财务费用（收益以“一”号填列）		
投资损失（收益以“一”号填列）		
递延所得税资产减少（增加以“一”号填列）		
递延所得税负债增加（减少以“一”号填列）		
存货的减少（增加以“一”号填列）		
经营性应收项目的减少（增加以“一”号填列）		
经营性应付项目的增加（减少以“一”号填列）		
其他		
经营活动产生的现金流量净额		
2. 不涉及现金收支的投资和融资活动：		
债务转为资本		
一年内到期的可转换公司债券		
融资租入固定资产		
3. 现金及现金等价物净增加情况：		
现金的期末余额		
减：现金的期初余额		
加：现金等价物的期末余额		
减：现金等价物的期初余额		
现金及现金等价物净增加额		

2.4.2 现金流量的增减变动分析

现金流量的增减变动分析，主要包括差异分析和趋势分析。

1. 差异分析

差异分析主要是指通过编制比较报表，从各类和各个项目的增减及其差异中，观察和发现它的有利变化或异常变化。

2. 趋势分析

主要是指以连续数期的现金流量表为基础，将相同类别和相同项目的金额换算成相对数进行对比，观察其发展变化趋势，从而为研究企业的经营策略和对未来现金流量进行预测分析提供依据。其一般方法是趋势百分比法（定比和环比）。

定比是以一个年度为基期，基期金额为 100，其余各年均以基期金额为基数，计算出各自的百分比，以百分比进行比较分析，观察发展趋势。采用定比时必须选择好基期；如果基期选择不当，会降低这种方法的效果。

环比是各年均以上一个年度为基数，分别计算出其他各年的百分比，以百分比进行比较分析，观察发展趋势。

2.4.3 现金流量的结构分析

现金流量的结构分析可以划分为流入结构分析、流出结构分析和流入流出比分析。它是以这三类结构中某一类或一类中某个项目占其总体的比重进行的分析，故也称比重分析法。通过结构分析可以具体了解现金主要来自哪里，主要用往何处，以及净流量是如何构成的，并可以进一步分析个体(即项目)对总体所产生的影响，发生变化的原因和变化的趋势，从而有利于对现金流量做出更准确的判断和评价。现金流量的结构分析一般采用结构百分比法。

1. 流入结构分析

它可以分为总流入结构分析及经营、投资和融资三项活动流入的内部结构分析，即这三类活动的现金流入在全部现金流入中的构成和所占比重，以及这三类活动中的各个项目，在该类的全部现金流入中的构成和所占比重。

2. 流出结构分析

它可以分为总流出结构分析及经营、投资和融资三项活动流出的内部结构分析，即这三类活动的现金流出在全部现金流出中的构成和所占比重，以及这三类活动中的各个项目，在该类的全部现金流出中的构成和所占比重。

3. 流入流出比分析

对于一个健康的正在成长的公司来说，经营活动的现金流量应该是正数，投资活动的现金流量是负数，融资活动的现金流量是正负相间。

通过流入和流出结构的历史比较和同业比较，还可以得到更有意义的信息。假设经营现金流量的结构百分比具有代表性(可以用三年或五年的平均数)，可以根据它们和计划销售额来预测未来的经营现金流量。

【例 2-12】 假设某公司今年的销售额(不含增值税)为 96 505 百万元，销售收现为 94 550 百万元，预计明年可增加 8%。经营现金流量的结构百分比不变，可预计明年的经营现金流量：

销售收现比＝销售收现÷销售额×100%＝94 550÷96 505×100%＝97.97%

预计销售商品流入量＝销售额×(1＋增长率)×销售收现比

＝96 505×1.08×97.97%＝102 110(百万元)

预计经营现金流出量＝预计销售商品流入量÷经营现金流入流出比

＝102 110÷1.1＝92 827(百万元)

用同样的方法可以计算出其他项目的数额。

阅读材料

现金流动速度是企业运行的风向标

大部分发达国家的统计数据显示，每五家破产倒闭企业，有四家是盈利的，只有一家是亏损的。可见，企业主要是因为缺乏现金，而不是因为盈利不足而倒闭。

例如，1975年美国最大的商业企业之一W. T. Grant宣告破产，而在其破产前一年，其营业净利润近1 000万美元，经营活动提供营运资金2 000多万元，银行贷款达6亿美元，1973年公司股票价格仍按其收益20倍的价格出售。该企业破产的原因就在于早在破产前五年，公司的现金流量净额已经出现了负数，虽然有高额的利润，但公司的现金不能支付巨额的生产性支出与债务费用，最后导致"成长性破产"。

因此，现金流量分析对企业具有举足轻重的作用。在全球金融危机的大环境下，谁手中拥有"现金"，谁就能在这场危机中活下来。

（资料来源：《理财周报》，2009年5月4日）

2.4.4 现金流量的比率分析

它是现金流量分析的一种形式，在财务报表分析中占有重要地位。现金流量的比率主要是指现金流量与其项目数据相比所得的值。

1. 流动性分析

流动性是指将资产迅速转变为现金的能力。与根据资产负债表确定的流动比率、速动比率等指标相比，可以更好地反映企业偿还债务的能力。

(1)现金到期债务比

到期债务包括本期到期的短期借款、长期借款、本期应付票据和相关的利息支出等。

现金到期债务比＝经营现金净流入/本期到期的债务

本期到期的债务，是指本期到期的长期债务和本期应付票据。通常这两种债务是不能展期的，必须如数偿还。该比率越高，则偿债能力越强。由于长期债务和应付票据到期时，不一定有即起的长期债务和应付票据接续，必须靠经营活动现金净流入偿还，因此经营现金净流量与到期债务的偿还有内在联系。

自测题：7. 某企业本期经营现金净流入为84 963百万元，本期到期的债务为15 198百万元，那么该公司本期现金到期债务比为多少？

(2)经营活动净现金比

它是衡量以本期经营现金净流入偿还债务能力的比率，既可以衡量企业偿还短期债务的能力，也可以衡量企业偿还全部债务的能力。主要包括：

①衡量偿还短期债务能力

现金流动负债比＝经营现金净流入/流动负债

该指标越大，说明企业短期偿债能力越强。

自测题：8. 某企业本年经营现金净流入为84 963百万元，年末流动负债总额为167 792百万元，那么该公司本年的现金流动负债比是多少？

②衡量偿还全部债务能力

经营活动净现金比＝经营现金净流入/负债总额×100％

【例2-13】 某企业本年经营现金净流入为84 963百万元，年末负债总额为275 566百万元，则：

经营活动净现金比＝84 963÷275 566×100％＝31％

该比率越高，说明企业承担债务的能力越强。该公司最大的付息能力是31％，即利息高达31％时，企业仍能按时付息。只要能按时付息，就能借新债还旧债，维持债务规模。如果市场利率是10％，那么该公司最大的负债能力是84 963÷10％＝849 630百万元。仅从付息能力看，企业还可借债849 630－275 566＝574 064百万元，可见该公司的举债能力还不错。

2. 获取现金能力分析

它可以通过经营现金净流入和投入资源的比值来反映。投入资源可以是销售额、全部资产、净资产、营运资金、净利润和普通股股数等。

(1)销售现金比：

销售现金比＝经营现金净流入/销售额

该比率反映每一元销售得到的净现金，其数值越大越好。和同行业水平相比，可以评价获取现金能力的强弱；与历史的水平相比，可以评价获取现金能力的变化趋势。

自测题：9. 某企业本年经营现金净流入为84 963百万元，年销售额为799 115百万元，那么该公司的销售现金比是多少？

(2)净利润和经营活动净现金流量比，也称现金获利指数。

净利润和经营活动净现金流量比＝经营现金净流入/净利润

【例2-14】 某企业本年经营现金净流入为84 963百万元，净利润为39 558百万元，则：

现金获利指数＝84 963÷39 558＝2.15

它可以评价经营现金流量的获利能力。该比率越高，说明净利润中已经收到现金流量的程度越高，可以防止因现金短缺而陷入经营困难的境地。

(3)全部资产现金回收率：它是经营现金净流量与全部资产的比值，说明企业资产产生现金的能力。

【例2-15】 某企业本年经营现金净流入为84 963百万元，年末全部资产为520 572百万元，则：

全部资产现金回收率＝84 963÷520 572＝0.16。

该比率表明，该公司的每 1 元投资可以获得 0.16 元现金。该指标和同行业水平相比，可以评价每 1 元资产获利能力；与本企业历史水平相比，可以看出获取现金能力的变化。

(4)每股营业现金流量：

每股营业现金流量＝经营现金净流入/普通股股数

这个比率越大，说明企业进行资本支出和支付股利能力越强。该指标反映企业最大的分派股利的能力，超过此限度，就要借款分红。

自测题：10. 某企业本年经营现金净流入为 84 963 百万元，年末流通在外的普通股股数为 280 000 万股，那么该公司本年的每股营业现金流量是多少？

阅读材料

销售收入现金含量揭示企业销售状况

长安汽车是重庆市一家主要从事微型汽车及发动机的开发制造和销售的上市公司。产品包括各种型号的长安牌微型厢货车、微型货车、奥拓微型轿车以及用于微型汽车的江陵牌汽车发动机。

随着中国汽车消费的迅速崛起，公司的销售形势持续向好。公司 1999～2001 年的主营业务收入现金含量（销售商品与提供劳务收到的现金/主营业务收入）分别为 0.86、1.081、1.287。

该指标自 1999 年起逐年走高，更为可贵的是，企业的主营业务收入也逐年增长。因此，分析者得出，该企业销售收入回笼现金情况良好，并且还不断收回前期的应收账款，营业收入的质量越来越高。通常情况下，营业收入与营业收入现金含量两个指标联袂走高的经济含义是企业的销售环境和内部管理都处于非常良好的状况。这样的公司，在 2002 年的证券市场上成为资金追捧的对象就不奇怪了。

3. 财务弹性分析（支付能力分析）

所谓财务弹性是指企业适应环境变化和利用投资机会的能力。这种能力来源于现金流量和支付现金需要的比较。现金流量超过需要时，适应性就强。故财务弹性分析是用经营现金流量与支付要求进行比较，支付要求可以是投资需求或其他支付等。

(1)现金股利保障倍数，又叫支付现金股利比。它可以评价支付现金股利的能力，该比率越大，说明支付现金股利的能力越强。

现金股利保障倍数＝每股经营活动现金净额/每股现金股利

(2)现金满足投资比，又叫现金充分性比，可以评价现金支付能力。该比率越大，说明资金自给率越高，达到 1 时，说明企业可以用经营获取的现金满足扩充所需要的资金;若小于1,则说明会出现现金短缺局面,要靠外部融资来补充资金。

现金满足投资比=近五年经营活动现金净流入/(近五年资本支出+存货增加+现金股利+支付利息+偿付债务)

练习题

5. 某企业2012年经营现金净流入为68 392百万元,年末到期的债务为10 387百万元,要求:计算该企业2012年现金到期债务比。

6. 某企业2012年经营现金净流入为68 392百万元,年末全部资产为403 856百万元,要求:计算该企业2012年全部资产现金回收率?

7. 某企业2012年经营现金净流入5 716.5百万元,公司有普通股40 000万股,要求:计算2012年该公司的每股营业现金净流量。

8. 某企业本年经营现金净流入为84 963百万元,年末流通在外的普通股股数为280 000万股,年末每股现金股利为0.09元。要求:计算该公司本年的现金股利保障倍数。

本章小结

通过本章的学习,我们应明确报表分析是指以企业财务报表资料为基础点,采用一系列的分析方法和指标,对企业的财务状况和经营成果进行分析与评价,反映企业经营过程中的利弊得失及未来发展前景,为改进企业财务管理工作和优化管理决策提供重要的财务信息。财务报表分析的方法,主要有比较分析法、因素分析法、趋势分析法、比率分析法等。同时,我们还分别介绍了资产负债表、损益表和现金流量表的分析方法。

思考题

1. 掌握下列专业术语

报表分析法	比较分析法	因素分析法
趋势分析法	比率分析法	资产负债表
损益表	现金流量表	资产
负债	所有者权益	收入
成本费用	利润	经营活动现金流量
投资活动现金流量	融资活动现金流量	

2. 简答题

(1)财务报表分析方法有哪几种?

(2)何为资产结构,如何分析企业的资产结构?

(3)简述损益表的结构。

(4)如何评价企业的盈利能力？

(5)企业现金流量分为哪几类？

(6) 如何分析企业现金流量结构？

3.案例分析题

下面两个表是天华股份有限公司××××年度的资产负债表和损益表，请仔细阅读并按要求对两表做出分析。

资产负债表

编制单位：天华股份有限公司　　××××年 12 月 31 日　　单位：元

资 产	期末余额	年初余额	负债和所有者权益（或股东权益）	期末余额	年初余额
流动资产：			流动负债：		
货币资金	815 131	1 406 300	短期借款	50 000	300 000
交易性金融资产	0	15 000	交易性金融负债	0	0
应收票据	66 000	246 000	应付票据	100 000	200 000
应收账款	598 200	299 100	应付账款	953 800	953 800
预付款项	100 000	100 000	应付职工薪酬	180 000	110 000
其他应收款	5 000	5 000	应交税费	226 731	36 600
存货	2 484 700	2 580 000	应付利息	0	1 000
其他流动资产	100 000	100 000	应付股利	32 215.85	0
流动资产合计	4 169 031	4 751 400	其他应付款	50 000	50 000
非流动资产：			一年内到期的非流动负债	0	1 000 000
可供出售金融资产	0	0	流动负债合计	1 592 746.85	2 651 400
持有至到期投资	0	0	非流动负债：		
长期应收款	0	0	长期借款	1 160 000	600 000
长期股权投资	250 000	250 000	其他非流动负债	0	0
投资性房地产	0	0	非流动负债合计	1 160 000	600 000
固定资产	2 201 000	1 100 000	负债合计	2 752 746.85	3 251 400
在建工程	428 000	1 500 000	所有者权益（或股东权益）：		
工程物资	300 000	0	实收资本（或股本）	5 000 000	5 000 000
无形资产	540 000	600 000	资本公积	0	0
递延所得税资产	7 500	0	盈余公积	124 770.4	100 000
其他非流动资产	200 000	200 000	未分配利润	218 013.75	50 000
非流动资产合计	3 926 500	3 650 000	所有者权益（或股东权益）合计	5 342 784.15	5 150 000
资产总计	8 095 531	8 401 400	负债和所有者权益总计	8 095 531	8 401 400

损益表

编制单位:天华股份有限公司　　××××年　　单位:元

项 目	本期金额	上期金额(略)
一、营业收入	1 250 000	
减:营业成本	750 000	
营业税金及附加	2 000	
销售费用	20 000	
管理费用	157 100	
财务费用	41 500	
资产减值损失	30 900	
加:公允价值变动收益(损失以"-"号填列)	0	
投资净收益(损失以"-"号填列)	31 500	
其中:对联营企业和合营企业的投资收益	0	
二、营业利润(亏损以"-"号填列)	280 000	
加:营业外收入	50 000	
减:营业外支出	19 700	
三、利润总额(亏损总额以"-"号填列)	310 300	
减:所得税费用	85 300	
四、净利润(净亏损以"-"号填列)	225 000	

要求:

(1)对公司××××年的资产结构、资本结构进行简要评析。

(2)对公司××××年的盈利能力进行评析。

第 3 章 货币时间价值

本章框架体系

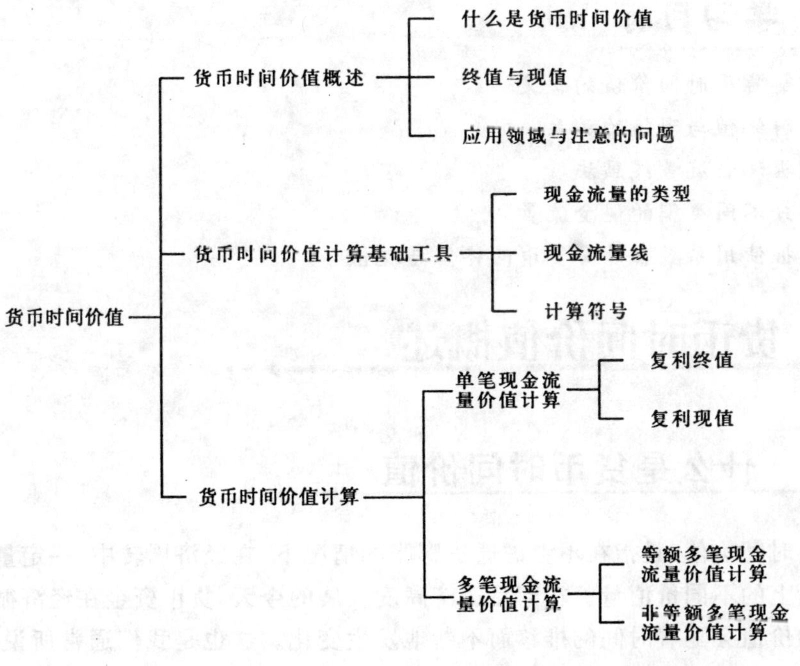

导读

小李大学毕业后,计划到省城工作5年。目前有两种方案解决居住问题:方案一:租房,年租金20 000元。方案二:购房,但要一次性付400 000元,年利率为5%,预计5年后该房屋的售价为450 000元。聪明的读者你能够帮助小李算算该如何选择吗?乍一看,你也许会选择第二个方案,但是你要知道如果选择第二个方案,你现在必须付出400 000元,而预期能赚取50 000元。要想解决这个问题,我们必须明确当前400 000元与未来50 000元之间的关系。

二者之间的关系被我们称做"货币时间价值"。如何衡量二者之间的关系?它在财务管理中会给我们带来哪些帮助呢?下面,请带着上述问题来阅读本章内容。

学习目标

- 理解货币时间价值的含义
- 理解终值与现值的关系
- 掌握现金流量线画法
- 区分不同类型的现金流量
- 掌握使用系数表计算货币的终值与现值

3.1 货币时间价值概述

3.1.1 什么是货币时间价值

货币时间价值,是指在不考虑通货膨胀的情况下,在经济周转中,一定量资金在不同时间点上的不同价值量。在商品经济高度发展的今天,货币资金在经济循环与周转使用中的价值会随着时间的推移而不断地发生变化。这也是我们通常所说的"今天1元钱的价值与一年后1元钱的价值不相等"。因此,在企业财务管理中,基于"企业价值最大化"的管理,我们必须树立新的价值评估理念,应该将企业在不同时点上的现金流量价值换算到同一时点上,以便于合理地比较,所以我们要学会计算货币的时间价值(即终值与现值的转化)。实务中货币时间价值的计算,可以采用相对量与绝对量来表示(相对量,即利率;绝对量,即利息)。

自测题:1.在本章导读中,方案二中的400 000元资金5年后的价值是多少?

3.1.2　终值与现值

货币时间价值计算中，随着时间的推移，货币的价值会发生不同的变化，根据计算时间点的不同，货币时间价值可以分为终值与现值。

1. 终值，是指货币资金在未来时间点的价值，又称为本利和。例如，在本章导读中如果小李交付 400 000 元购买了房屋，5 年后将该房屋以 450 000 元对外出售，则 400 000元现金 5 年后的价值是 450 000 元，即终值为 450 000 元。

2. 现值，是指未来的货币资金折算到现在的价值，又称为本金。现值的观念与终值恰好相反。例如，在本章导读中小李在 5 年后出售房屋的时候可以获得 450 000 元的收益，那么 5 年后 450 000 元收益，现在的价值是多少呢？即 400 000 元，也就是说 400 000 元是 5 年后 450 000 元的现值。

终值与现值是货币时间价值中的重要概念，描述了事物价值的两面。在实务中我们通过终值与现值的相互转换，来衡量不同的货币在相同时间点上的价值。这种做法在投资决策、价值评估当中有广泛的用途。

【例 3-1】　小李是个古董商，他计划出价 20 000 元购买一幅画。预计 1 年后该幅画的价值为 21 000 元，目前银行存款年利率为 3%。小李应该购买还是放弃呢？

解　小李认为，如果放弃购买，可以将 20 000 元存入银行(年利率 3%)，1 年后会获得，如图 3-1 所示：

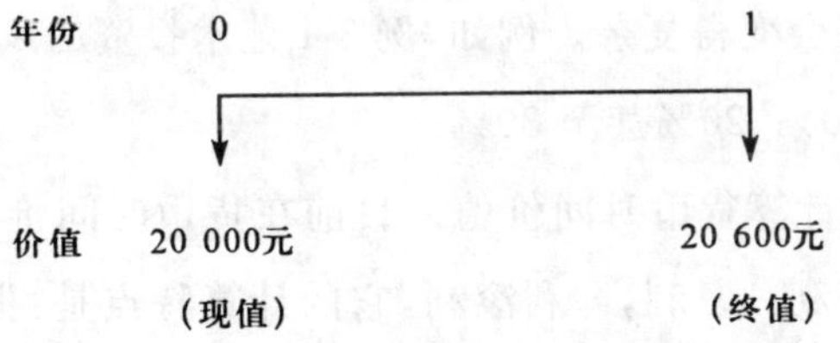

图 3-1　放弃购买方案的价值关系

$$20\,000+(20\,000\times 3\%)=20\,600(元)$$

如果购买该幅画，1 年后小李投资的价值，如图 3-2 所示。这将比放弃购买方案增加 400 元的收益，因此小李决定购买此画。

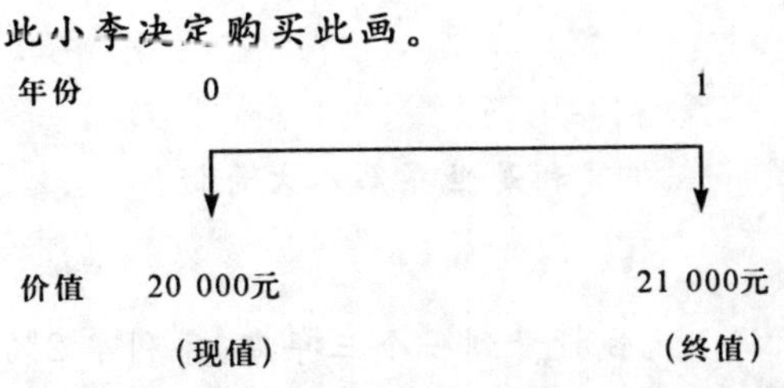

图 3-2　购买方案的价值关系

上述分析是一种典型的价值评估分析。在这里我们运用了终值与现值的概念，将放弃购买方案的终值(20 600 元)与购买方案的终值(21 000 元)进行比较，得到购买方案较优。同样我们也可以利用现值分析，得到同样的结论。

3.1.3 应用领域与注意的问题

货币时间价值是企业财务管理中一个十分重要的观念，在商品经济与借贷关系快速发展的今天，它有着广泛的应用领域，如：企业的投资决策、资金的筹集、收益的分配与价值评估等。在企业财务管理中要充分考虑到货币时间价值的影响，以保证企业的资金在周转使用过程中发挥最大的经济效益。因此，在使用过程中，我们应该注意到以下问题：

1. 货币时间价值是社会资金平均利润率。货币时间价值与金融市场中的利率是有差异的，利率是市场供求双方交易的结果，利率中不但包括货币时间价值，还包含着风险补偿因素，而货币时间价值则不包含这些风险因素，只是利润平均作用的结果。但是，在现实生活中任何活动都存在风险。所以在货币时间价值实务计算中，如果是一个无风险现金流量的例子，我们可以使用同时期银行存款利率。如果是一个风险现金流量的例子，问题将会变得复杂。例如，例 3-1 艺术投资的风险很高，需要选择一个更高利率来补偿，如 10%、20%甚至 30%①。

2. 采用复利方式计算货币时间价值。目前在货币时间价值计算中，有两种利息计算方式，即单利和复利。复利，即利滚利，它的计算特点是：把上期末的本利和作为下一期的本金，在计算时每一期本金的数额是不同的。根据复利观点，每期产生的利息都要投到下一期经济运行中，这样可以发挥资金的最大效用。

阅读材料

复利是世界第八大奇迹。

——爱因斯坦

【例 3-2】 假设你将 1 元钱投资到一个三年期，年利率 2%的项目中，分别采用单

① 会在以后章节详细探讨这个问题

利与复利计息方式，对比两种投资收益的变化，如图 3-3 所示。

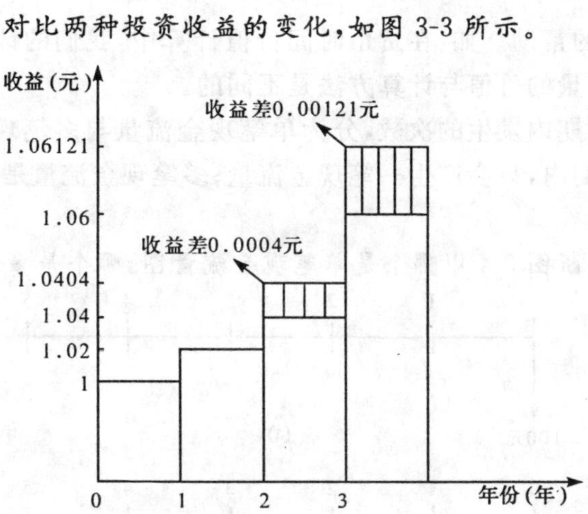

图 3-3　单利与复利价值分析

在图 3-3 中，1 元钱投资一年后，单利计息与复利计息的价值相等，为 1.02 元。但是，到了第二年年末单利计息价值为1.04元，复利计息价值为 1.0404 元，产生0.0004元收益差；到了第三年年末，单利计息价值为 1.06 元，复利计息价值为1.06121元，产生 0.00121 元收益差。随着时间的推移单利计息价值与复利计息价值的差额在逐渐增大。所以，从经济学观点出发，我们只介绍复利计算货币时间价值的方法。

阅读材料

复利的巨大魔力

这个世界上，复利对于财富是最大的奇迹。1626 年 9 月 11 日，荷兰人彼得·米纽伊特从印第安人那里只花了 24 美元就买下了曼哈顿岛。但是，如果当时的 24 美元没有用来购买曼哈顿岛，而是用来投资(假设投资收益为每年 8%，不考虑中间的各种战争、灾难、经济萧条等因素)的话，这 24 美元到 2004 年会是多少呢？说出来吓你一跳：4 307 046 634 105.39 美元，也就是 4.3 万亿多美元。这比 2003 年美国的国民生产总值两倍还多。

3.2　货币时间价值计算基础工具

3.2.1　现金流量的类型

现金流量，是指在一定时期内企业资金的流入和流出的数量。在实务中，很多工作都需要现金流量的帮助。如:在货币时间价值计算中,我们的计算对象就是现金流量,不同类型现金流量的价值与计算方法是不同的。

(1)按在一定时期内发生的次数,分为单笔现金流量与多笔现金流量。单笔现金流量是指在一定时期内,只会产生一笔现金流量;多笔现金流量是指在一定时期内,会产生多笔现金流量。

自测题:2. 请判断图 3-4 中哪个是单笔现金流量图,哪个是多笔现金流量图?

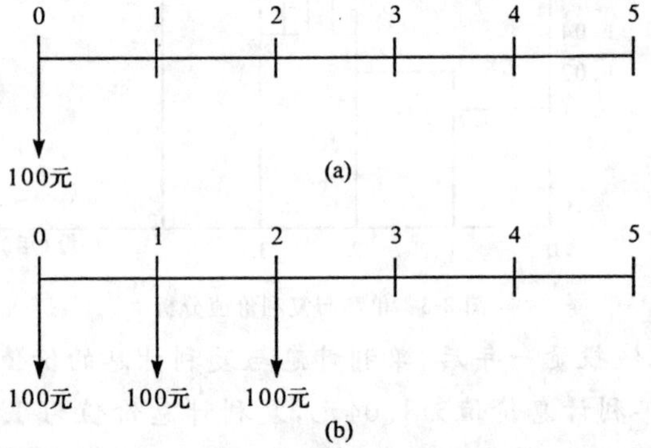

图 3-4 单笔现金流量与多笔现金流量

(2)按发生的方向,分为现金流入量与现金流出量。现金流入量是指投资项目增加的现金收入额;现金流出量是指投资项目增加的现金支出额。在融资与投资管理中,同一个项目在同一时点上,现金流入量与现金流出量是方向相反、数量相等的。

自测题:3. 某公司发行面值为 100 元,利率为 5%,期限为 1 年的债券。

问题 1:如果你现在购买了 100 元债券,请回答这 100 元的现金流量对你来说是现金流入量还是现金流出量? 对企业呢?

问题 2:1 年后你会收到 105 元钱,请回答这 105 元的现金流量对你来说是现金流入量还是现金流出量? 对企业呢?

3.2.2 现金流量线

货币时间价值的计算对象是现金流量,在刚开始学会处理货币时间价值的时候,可能会觉得有些混乱,特别是遇到复杂的现金流量价值计算时,我们就需要借助货币时间价值计算基础工具之一 ——“现金流量线”。现金流量线用来描述在水平线上特定时间状况下的现金流量,如图 3-5 所示。

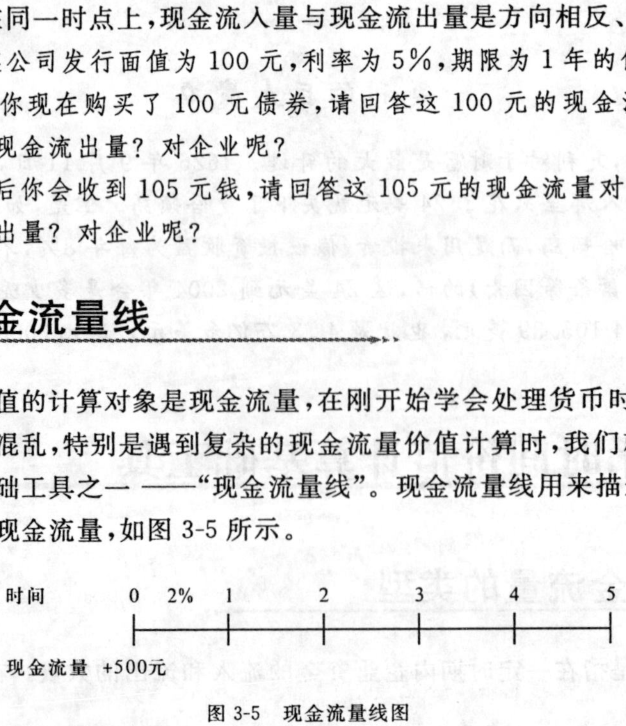

图 3-5 现金流量线图

在图 3-5 中，数轴的上方表示的是时间，下方表示的是相应时间点发生的现金流量。0 点代表现在（期初），1 点代表的是 1 期期末和 2 期期初，2 点代表的是 2 期期末和 3 期期初，以此类推。0 点和 1 点之间代表的是第 1 期期间，期间可以表示为年度、半年度、季度、月、周或天。折现率被表示在 0 点和 1 点之间，现金流入量以“+”表示，现金流出量以“—”表示。图 3-5 表示的是一个期限为 5 年、折现率为 2%、期初产生 500 元现金流入量的现金流量线。

自测题：4. 问题 1：画一条现金流量线表示下列情况：(1) 期限为 4 年；(2) 期初收到 100 元现金，第 1、2、3 年年末各付出 200 元现金，第 4 年末收到 1 000 元现金；(3) 年利率为 5%。

问题 2：某公司以 100 万元进行投资，在随后的 5 年中每年年末产生 10 万元的投资收益，预计投资报酬率为 10%。请将上题中的情况用现金流量线表示出来。

3.2.3 计算符号

为了使货币时间价值计算方便，将计算符号标示在表 3-1 中：

表 3-1　　计算符号及说明

符号	说明
F(FV)	终值，是指货币资金在未来时间点的价值
P(PV)	现值，是指未来的货币资金折算到现在的价值
i	每期利息率（折现率）
A	年金，一定周期内产生的等额现金流量
n	现金流量的期数
CF	现金流量

3.3 货币时间价值计算

3.3.1 单笔现金流量价值计算

按照不同的时间点，单笔现金流量的价值在采用复利计息时表示为复利终值与复利现值。

1. 复利终值

它是指一定本金按复利计算若干期后的价值，即已知现值，求终值。计算公式为：

$$F=P\cdot(1+i)^n$$

公式中 $(1+i)^n$ 通常称为“一元复利终值系数”，记为 $(F/P,i,n)$，其值可以直接通过查阅“一元复利终值系数表”获得。

【例 3-3】 小李将10 000 元存入银行，存期 3 年，目前银行年利率为 3%，问 3 年后小李能够得到多少钱？

解 $10\,000 \times (1+3\%)^3 = 10\,000 \times 1.09273 = 10\,927.3$（元）

图 3-6 描述了小李存款价值的变化过程。

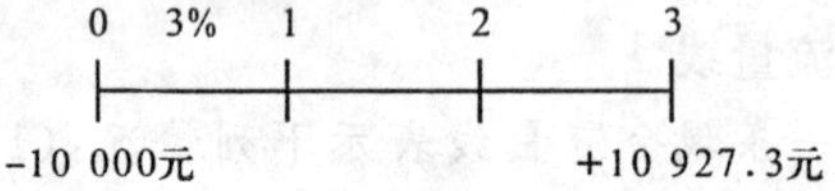

图 3-6 小李的存款

上式中的 1.09273 是 1 元钱在年利率为 3%，经过 3 年复利计息后的价值，可以直接通过查阅“一元复利终值系数表”获得。

自测题：

5. 如果例 3-3 中小李存款的存期分别为 2 年与 4 年，其他条件不变，小李分别能得到多少钱？

6. 如果例 3-3 中存款的利率分别为 2%与 4%，其他条件不变，小李分别能得到多少钱？

7. 根据自测题 5 与自测题 6 的结论，请判断货币的复利终值与期限、利率的关系。

2. 复利现值

复利现值是复利终值的逆运算，是今后某一时点现金流量通过折算后现在的价值，即已知终值，求现值。计算公式为：

$$P = F \cdot (1+i)^{-n}$$

公式中$(1+i)^{-n}$通常称为“一元复利现值系数”，记为$(P/F, i, n)$，其值可以直接通过查阅“一元复利现值系数表”获得。

【例 3-4】 小李计划 3 年后更换某品牌电脑，预计那时该品牌电脑的售价为5 000 元，目前银行年利率为 3%，问小李现在需要一次性存入多少钱才能满足 3 年后的心愿？

解 $5\,000 \times (1+3\%)^{-3} = 5\,000 \times 0.91514 = 4\,575.7$（元）

也就是说，小李只有现在一次性投入 4 575.7 元，在回报率为 3%的时候，才能在 3 年后满足自己的心愿，3 年后 5 000 元现金现在的价值是 4 575.7 元。

图 3-7 描述了这种价值的变化过程。

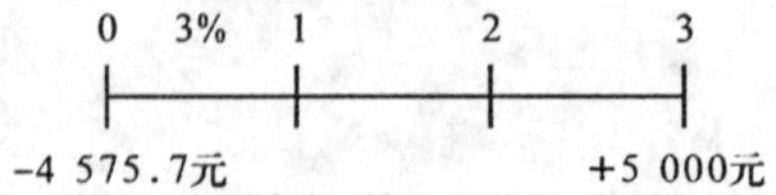

图 3-7 小李购电脑的现金流量图

上式中的 0.91514 是 3 年后的 1 元钱在年利率为 3%时现在的价值，可以直接通过查阅“一元复利现值系数表”获得。

自测题：

8. 如果例 3-4 中小李计划更换电脑的时间分别变为 2 年与 4 年，其他条件不变，小李需要分别一次性存入多少钱？

9. 如果例 3-4 中存款的利率分别为 2%与 4%，其他条件不变，小李需要分别一次性存入多少钱？

10. 根据自测题 8 与自测题 9 的结论，请判断货币的复利现值与期限、利率的关系。

练习题

1. 请判断本章导读中的小李应该是购房还是租房？

2. A 企业向银行借款 100 万元，年利率 10%，期限 8 年。问 8 年后应偿付的本利和是多少？

3. 假设 4 年后你需要 30 000 元来支付读研究生的费用，你选择了一个年报酬率为 4%的项目进行投资，现在你需要拿出多少钱来投资？

4. 小李现在有 50 000 元存款，银行存款年利率为 3%，他计划购买一辆价位在 120 000 元的轿车，那么需要几年他才能买得起此价位的轿车？

5. 假设你现在 20 岁，有 10 000 元存款，打算在 25 岁的时候将这 10 000 元增值到 20 000 元，那么你要选择年报酬率是多少的项目进行投资？

通过上述练习题的结论，我们发现在实务中，只要我们能够明确复利终值、复利现值、期限与利率四个因素中任意三个因素，就可以利用公式计算出未知因素。

阅读材料

关于投资的 72 法则

所谓“72 法则”，就是以 1%的复利来计息，经过 72 年以后，你的本金就会变成原来的 1 倍。这个公式好用的地方在于它能以一推十，例如：利用报酬率为 5%的投资工具，经过 14.4 年(72/5)本金才变成 1 倍；利用报酬率为 12%的投资工具，则要 6 年(72/12)就能让原来的 1 元钱变成 2 元钱。

因此，今天如果你手中有 100 万元，运用报酬率为 15%的投资工具，你可以很快便知道，经过约 4.8 年，你的 100 万元就会变成 200 万元。

虽然利用 72 法则不像查表计算那么精确，但也已经十分接近了，因此当你手中没有复利表时，记住简单的 72 法则，或许能够帮你不少忙。

72 法则同样还可以用来计算贬值，例如：现在通货膨胀率是 3%，那么 72/3=24，你现在的 1 元钱 24 年后就只能买 5 角钱的东西了。

3.3.2 多笔现金流量价值计算

根据每次现金流量是否相等，多笔现金流量可以分为等额多笔现金流量与非等额多笔现金流量。

1. 等额多笔现金流量价值计算

在一定时期内，间隔相等的时间，产生的等额现金流量，我们称之为年金。例如：在未来的 3 年内每年年末支付的 100 元现金就是一个 3 年期的年金，其流量图如图 3-8所示。

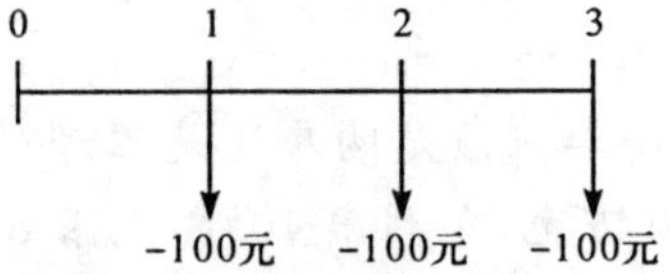

图 3-8 3 年期的年金流量图

在实务中年金是一种最为常见的金融工具，如退休人员的养老金、融资租赁费与抵押借款等通常采用年金的形式。年金按照产生的时间点不同分为普通年金（后付年金）、预付年金、递延年金与永续年金。

(1)普通年金价值

普通年金，是指每期期末收到或付出的年金，即后付年金。其特点是：①每期发生的现金流量相等；②间隔的时间相等；③现金流量在每期期末发生。

自测题：11. 判断图 3-8 中的现金流量是否是普通年金形式。

①普通年金终值

普通年金终值是指一定时期内每期期末现金流量的复利终值之和。计算公式为：

$$F=A\cdot(F/A,i,n)$$

通常称公式中的$(F/A,i,n)$为“一元普通年金终值系数”，可以直接通过查阅“一元普通年金终值系数表”获得。

【例 3-5】 小李计划出国旅行，从现在开始每年年末存款 5 000 元，银行存款年利率 3%，3 年后小李有多少存款可供旅行支配？

解 根据图 3-9，可以判断出该项目的现金流量是普通年金形式，所求的是该普通年金的终值，所以：

$$5\,000\times3.091=15\,455(\text{元})$$

3 年后小李将获得 15 455 元用于旅行开支。上式中 3.091 是 3 年期 1 元普通年金在年利率为 3%时的终值，可以直接通过查阅“一元普通年金终值系数表”获得。

自测题：

12. 在例 3-5 中，如果小李计划出国旅行的时间分别变为 2 年后与 4 年后，其他条件不变，小李分别有多少存款可供旅行支配？

13. 在例 3-5 中，如果存款的年利率分别为 2% 与 4%，其他条件不变，小李分别有多少存款可供旅行支配？

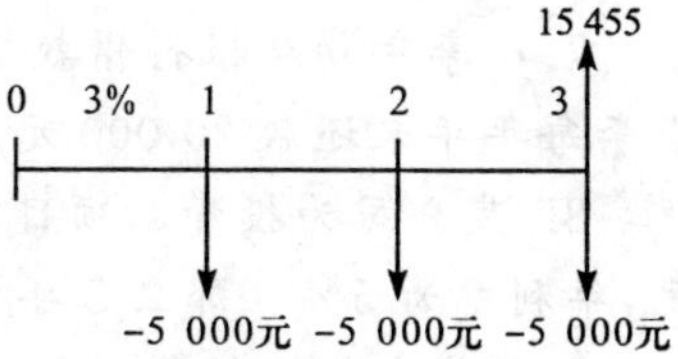

图 3-9　小李旅行存款现金流量价值图

14. 根据自测题 12 与自测题 13 的结论，请判断普通年金终值与期限、利率的关系。

②普通年金现值

普通年金现值是指一定时期内每期期末现金流量的复利现值之和。计算公式为：

$$P=A\cdot(P/A,i,n)$$

通常称公式中的$(P/A,i,n)$为"一元普通年金现值系数"，可以直接通过查阅"一元普通年金现值系数表"获得。

【例 3-6】　小李是一名在校大学生，在今后 3 年里，需要在每年年末支付 4 000 元学费。年初小李将一笔钱存入银行，年利率 3%。这笔钱应该是多少才能满足小李今后 3 年学费支付的需要？

解　根据图 3-10，可以判断出该项目的现金流量是普通年金形式，所求的是该普通年金的现值，所以：

$$4\ 000\times 2.829=11\ 316(元)$$

小李要在年初存入 11 316 元，才能满足每年年末 4 000 元学费的支出。上式中 2.829 是 3 年期 1 元钱的普通年金在年利率为 3% 时的现值，可以直接通过查阅"一元普通年金现值系数表"获得。

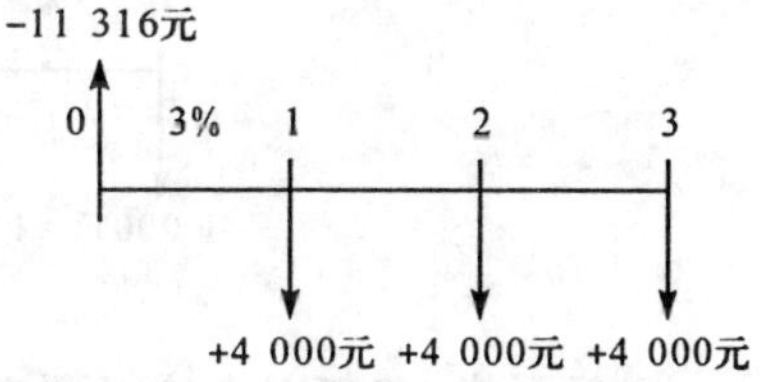

图 3-10　小李学费存款现金流量价值图

自测题：

15. 在例 3-6 中，如果小李交学费的时间分别变为 2 年与 4 年，其他条件不变，这笔钱应该是多少才能满足小李今后学费支付的需要？

16. 在例 3-6 中，如果存款的年利率分别为 2% 与 4%，其他条件不变，这笔钱应该是多少才能满足小李今后三年学费支付的需要？

17. 根据自测题 15 与自测题 16 的结论，请判断普通年金现值与期限、利率的关系。

练习题

6. 假设某项目在 5 年建设期内每年年末要向银行借款 1 000 000 元，借款年利率为 10%，问该项目竣工时应付本息的总额是多少？

7. 小李年初从银行借款 100 000 元，借款年利率为 8%，在借款合同中，银行要求小李每年年末还款 20 000 元。问小李几年才能还清本息？

8. 某公司为投资新项目打算租入 1 台设备，预计每年年末需要支付租金100 000 元，年利率为 5%。那么 5 年中租金的现值是多少？

9. 小李年初从银行借款 100 000 元，借款年利率为 8%，借款合同中，银行要求小李在 5 年内每年年末采用等额方式还款。问小李每年年末还款金额是多少？

通过上述练习题的结论，我们可以发现，在实务中只要能够明确年金、年金终值、年金现值、期限与利率五个因素中任意四个就可以利用公式计算出未知因素。

(2)预付年金价值

预付年金是指每期期初产生的年金。与普通年金的不同之处在于：①现金流量在每期期初发生；②预付年金价值不能通过查系数表的方法取得。

自测题：18. 小李每年年初存款 1 000 元，连续存 5 年，请判断该现金流量中年金的性质。

①预付年金终值

【例 3-7】 如果年利率为 3%，请计算自测题 18 中小李存款的终值。

解 第一步，根据图 3-11，判断该现金流量线为预付年金流量线。

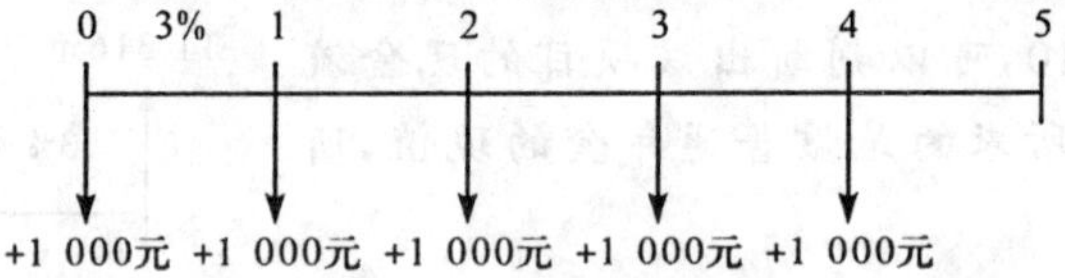

图 3-11 预付年金流量线

第二步，将预付年金流量线分解为 a、b(图 3-12)。

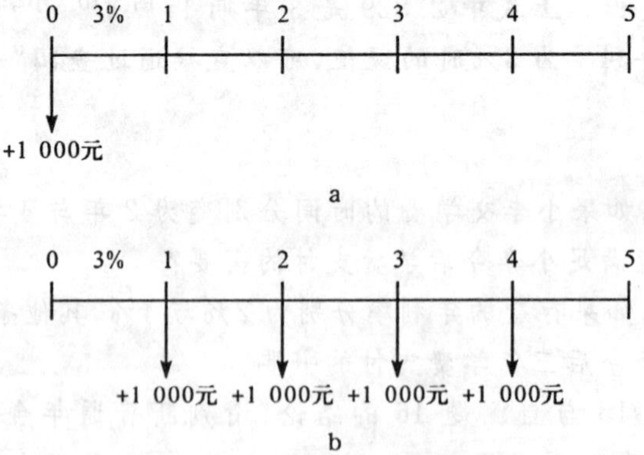

图 3-12 预付年金流量线分解图

第三步，根据图 3-12，分别计算 a、b 中现金流量的终值，然后相加。

a 中现金流量是单笔现金流量，因此它的终值(复利终值)为：

$$1\ 000 \cdot (F/P,i,n)=1\ 000 \cdot (F/P,3\%,5)$$
$$=1\ 000 \times 1.159 =1\ 159(\text{元})$$

b中现金流量是多笔现金流量(图3-13)。

首先,计算一个4期($n-1$)的普通年金终值:

$$1\ 000\cdot(F/A,i,n-1)=1\ 000\cdot(F/A,3\%,5-1)$$
$$=1\ 000\times 4.184=4\ 184(\text{元})$$

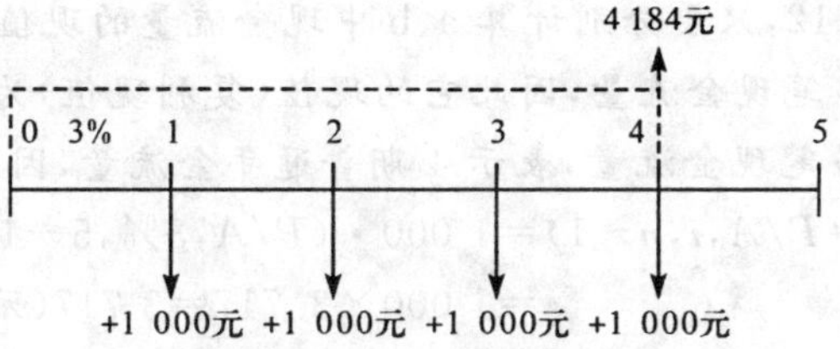

图3-13 4期普通年金计算图

其次,计算4 184元1年后的价值,即计算($P=4\ 184,n=1,i=3\%$)的复利终值(图3-14)。

$$4\ 184\cdot(F/P,i,1)=4\ 184\cdot(F/P,3\%,1)$$
$$=4\ 184\times1.03=4\ 309.52(\text{元})$$

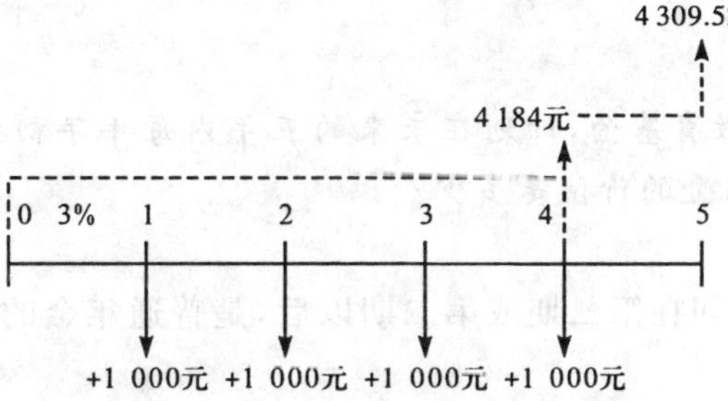

图3-14 4 184元1年期终值计算图

即:求4期普通年金终值的1期复利终值:

$$1\ 000\cdot(F/A,i,n-1)\cdot(F/P,i,1)$$
$$=1\ 000\cdot(F/A,3\%,5-1)\cdot(F/P,3\%,1)$$
$$=1\ 000\times4.184\times1.03=4\ 309.52(\text{元})$$

第四步,将两笔现金流量终值相加:$1\ 159+4\ 309.52=5\ 468.52$(元)

所以,小李存款的终值为5 468.52元。

根据上述推论,预付年金终值的计算公式为:

$$F=P\cdot(F/P,i,n)+A\cdot(F/A,i,n-1)\cdot(F/P,i,1)$$

练习题

10. 假设某项目在10年建设期内每年年初向银行借款1 000 000元,借款年利率为10%,问该项目竣工时应付本息的总额是多少?

11. 假设4年后你需要30 000元来支付读研究生的费用,银行存款年利率为

3%,在每年年初你需要存多少钱,才能满足你的愿望?

②预付年金现值

【例 3-8】 如果年利率为 3%,请计算自测题 18 中小李存款的现值。

第一步、第二步同例 3-7。

第三步,根据图 3-12,只要分别计算 a、b 中现金流量的现值,然后相加即可。

a 中现金流量是单笔现金流量,因此它的现值(复利现值)为 1 000 元。

b 中现金流量是多笔现金流量,表示 4 期普通年金流量,因此它的现值为:

$$1\,000 \cdot (P/A,i,n-1)=1\,000 \cdot (P/A,3\%,5-1)$$
$$=1\,000\times 3.717=3\,717(\text{元})$$

第四步,将两笔现金流量终值相加:

$$1\,000+3\,717=4\,717(\text{元})$$

所以,小李存款的现值为 4 717 元。

根据上述推论,预付年金现值的计算公式为:

$$P=A+A\cdot(P/A,i,n-1)$$

练习题

12. 学校建立一项教育基金,计划在未来的五年内每年年初投入 10 000 元,若利率为 5%,那么现在该基金的价值是多少?

(3)递延年金价值

递延年金发生的时间在第二期或第二期以后,是普通年金的特殊形式,如图 3-15 所示。

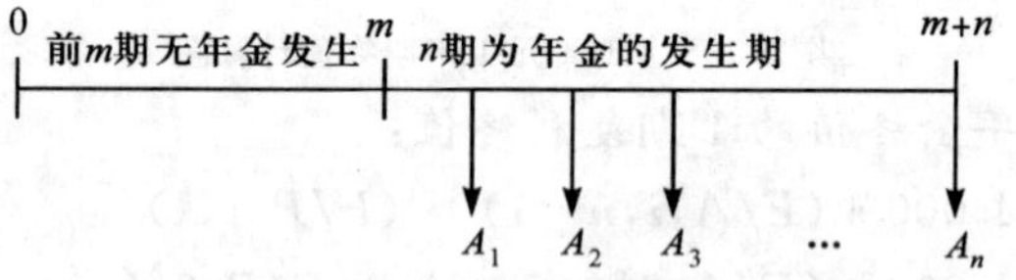

图 3-15 递延年金流量图

【例 3-9】 某项目的投资期限为 5 年,从第 3 年年末开始每年年末产生 1 000 元的现金流量,判断该现金流量的类型。

解 根据图 3-16,在投资项目前 $m(m=2)$ 期中没有产生现金流量,在后 $n(n=3)$ 期中间隔相等时间产生等额(1 000 元)的现金流量。所以,该现金属于递延年金。

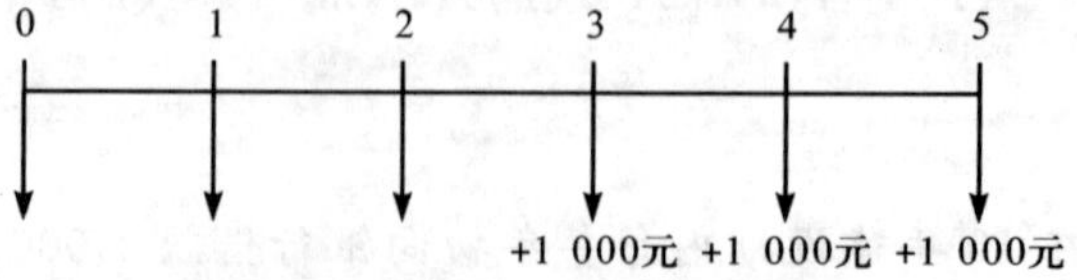

图 3-16 某投资项目现金流量图

①递延年金终值

【例3-10】 当利率为3%时，请计算例3-9中投资项目现金流量的终值。

解 根据图3-16，投资项目现金流量的终值（即递延年金终值）表示为后$n(n=3)$期中现金流量的终值，而后$n(n=3)$期中现金流量是一个$n(n=3)$期的普通年金。所以，该投资项目现金流量的终值就是$n(n=3)$期普通年金的终值。

$$F=A\cdot(F/A,i,n)=1\,000\cdot(F/A,3\%,3)$$
$$=1\,000\times3.0909=3\,090.9(\text{元})$$

根据上述推论，递延年金终值等于递延年金的后n期普通年金的终值。

②递延年金现值

【例3-11】 当利率为3%时，请计算例3-9中投资项目现金流量的递延年金现值。

解 根据图3-16，递延年金现值的计算方法有两个：

方法一 分别计算各时间点上现金流量的复利现值，然后相加。

$$P=1\,000\cdot(1+3\%)^{-5}+1\,000\cdot(1+3\%)^{-4}+1\,000\cdot(1+3\%)^{-3}$$
$$=2\,665.4(\text{元})$$

方法二 首先，根据图3-17，可以先计算出后$n(n=3)$期的普通年金现值：

$$P=1\,000\cdot(P/A,i,n)=1\,000\cdot(P/A,3\%,3)$$
$$=1\,000\times2.828\,6=2\,828.6(\text{元})$$

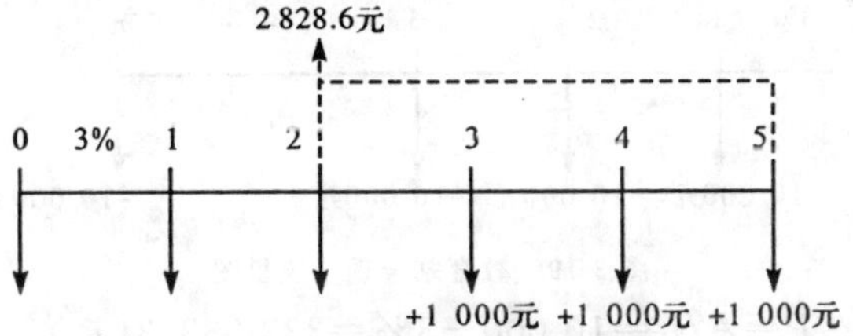

图3-17 3期普通年金现值计算图

其次，计算2 828.6元的复利现值，即，期限为$m(m=2)$期，利率为3%的复利现值，如图3-18所示。

$$2\,828.6\cdot(P/F,i,m)=2\,828.6\times0.9426=2\,666.2(\text{元})$$

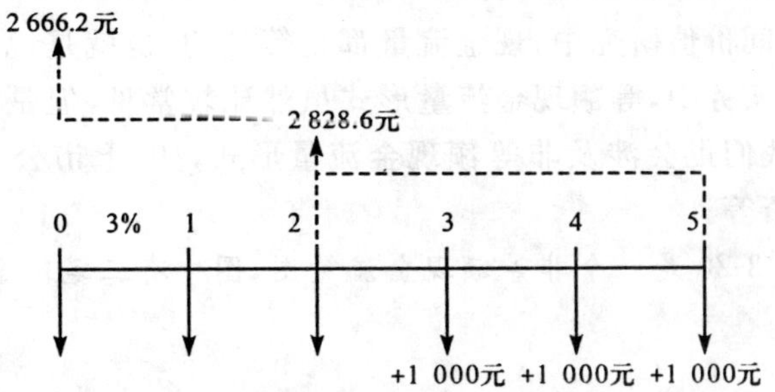

图3-18 2 828.6元现值贴现图

所以，该递延年金现值为 2 666.2 元。

根据上述推论，递延年金现值的计算公式为：

$$P=A\cdot(P/A,i,n)\cdot(P/F,i,m)$$

练习题

13. 某单位现在存入一笔款项，计划从第 4 年年末开始每年年末从银行提取现金 3 000 元，连续 3 年，若银行存款利率为 5%，问该单位现在存入的款项是多少？

(4)永续年金价值

永续年金，是指无限期定额发生的年金。与上述介绍的年金相比，永续年金可以理解为一个无限期的年金。因为永续年金没有结束期限，所以在永续年金价值研究中，我们只需研究永续年金的现值。

永续年金的期限趋向无穷大，其计算公式为：

$$P=A/i$$

式中，A 代表年金，i 代表折现率。

【例 3-12】 学校计划建立一项永久性教育基金，计划每年发放 10 000 元奖励基金，如果利率为 3%，该基金目前的价值是多少？

解 根据图 3-19，该现金流量为永续年金形式，应计算永续年金的现值。

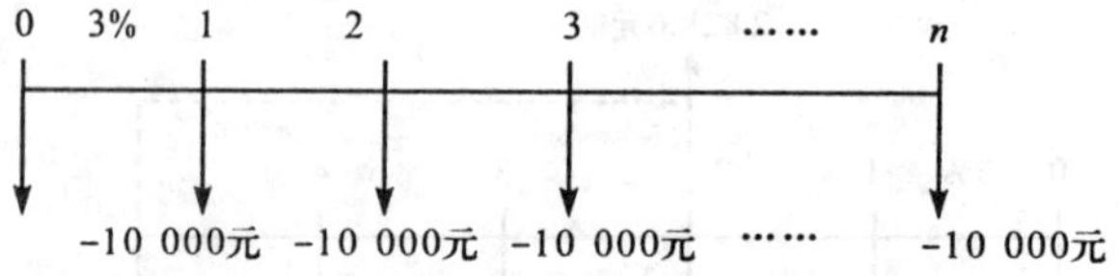

图 3-19 教育基金现金流量图

$$P=A/i=10\ 000\div 3\%=333\ 333.3(\text{元})$$

教育基金目前的价值为 333 333.3 元。

自测题：19. 根据例 3-12，当利率上涨或下跌时，会引起永续年金现值发生怎样的变化？

2. 非等额多笔现金流量价值计算

在前面货币时间价值研究中，现金流量都是等额的，也就是说每期的现金流量都是固定不变的。在实务中，等额现金流量形式虽然比较常见，但是在一些重大投资决策与价值评估中，我们也会涉及非等额现金流量形式，如：上市公司支付的普通股股利、固定资产的投资等。

【例 3-13】 图 3-20 是一个非等额现金流量图，图中有三笔现金流量，并且三笔现金流量不相等。

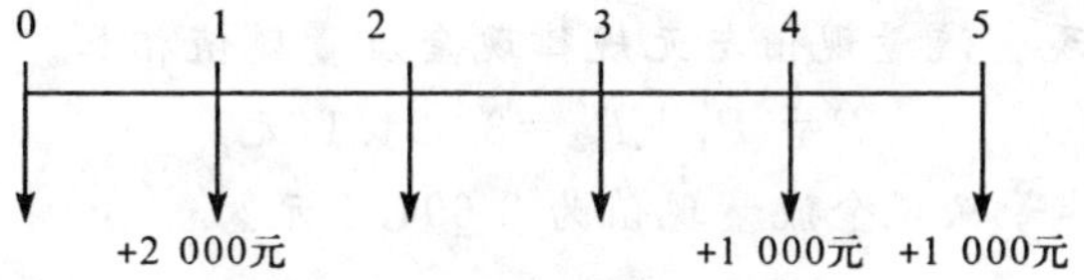

图 3-20　非等额现金流量图

在这个时候我们就不能采用前面介绍的方法来计算它们的价值了。接下来我们进一步介绍非等额现金流量价值的计算方法。非等额现金流量的价值也是由终值与现值组成的，根据实务的需求，我们只介绍非等额现金流量的现值。在现值计算中我们有两种方法可供选择。

方法一　将每一笔现金流量作为独立款项考虑，分别计算它们的现值，然后相加。

方法二　将非等额现金流量中有规律的部分组成年金形式，利用年金公式来计算现值，然后再与无规律现金流量的现值（计算方法参考“方法一”）相加。

【例 3-14】　如果利率为 3%，请计算例 3-13 中现金流量的现值。

解　根据“方法一”：

首先，将 1、4、5 时间点上的现金流量现值计算出来，即分别计算它们的复利现值（图 3-21）。

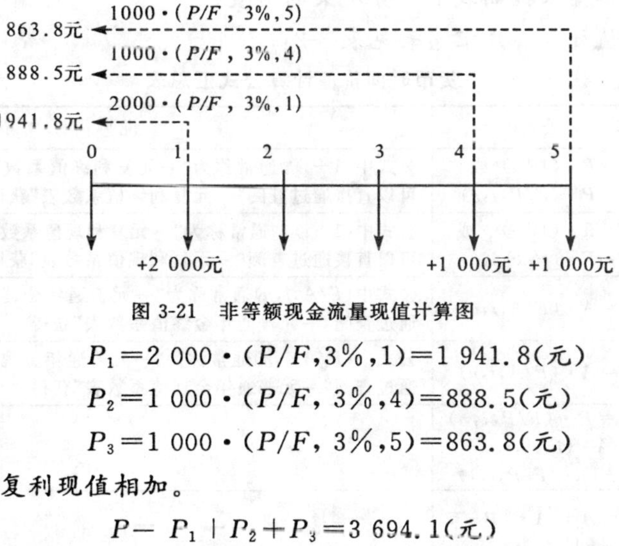

图 3-21　非等额现金流量现值计算图

$$P_1=2\ 000\cdot(P/F,3\%,1)=1\ 941.8(\text{元})$$

$$P_2=1\ 000\cdot(P/F,\ 3\%,4)=888.5(\text{元})$$

$$P_3=1\ 000\cdot(P/F,\ 3\%,5)=863.8(\text{元})$$

其次，将三个复利现值相加。

$$P=P_1+P_2+P_3=3\ 694.1(\text{元})$$

根据“方法二”：

首先，根据图 3-21，4 点与 5 点的现金流量可以组成一个 5 期递延年金，利用递延年金现值计算方法计算。

$$P_1'=1\ 752.3(\text{元})$$

其次，计算 1 点上现金流量的现值。

$$P_2'=1\ 941.8(\text{元})$$

最后，将有规律现金流量现值与无规律现金流量现值相加。

$$P = P_1' + P_2' = 3\ 694.1(\text{元})$$

所以，5 年期的非等额现金流量现值为 3 694.1 元。

练习题

14. 假设现在是 2013 年年初，预计在年末会产生 1 000 元的净现金流量（现金流入减去现金流出），在随后的五年中每年年末产生 2 000 元的净现金流量，预计投资收益率为 6%。问现金流量的现值是多少？

本章小结

企业的财务管理是基于价值而开展的一种管理活动，是为了实现企业价值的增值。我们必须要使用一些基础性财务管理工具来评估我们的管理活动。在本章中我们介绍其中的一种，即"货币时间价值"估价模型。"货币时间价值"估价模型主要是以复利计算为手段来研究在不同时点付出或收到的单笔现金流量现值与终值和多笔现金流量现值与终值。目的是通过研究在不同时点付出或收到的资金价值之间的关系，探寻合适的数学模型来提高我们财务决策的质量。

货币时间价值计算公式汇总表见表 3-2：

表 3-2　　货币时间价值计算公式汇总表

项目	公式	说明
复利终值	$F=P\cdot(1+i)^n$ 或 $F=P\cdot(F/P,i,n)$	公式中 $(1+i)^n$ 通常称为"一元复利终值系数"，记为 $(F/P,i,n)$，可以直接通过查阅"一元复利终值系数表"获得。
复利现值	$P=F\cdot(1+i)^{-n}$ 或 $P=F\cdot(P/F,i,n)$	公式中 $(1+i)^{-n}$ 通常称为"一元复利现值系数"，记为 $(P/F,i,n)$，可以直接通过查阅"一元复利现值系数表"获得。
普通年金终值	$F=A\cdot(F/A,i,n)$	公式中 $(F/A,i,n)$ 通常称为"一元普通年金终值系数"，可以直接通过查阅"一元普通年金终值系数表"获得。
普通年金现值	$P=A\cdot(P/A,i,n)$	公式中 $(P/A,i,n)$ 通常称为"一元普通年金现值系数"，可以直接通过查阅"一元普通年金现值系数表"获得。
预付年金终值	$F=P\cdot(F/P,i,n)+A\cdot(F/A,i,n-1)\cdot(F/P,i,1)$	
预付年金现值	$P=A+A\cdot(P/A,i,n-1)$	
递延年金现值	$P=A\cdot(P/A,i,n)\cdot(P/F,i,m)$	
永续年金现值	$P=A/i$	公式中 A 代表年金，i 代表折现率。

思考题

1. 掌握下列专业术语

货币时间价值　终值与现值　复利计息　现金流量线　年金
普通年金　预付年金　递延年金　永续年金　复利终值系数
复利现值系数　年金终值系数　年金现值系数

2. 简答题

假定现在是 2013 年 1 月 1 日，你向账户里存款 2 000 元，年利率为 6%。

(1)如果每年计息，到 2017 年 1 月 1 日你的账户余额是多少？

(2) 如果在 2014 年、2015 年、2016 年、2017 年的 1 月 1 日各存入 500 元，年利率为 6%，到 2017 年的 1 月 1 日，你的账户余额是多少？

(3)如果在 2014 年、2015 年、2016 年、2017 年的 1 月 1 日分 4 次存入相等金额的钱，年利率为 6%，到 2017 年的 1 月 1 日要想得到(1)的结果，那么，每次需要存入多少钱？

3. 案例分析题

你大学毕业后，参加一家银行的招聘会，按照要求，你需要完成下列问题：

(1)画一条现金流量线表示下列情况：

①年利率为 5%。

②第 1、2 年年末付出 100 元现金。

③第 4 年年末收到 1 000 元现金。

④第 2、3、4 年年初分别付出 100 元、200 元、300 元现金。

(2)一笔 10 000 元的资金，投资 3 年，年利率为 2%。问 3 年后该投资者可得到多少钱？

(3)一笔资金 3 年后的价值为 10 000 元，年利率为 2%。问该资金的现值是多少？

(4)判断下面图形中年金的形式。

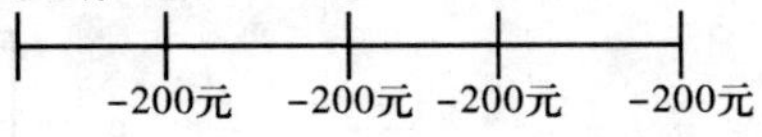

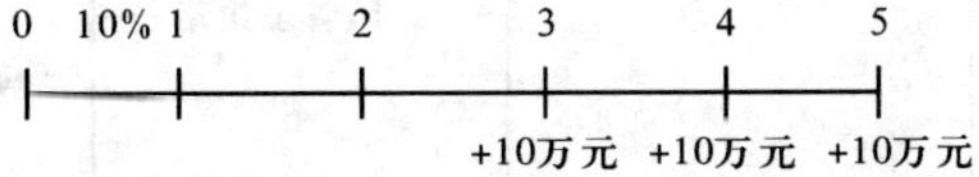

(5) 如果你是一位评估师，现在是 2012 年年初，某公司预计在明年年末会产生 8 000元的净现金流量(现金流入减去现金流出)，在随后的 5 年中每年年末产生 3 000 元的净现金流量。从现在开始，7 年后公司可以以 40 000 元出售，公司的所有者对公司的预计投资收益率为 6%。请评估公司现在的价值是多少？(提示：公司的价值取决于未来现金流量的价值)

第4章
风险与收益

本章框架体系

- 风险与收益
  - 风险与收益概述
    - 什么是风险
    - 风险与不确定性
    - 风险的分类
      - 市场风险和特有风险
      - 经营风险和财务风险
    - 风险产生的原因
    - 风险收益的含义
  - 风险衡量
    - 概率分布
    - 期望收益率
    - 离散程度
    - 标准差率
    - 风险收益
  - 财务风险管理
    - 风险管理策略
      - 接受风险策略
      - 回避风险策略
      - 减少风险策略
      - 转移风险策略
    - 风险管理环节
      - 风险识别与评估
      - 风险预防与控制
      - 风险损失处理

导　读

假如有一天，你成为一位亿万富翁，你的财务顾问向你推荐两个不错的投资项目 A 和 B，投资总额均为 1 000 万元。项目 A 是没有风险的，1 年后你可以稳赚 100 万元的利润；项目 B 是存在风险的，成功和失败的可能性均为 50%，但若成功你便可以得到 500 万元的利润，你会选择哪个项目进行投资呢？

这道非常简短的题目蕴含了财务管理中一个永恒的主题——风险与收益，它们是我们每天都要接触的两个概念。生活中为什么有些钱被存进银行，而有些钱用来投资股票；为什么有些人喜欢买多注彩票，而有些人喜欢买复式彩票？你可以通过学习本章得到答案。如果你能进一步领悟风险与收益的本质，那么相信未来的你一定会成为一位真正的亿万富翁。

学习目标

- 理解风险的含义
- 理解风险与收益的关系
- 掌握风险衡量的方法
- 掌握风险管理的策略
- 了解财务风险管理的环节

4.1　风险与收益概述

4.1.1　什么是风险

我们在预计一个投资项目的报酬时，不可能十分精确，也没有百分之百的把握。事情未来的发展情况我们事先不能确知，例如价格、销量、成本等都可能发生我们预想不到并且无法控制的变化，这就涉及风险问题。一般说来，风险是指在一定条件下和一定时期内可能发生的各种结果的变动程度，变动程度越大，风险越大。

风险是事件本身的不确定性，具有客观性。例如，投资国库券的收益的不确定性就比投资股票的不确定性小得多。风险是在“一定条件下”的风险，在不同条件下，例如在不同的时间、买不同种类或数量的股票，其风险是不一样的。这些问题一旦决策下来，风险大小就无法改变了。这就是说，投资的风险是客观存在的，是否愿意去冒风险及冒多大风险则是可以选择的，是由主观决定的。

风险的大小随时间的变化而变化，可以说是“一定时期内”的风险。例如，对一个投资项目进行成本估计，事先的预计可能不太准确，但随着时间的延续，项目不确定性缩小，越接近完工则预计越准确，项目完成，其结果也就完全肯定了。

4.1.2 风险与不确定性

很多人将风险等同于不确定性，其实严格来说，风险和不确定性是有区别的。风险是指事前可以知道所有可能的结果，以及每种结果发生的概率；而不确定性则是指事前并不知道所有可能的结果，或者虽然知道可能的结果，但是无法知道它的发生概率。例如，做一项科学实验，事前只知道有成功和失败两种可能的结果，但不知道这两种结果发生的概率各占多少，这便属于不确定性问题和非风险问题。

从投资实务看，风险与不确定性是难以严格区分的。对于风险问题的概率往往不能准确知道，而对于不确定性问题也只能估计一个概率。因此，在实际操作中对风险和不确定性不作严格区分，都视为风险问题对待，把风险理解为“可测定概率”的不确定性。

阅读材料

悬崖边的金子

某大公司准备以高薪雇用一名司机，经过层层筛选之后，只剩下三名技术最优良的竞争者。主考者问他们：“悬崖边有块金子，你们开着车去拿，要距离悬崖多近才能拿到金子而又不至于掉落悬崖呢？”

“2米。”第一位说。

“半米。”第二位很有把握地说。

“我会尽量远离悬崖，愈远愈好。”第三位说。

结果这家公司录取了第三位。

不要和致命的诱惑较劲，而应离它越远越好。金子和生命相比，哪一个更重要呢？为了一块金子，就去冒生命之险，两者价值相较，似乎得不偿失。因此，在我们冒险之前，不妨先关注一下我们的承受力。

4.1.3 风险的分类

1. 市场风险和特有风险

市场风险是指由那些影响所有公司(即整个市场)的因素引起的风险，例如，经济危机、自然灾害、战争等。这类风险影响所有的投资对象，不能通过多样化投资来分散，因此又称为系统风险或不可分散风险。

特有风险是指由只影响个别公司的特有事件引起的风险。例如，企业新产品开发风险、事故风险等。这种风险是随机发生的，有时是可以避免的，所以可通过多样化投资来分散。例如，我们在证券投资中所说的"不要把所有的鸡蛋放在一个篮子里"，说的就是要分散风险。这类风险我们又称为非系统风险或可分散风险。

2. 经营风险和财务风险

经营风险是指由生产经营的不确定性带来的风险，它是任何经营活动都具有的。企业经营活动的每一个环节都会存在风险，而且往往不受企业所控制。

财务风险是指企业因负债经营而增加的风险。若企业不借钱，全部使用股东的资本，那么就不会出现财务风险，而只有经营风险。反之，只要企业负债经营，就可能发生财务风险。

4.1.4 风险产生的原因

风险之所以无时不在，是有其产生的原因的。风险产生的原因主要有：

(1)缺乏信息。在决策时，有许多情况决策者并不知道。有时是因为取得这些信息的成本过高，有时则是因为根本无法取得这些信息。

(2)决策者不能控制事物的未来进程，其原因有政府政策变化、顾客需求改变、供应商违约等。

4.1.5 风险收益的含义

与人们的一般印象不同，收益其实是个内涵十分广泛的概念。从理论上讲，所谓投资收益是指投资者在一定时期内所获得的总利得或损失。从方法上看，是在期末将价值的增减变动与实际的现金流入和期初值进行比较。

一般而言，投资者都讨厌风险，并力求回避风险。但为什么还有人进行风险投资呢？这是因为风险投资可得到额外报酬——风险收益。上面已经说了，风险收益就是投资者因冒风险进行投资而获得的超过资金时间价值的那部分额外的报酬。

在公司理财中，风险收益通常用相对数——风险收益率来表示。所谓风险收益率，是指投资者因冒风险进行投资而获得的超过资金时间价值率的那部分额外收益率，即风险报酬额与原投资额的比率。如果忽略通货膨胀因素的影响，投资收益率就是无风险的投资收益率(资金时间价值率)和有风险的投资收益率(风险收益率)之和。用公式表示就是：

投资收益率＝资金时间价值率＋风险收益率

对一般投资者来说，总是力求冒较小的风险，得到尽可能大的收益，至少使风险与收益大体相当。这就要求事先要对风险进行衡量。

自测题：1. 什么是风险？风险与收益的关系是什么？

阅读材料

最有能力的人

一位很富有的老板，为了考核他的三个儿子中谁最有能力继承他的事业，决定拿出300万元对他们进行测验。他给每个儿子100万元，并告知可以采取一切合法的手段从事生产经营活动，但必须独立经营，一年后检查他们的经营成绩。由于遗传基因的作用，他的三个儿子都有理财的头脑：

大儿子得到100万元后，运用投资原理，立即存入银行，年利息率为10%，一年后获利10万元，则资本利润率为10%；

二儿子得到100万元后，运用投资风险原理，投资于某一项目，年利润率为15%，一年后获利15万元，则资本利润率为15%；

三儿子得到100万元后，运用负债经营原理，以现有的100万元做抵押又借款100万元，共200万元投资于某一项目，年利润率为15%，一年后获利30万元，则资本利润率为30%。

这个故事说明，相同数额的资金，运用不同的财务原理得到的回报是不同的；同理，作为一个公司，在竞争的市场中如何采用不同的理财项目合理分配资金，回避风险，进而提高收益是一项十分重要的工作。

4.2 风险衡量

风险和收益如同一枚硬币的两个侧面，为了正确处理风险与收益这对基本矛盾，我们首先需要对风险进行科学的衡量，以实现在收益最大的情况下风险最小。而进行风险衡量时主要使用概率和统计的方法。

4.2.1 概率分布

某一事件出现的可能性，可以用概率表示。而把每种可能性或结果列示出来，并给予一种概率，就构成了概率分布。概率分布是指某一事件各种结果发生可能性的概率分配。任何一个事件的概率分布都必须符合以下两个要求：

(1)$0 \leqslant P_i \leqslant 1$；

(2) $\sum_{i=1}^{n} P_i = 1$。

【例 4-1】 某企业接到一项投资项目，现有 A、B 两个方案可供选择。这两个方案在未来三种经济状况下的预期收益率及概率分布见表 4-1。

表 4-1　A、B 方案预期收益率及概率分布表

经济情况	概率	A 方案预期收益率	B 方案预期收益率
经济形势繁荣	30%	90%	20%
经济形势正常	40%	15%	15%
经济形势恶化	30%	−60%	10%
合计	100%		

在这里，概率既表示每一种经济状况出现的可能性，又表示各种不同预期收益率出现的可能性。例如，当未来经济情况出现繁荣的可能性为 30%时，A 方案可以获得高达 90%的收益率，也就是说，采纳 A 方案获利 90%的机会是 30%。这里我们只考虑经济情况这一个影响收益率的因素，当然，收益率还受到其他多种因素的影响。

4.2.2 期望收益率

期望收益率是概率分布的平均值，即对每种可能的收益率按其各自的概率进行加权平均所得的收益率。期望收益率可按下列公式计算：

$$\overline{K} = \sum_{i=1}^{n} K_i P_i$$

式中　$\overline{K}$—— 期望收益率；

K_i—— 第 i 种可能的收益率；

P_i—— 第 i 种可能结果的概率；

n—— 所有可能结果的数目。

按照这个公式，我们计算一下例 4-1 的期望收益率：

A 方案的期望收益率为：$\overline{K}=30\%\times90\%+40\%\times15\%+30\%\times(-60\%)=15\%$

B 方案的期望收益率为：$\overline{K}=30\%\times20\%+40\%\times15\%+30\%\times10\%=15\%$

通过以上计算，两个方案的期望收益率相同，如图 4-1 所示，那么这时该如何进行选择？聪明的读者一定会发现，虽然期望收益率相同，但由于两个方案的概率分布不相同，所以 A 方案的收益率的离散程度大于 B 方案。我们在对项目方案进行决策时，除了要考虑项目的期望收益率，还要考虑项目收益率的离散程度。

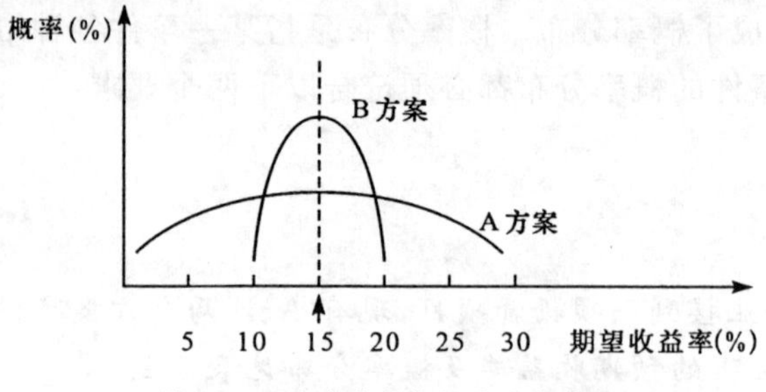

图 4-1　两个方案的期望收益率分布

自测题：2. 在本章导读中，项目 A 与项目 B 的期望收益率各是多少？

阅读材料

犹太商人不玩彩票

犹太商人不玩彩票，在他们看来，玩彩票全凭运气，是一种赌博并不是投资。真正能成功的人敢于冒经济风险，但不是在投资方面瞎撞，把赌博当做自己的经济来源是一种愚蠢的选择。

比如说，一共有 400 万张彩票，你买了一张，你赢得大奖的机会就是 1/4 000 000，而你的期望值只有 100 万美元。将风险与回报相比，大多数彩票游戏都是顾客输掉的游戏。同时，买彩票还不仅仅是钱的问题，还有时间，假设你花费 10 分钟买一张彩票(包括排队、交通时间)，每周只买一次，那么就等于每年要花费 520 分钟去做这件事。但若将这 520 分钟折合为 8.7 个小时，按照一般的百万富翁每小时赚 300 美元来算，20 年就可以赚 52 000 美元，将其投资股票可能变成好几百万美元。这就是犹太富翁不玩彩票的原因所在。

(摘自《犹太人的理财智慧》)

4.2.3　离散程度

表示随机变量离散程度最常用的参数是方差与标准差。

方差是用来表示随机变量与期望值之间离散程度的一个量数，通常用 σ^2 表示，其计算公式为：

$$\sigma^2 = \sum_{i=1}^{n}(K_i - \overline{K})^2 \times P_i$$

标准差也叫均方差，是方差的算术平方根。它是各种可能的收益率偏离期望收益率的综合差异。通常都是运用标准差来衡量某一事件可能结果的概率分布，以此来对决策对象的各种可能结果的离散程度进行衡量。标准差越小，说明离散程度越小，风险也就越小。标准差通常用 σ 表示，其计算公式为：

$$\sigma=\sqrt{\sum_{i=1}^{n}(K_i-\overline{K})^2\times P_i}$$

根据这个公式，例 4-1 中方案 A 的标准差为：

$$\sigma_A=\sqrt{(90\%-15\%)^2\times 30\%+(15\%-15\%)^2\times 40\%+(-60\%-15\%)^2\times 30\%}$$
$$=58.09\%$$

方案 B 的标准差为：

$$\sigma_B=\sqrt{(20\%-15\%)^2\times 30\%+(15\%-15\%)^2\times 40\%+(10\%-15\%)^2\times 30\%}$$
$$=3.87\%$$

可见，A 方案和 B 方案的期望收益率相同，但相比之下，A 方案的风险要比 B 方案大得多。

自测题：3. 在本章导读中，方案 A 与方案 B 的标准差各是多少？

4.2.4　标准差率

标准差是反映随机变量离散程度的一个指标，但它是一个绝对值，而不是一个相对值，只能用来比较期望收益率相同的各项投资的风险程度，而要比较期望收益率不同的各项投资的风险程度，就需用标准差同期望收益率的比值（即标准差率，亦称标准差系数），其计算公式为：

$$V=\frac{\sigma}{K}\times 100\%$$

式中，V 为标准差率。

例 4-1 中，A 方案的标准差率为：

$$V_A=\frac{\sigma_A}{K_A}\times 100\%=\frac{58.09\%}{15\%}\times 100\%$$
$$=387.3\%$$

B 方案的标准差率为：

$$V_B=\frac{\sigma_B}{K_B}\times 100\%=\frac{3.87\%}{15\%}\times 100\%=25.8\%$$

当然，在上例中，两个公司的期望收益率相等，可直接根据标准差来比较两个方案的风险程度，但如果期望收益率不等，则必须计算标准差率才能比较两个方案的风险程度。例如，假设上例中 A 方案的期望收益率为 20%，B 方案的期望收益率为 15%，则在此情况下两个方案就无法直接根据标准差来比较，只能通过求出这两个方案的标准差率后才能进行比较。计算方法为：

$$\sigma_A=\sqrt{(90\%-20\%)^2\times30\%+(15\%-20\%)^2\times40\%+(-60\%-20\%)^2\times30\%}$$
$$=58.3\%$$

$$\sigma_B=\sqrt{(20\%-15\%)^2\times30\%+(15\%-15\%)^2\times40\%+(10\%-15\%)^2\times30\%}$$
$$=3.87\%$$

则标准差率分别为：

$$V_A=\frac{\sigma_A}{K_A}\times100\%=\frac{58.3\%}{20\%}\times100\%=291.5\%$$

$$V_B=\frac{\sigma_B}{K_B}\times100\%=\frac{3.87\%}{15\%}\times100\%=25.8\%$$

尽管得出的结论仍然与原来的一样，但这并不影响我们讨论问题的方法。

阅读材料

名人名言

Don't put all your eggs in one basket.

——Anonymous

He is the part of wise man to keep himself today for tomorrow, and not venture all his eggs in one basket.

——Cervantes, Don Quixote

The reason why corporations do not enter gambles with volatile payoffs and small positive expected returns is that managers know that generally volatility matters.

——Rene M. stulz

4.2.5 风险收益

为了正确地制定投资决策，投资者除了要知道投资风险的大小外，更需要知道投资风险收益的高低。显然，投资者如果在投资时冒了风险，就应当可能获得超过时间价值的额外收益，而且所冒风险程度越大，得到的风险收益也应当越多，即风险收益的大小应当与风险的大小成正比。

1. 风险收益率的计算

表示风险价值的风险收益率也应与反映风险程度的标准差率成正比，但是，标准差率并不等于风险收益率。要将标准差率转换成风险收益率，还必须借助于另外一个参数——风险价值系数 b。即：

风险收益率＝风险价值系数×标准差率

用符号表示为：

$$R_R = b \cdot V$$

所以，投资收益率为：

$$K = R_F + R_R = R_F + b \cdot V$$

式中　K——投资收益率；

R_F——无风险收益率；

R_R——风险收益率；

b——风险价值系数；

V——标准差率。

无风险收益率就是加上通货膨胀贴水后的资金时间价值。一般把投资于国库券的收益率视为无风险收益率。

通常，风险价值系数由投资者根据以往的同类项目或主观经验加以确定。

【例 4-2】　假设例 4-1 中 A、B 两个方案的风险价值系数分别为 8%和 12%，则两个方案的风险收益率分别为：

A 方案：　$R_{R(A)} = b_A \cdot V_A = 8\% \times 387.3\% = 31\%$

B 方案：　$R_{R(B)} = b_B \cdot V_B = 12\% \times 25.8\% = 3.1\%$

2. 风险收益的计算

计算出风险收益率后，就可以根据有关的投资数据资料计算出风险收益的大小。其计算公式为：

$$P_R = C \cdot R_R \quad 或 \quad P_R = P_m \cdot \frac{R_R}{K} = P_m \cdot \frac{R_R}{R_F + R_R}$$

式中　P_R——风险收益；

C——总投资额；

P_m——投资总收益。

假设例 4-2 中总投资额为 100 000 元，则两个方案的风险收益分别为：

方案 A：　$P_{R(A)} = C_A \cdot R_{R(A)} = 100\ 000 \times 31\% = 31\ 000$（元）

方案 B：　$P_{R(B)} = C_B \cdot R_{R(B)} = 100\ 000 \times 3.1\% = 3\ 100$（元）

应当注意的是，风险收益计算的结果带有一定的主观性，并不是十分精确的。

阅读材料

西方的理财方法

西方有一套常用的理财方法：将理财比作行军打仗，将资金分配在守、防、攻、战四个层面，在不同的层面上，让其发挥不同的作用，各司其职。

用作守卫的资金，主要投在储蓄、置业、保险等方面；而起防御作用的资金，则被投资于政府债券、基金、外币存款等方面；进攻性的资金流向其他实力股票、优先股票及开放性投资基金；用作激战的资金用来炒楼花、期货、四五线股票及垃圾债券。在一般情况下，守、防、攻、战的资金比例分配如下：三分之一的资金作为绝对保守运用，再加上三分之一的防御性投资，占六成的资本都用来自保。进攻性的投资，即那些并非太过冒险的投资占百分之二十多一些。作为绝对投机、短线炒作的激战投资只占百分之十几。这是一个相对比较冒险的模式，稳重一点可将守、防、攻、战比例变成4：3：2：1。

该套组合方法一定要从最基础做起，如果你连守卫都做不到，就无从考虑其他。只有在稳守之后，才可再作防御性的投资考虑。一定要遵循事先定好的原则，坚持执行，一段时间后理财成绩必有进步。建立一个坚厚的根基之后，再作攻击性投资，然后去从事激战型投机。根基筑牢之后，再逐步向外扩张，才能将风险减少到最低限度，从而做到进可攻，退可守。

4.3 财务风险管理

风险既可能使企业获得收益，也可能使企业遭受损失，风险管理就是预先确定一系列政策、措施，将那些会导致利润减少的可能性降低到最小的程度，从而保证企业经营活动按照预计的方案进行。风险的大小与风险价值率是成正比的，因此，风险管理的目的不在于一味地降低风险，而在于在收益和风险之间做出恰当的选择。

4.3.1 风险管理策略

1. 接受风险策略

这种策略是指对可能发生的风险提前做好准备，以应对风险带来的损失。企业中的风险有些是不可避免的，如赊销商品的坏账风险、市场波动引起的库存风险等。对于这些风险，企业应采取自我保护的接受风险策略，即每期提存一笔准备金，用作对将来发生的风险给企业带来损失的补偿，如实践中的提取坏账准备、长期财产保值等，都是这种策略的具体运用。

2. 回避风险策略

这是种保守的风险管理策略，那些厌恶风险的决策者们总是以高风险或低风险作为衡量各种备选方案优劣的标准，把那些可能存在高风险的备选方案拒之门外。这种策略尽管较为稳健和简便易行，但并不被经常采用，因为风险总是与收益联系在一起，没有风险也就没有丰厚的收益。

3. 减少风险策略

这种策略是指在风险管理中，采取相应的措施，减少因发生风险可能给企业带来的损失，也称为控制风险策略，这种策略在实践中经常被采用。减少风险策略还可进一步分类。按控制风险的目的，可分为预防性控制和抑制性控制：前者是指预先确定可能发生的损失，采取相应的措施，防止损失实际发生；后者是指对可能发生的损失采取相应的措施，尽量降低损失的程度，缩减损失的延续性。按控制风险的方式，可分为技术控制和行为控制：前者是指采用相应的工程技术措施，减少可能发生的风险；后者是指通过强化对有关人员的行为管理，减少可能发生的风险。

4. 转移风险策略

这种策略是指对某些可能发生风险损失的财产或项目，采用转移的方式转出企业，并交换回较为保险的财产或项目。例如，把有风险的项目转包给他人；通过支付保险费，把风险转移给保险公司；把风险大的股票抛出，购回风险小的股票等。

阅读材料

包赚不赔的投资方法——平均投资法

假如你每年用 1 万元来投资，现在的投资为 10 元/个，1 万元可以买到1 000个；第二年降为 5 元/个，1 万元可以买到 2 000 个；如果第三年以 8 元/个出售，投入两万元，回收 2.4 万元，是稳赚不赔的。所以平均投资法可以表示为：在每个固定的时间投入相同的资金，在市值超过平均购买成本时卖出，则一定赚钱。

（摘自《留出你过冬的粮食 应对人生十大困惑》）

4.3.2　风险管理环节

财务风险存在的客观必然性决定了财务管理必须对各种财务风险做出反应，这样财务风险管理也就应运而生了。所谓财务风险管理，是指企业在充分认识所面临的财务风险的基础上，运用各种手段和措施，对风险进行控制和处理，以最小的成本确保企业资金运动的连续性、稳定性和效益性的一种管理活动。财务风险管理作为财务管理的一项新的职能和内容是一个完整的管理过程。这个过程按逻辑顺序分为前后相继的三个阶段：风险识别与评估、风险预防与控制、风险损失处理。下面分别说明各阶段的工作任务和内容：

1. 风险识别与评估

这一阶段的主要任务就是对企业财务可能遭受的风险进行预测分析和全面估计，从而对企业经营活动、财务收支中风险影响程度做到心中有数。

风险识别就是周密分析企业所处的社会经济环境，剖析企业财务管理体制和资金运动各环节中客观存在的种种不利因素和弱点，以及对企业财务可能造成的威胁。①按风险发生原因进行分析，包括分析各种意外的天灾、人祸等自然原因可能导致企业财产的损失；分析不完善的政治体制以及某些法规和制度的颁布、实施、变更等政治原因，对企业财务的不利影响；由于财务风险绝大部分起源于经济因素，因此应重点分析经济方面的因素，如生产、流通、分配、消费环节和信贷、财政、税收、价格的影响，以及由于企业本身经营管理不当而导致的财务风险，如市场波动引起的企业产品销售数量和价格、企业成本和盈利的变化，信贷政策（包括贷款规模、结构、利率）对企业财务的影响；分析因生产技术进步和劳动生产率提高引起固定资产、流动资产的无形损耗；分析货币价值（通货膨胀）的影响等。②按风险发生环节分析，包括分析偿还借款能力的大小，确定筹集资金的风险；投资风险是企业财务面临的最大风险，要认真分析投资决策中基本信息资料的可靠性、可行性，分析报告的有效、可行程度；分析产品结构、产品质量及产品更新换代的时间、形式和资金占用、成本开支等因素产生的资金使用风险；分析因销路不畅、库存积压而引起的销售风险和各项应收货款发生坏账损失、迟延支付的信用风险。③按风险强度分析，包括分析只在不同程度上影响利润率下降的轻度、中度风险；分析使企业不能清偿到期债务的破产风险。风险识别是财务风险管理的首要内容和基础工作，因为任何风险尤其是重大风险如被忽略，可能导致财务风险管理的失误和失败。

风险评估就是对已分析、识别出的风险进行定量描述，主要任务是明确风险事件发生的概率和该事件可能造成的损失程度。例如，一个企业如发生坏账损失，很容易对企业造成影响；对财务管理者来说，尤其需要知晓一定时期内坏账损失发生的概率有多大，坏账损失发生后对企业造成多大损失。只要我们列出的可知因素较全，掌握的信息准确可靠，评估方法使用得当，那么得出的风险程度的结论就是比较可信的，进而为进行风险预防和控制提供依据。

2. 风险预防与控制

这一阶段的主要任务是制订应对风险的方案和措施，以增强企业的应变能力，及时而有效地阻止或抑制不利事态的发展，减轻损失程度。

从根本上来说，应对风险主要有三项措施：①制定企业的财务发展战略。企业财务发展战略是一份把企业的财务目标和规划、实现目标的政策和措施及企业的财务活动结合在一起的纲领性文件，是防范财务风险不可缺少的重要措施。一个企业没有明确的财务发展战略，就没有明确的目标和方向，在财务管理中必然是头痛医头，脚痛医脚，这一点正是目前我国企业财务管理的严重缺陷。②建立财务信息网络，保证及时获得数量多、质量高的财务信息，为正确进行各项决策和风险识别创造条件。目前，财务信息来源贫乏、传输方式单一、处理手段落后、流通速度缓慢，很不适合竞争的要求。③采用在风险状况下的财务决策、计划、控制方法。长期以来，财务管理要求确定性的数据和完备的信息资料，而忽视了这些信息资料取得的可能性和可能发生的误差。我们应在实践中大量运用概率分析风险决策方法、弹性预算，制定富有弹性和留有余地的管理措施，以保证在发生意外风险时能够立即应对。

3. 风险损失处理

这一阶段的主要任务是通过事先的财务安排，迅速地对发生的风险损失进行充分而有效的经济补偿，以便在最短的时间内，以最少的风险处理费用排除风险损失对企业财务正常活动的干扰，避免和减轻因损失导致突发性财务紧张和丧失偿付能力。可以分别采取将损失直接摊入经营成本、用事先准备好的意外损失补偿基金进行补偿、通过合同条款将风险损失责任转嫁给他人、取得保险等办法。

自测题：4. A 公司总经理在工作报告中对该公司的风险管理工作做了如下的介绍和描述：

(1)该公司在上年度已经完成了风险管理；

(2)企业风险管理能否有效实施依赖于公司中层以上管理人员的工作情况；

(3)公司风险管理将确保各项工作符合公司的目标；

(4)公司的风险管理是从属于企业层面的一项战略工作。

请逐条分析上述四点关于公司风险管理工作的介绍和描述是否恰当，如不准确，请给出解释。

阅读材料

“100 减去目前年龄”公式

建立投资组合时请运用“100 减去目前年龄”公式，也就是说，如果你现年 60 岁，至少应将资金的 40%投资在股票市场或股票基金；如果你现年 30 岁，那么至少要将 70%的资金投进股市。

基于风险分散的原理，需要将资金分散投资到不同的项目上；在具体的投资项目上，还需要就该项资产做多样化的分配，使投资比重恰到好处。切记任何最佳的投资组合都必须做到分散风险。

投资组合可粗略地分为三种不同的模式，即最佳的、中庸的和保守的。决定采用哪一种模式，年龄是很重要的考虑因素。每个人的需要不尽相同，所以并没有一成不变的投资组合，要依个人的情况设计。如果你是投资新手，手中只有几千元，分散投资原则或许一时还无法适用；但随着年龄的增长，你的收入越来越多时，将手中的资金分散到不同领域绝对是明智之举。这时“100 减去目前年龄”公式将会非常实用。

本章小结

通过本章的学习，我们明确了风险与收益是财务管理中一对重要的概念，与资金的时间价值原理一样，是财务决策的基本依据。研究投资风险收益，关键是要在进行投资决策时树立风险与收益权衡的观念，同时我们也可以通过另一个基础性财务管理工具——风险估价模型来实现。风险估价模型主要通过概率与统计的指标(具体包括期望收益率、离散程度、标准差率和风险收益率)来衡量风险的大小。在此基础上，我们又介绍了风险管理的方法与策略。

思考题

1. 掌握下列专业术语

风险　　风险收益　期望收益率　标准差率

风险价值系数　风险识别　风险评估　风险收益率

2. 选择题

(1) 在财务管理中，风险收益通常以(　　)计量。

A. 时间价值　　B. 风险收益率　　C. 绝对数　　D. 对数

(2)一般来说，风险越大，所获得的风险收益率(　　)。

A. 越高　　B. 越低　　C. 越接近零　　D. 无法判断

(3) 甲公司是一家投资咨询公司，假设该公司组织 10 名证券分析师对乙公司的股票价格进行预测，其中 4 位分析师预测这只股票每股收益为 0.7 元，其余 6 位预测为 0.6 元。则乙公司股票的每股收益期望值为(　　)元。

A. 0.6　　B. 0.64　　C. 0.66　　D. 0.63

(4) (　　)能正确评价投资风险程度的大小，但无法将风险与报酬结合起来进行分析。

A. 风险收益率　　B. 风险价值系数　　C. 标准差率　　D. 标准差

(5) 财务管理实务中一般把(　　)作为无风险收益率。

A. 定期存款报酬率　　B. 投资报酬率

C. 期望报酬率　　D. 短期国库券报酬率

(6) 在风险投资决策中，对于多个方案，应选择(　　)。

A. 期望收益率高的方案

B. 标准差率低的方案

C. 期望收益率高且标准差率低的方案

D. 无法选择

3. 计算题

(1) 甲、乙两个投资项目，投资额均为 10 000 元，其收益的概率分布如下表所示：

概率	甲项目收益额/元	乙项目收益额/元
0.2	2 000	3 500
0.5	1 000	1 000
0.3	500	−500

要求：计算甲、乙两个项目的期望收益率和标准差率，并判断两个方案的优劣。

(2) 某公司拟对一个项目投资 500 万元，该投资方案的收益和市场情况如下表所示：

市场情况	收益/万元	概率
良好	200	0.3
一般	180	0.5
较差	100	0.2

若无风险收益率为 8%，风险价值系数为 9%，试求：期望收益率、标准差、标准差率、投资收益率。

4. 案例分析题

中信泰富"豪赌"酿成巨大亏空

2008 年 10 月 20 日，中信泰富发出盈利预警，称公司为降低西澳洲铁矿项目面对的货币风险，签订若干杠杆式外汇买卖合约而导致亏损，实际已亏损 8.07 亿港元。至 2008 年 10 月 17 日，仍在生效的杠杆式外汇合约按公平价定值的亏损为 147 亿港元。换言之，相关外汇合约导致已变现及未变现亏损总额为 155.07 亿港元。

事件发生后，集团财务董事张立宪和财务总监周志贤辞去董事职务，香港证监会和香港交易所对中信泰富进行调查，中信泰富总经理范鸿龄离任港交所董事、证监会收购及合并委员会主席、收购上诉委员会委员和提名委员、强制性公积金计划管理局主席，直至调查终止。中信集团高层人士对中信泰富在外汇衍生品交易中巨亏极为不满，认为中信泰富主席荣智健应对监管疏忽承担责任，中信泰富董事会可能进行大改组。

而中信泰富的母公司中信集团也因此受到影响。全球最大评级机构之一的穆迪投资者服务公司将中信集团的长期外币高级无抵押债务评级从 Baa1 下调到 Baa2，基础信用风险评估等级从 11 下调到 12；标准普尔将中信集团的信用评级下调至 BBB-待调名单。各大投行也纷纷大削中信泰富的目标价。摩根大通将中信泰富评级由"增持"降至"减持"，目标价削 72% 至 10 港元；花旗银行将中信泰富评级降到"沽出"，目标价大削 76% 至 6.66 港元；高盛将其降级为"卖出"，目标价大削 60% 至 12.5 港元；美林维持中信泰富跑输大市评级，目标价削 57% 到 10.9 港元。

据了解，这起事件可能是因为澳元的走高而引起的。中信泰富在澳大利亚有一个名为 SINO-IRON 的铁矿项目，该项目是西澳最大的磁铁矿项目。这个项目总投资约 42 亿美元，很多设备和投入都必须以澳元来支付。整个投资项目的资本开支，除目前的 16 亿澳元之外，在项目进行的 25 年期内，还将在全面营运的每年度投入至少 10 亿澳元，为了降低项目面对的货币风险，中信泰富签订了若干杠杆式外汇买卖合约。

为对冲澳元和人民币升值影响，签订3份杠杆式合约，其中美元合约占绝大部分。按上述合约，中信泰富须接取的最高现金额为94.4亿澳元，但问题在于，这种合约的风险和收益完全不对等。所签合约中最高利润只有5 150万美元，但亏损则无底。合约规定，每份澳元合约都有最高利润上限，当达到这一利润水平时，合约自动终止。所以在澳元兑美元汇率高于0.87时，中信泰富可以赚取差价，但如果该汇率低于0.87，却没有自动终止协议，中信泰富必须不断以高汇率接盘，理论上亏损会无限大。

中信泰富2008年10月20日宣布，由于发生了上述外汇风险事件，集团财务董事张立宪和财务总监周志贤已辞去董事职务，10月20日起生效。莫伟龙于同日起被委任为集团财务董事。荣智健表示，上述合约的操作者对潜在的最大风险没有正确评估，相关责任人亦没有遵守公司的对冲保值规定，在交易前甚至没得到公司主席的授权。此外，持有中信泰富29%股权的母公司——中国中信集团，同意为其安排15亿美元备用信贷，利息和抵押品方面按一般商业条件进行。

对外信息披露制度存在的缺陷和发现问题6个星期之后才对外公布的做法令人惊讶，显示出其内部监管存在的漏洞，并且外界质疑中信泰富实际负责公司财务的并非是已经辞职的张立宪和周志贤，而是公司主席荣智健的女儿荣明方。

中国人民大学法学院教授叶林认为，"证券法"对于上市公司信息披露的要求是准确、及时、全面，其中"及时"最难做到。他分析说，中信泰富所做炒汇行为和其主业不同，属于非正常交易。既然是从事外汇期货，就要锁定风险，签订合约之初就要发布公告，说明"存在"潜在的风险。而且在澳元下跌时，公司就应该止损，这样已造成的亏损算也能够算出来。正是由于中信泰富迟迟不公布亏损，才遭到投资者的指责。

而内地上市公司信息披露不及时更是常见。叶林教授分析说，杭萧钢构曾经将公司将要签订的一份天价订单提前泄密，受到处罚，这是比较例外的事，更多的上市公司则是信息披露不及时，将生米煮成熟饭了，才向投资者通报一声。在证监会和两个交易所每年处罚的信息披露问题中，一多半都是由于信息披露不及时。

标普分析师认为："中信泰富的风险控制及内部管理问题严重，未来发展战略也需要重新调整；而风险管理没有集中，也是中信集团乃至多数中资企业一直以来的隐患。"

根据以上材料，试从风险识别、风险评估、风险控制和损失处理等角度评价中信泰富风险管理失败的原因。

第5章 融资管理

本章框架体系

- 融资管理
  - 融资概述
    - 融资渠道与融资方式
      - 融资渠道
      - 融资方式
    - 融资决策原则与管理
      - 融资决策原则
      - 融资决策管理
  - 股权融资
    - 股票融资
      - 普通股
      - 优先股
    - 留存收益融资
    - 吸收直接投资
  - 债务融资
    - 企业债券
    - 中长期借款
    - 租赁
  - 可转换债券与认股权证
    - 可转换债券
    - 认股权证
    - 可转换债券与认股权证的异同

导 读

小李大学毕业后就职于某公司的财务部。公司因为要进行市场拓展，需要开发新产品，计划筹措新的资金。一天，财务总监通知小李第二天到他的办公室讨论一下资金筹集渠道的问题。你认为，小李应该从哪些方面准备第二天讨论的内容呢？请带着这个问题来阅读本章内容。

学习目标

- 了解不同的融资渠道与融资方式
- 了解融资管理程序
- 掌握融资方式的类型
- 掌握不同融资方式的优缺点
- 熟悉各种融资方式的操作程序与相关规定

5.1 融资概述

融资是指通过一定渠道，采取适当方式筹措资金的财务活动。融资管理是企业财务管理内容之一，是财务管理的首要环节，关系到企业的生存与发展。通过融资活动可以满足企业创建和企业发展对资金的需要、保证企业日常经营活动顺利进行和调整企业资本结构的需要。所以，企业必须加强对融资的管理，满足企业的实际需要。

5.1.1 融资渠道与融资方式

1. 融资渠道

融资渠道是指筹措资金来源的方向与渠道，反映可供企业选择的资金来源渠道与供应量。随着我国经济体制改革的深入与资本市场的完善，目前我国企业融资渠道主要有：

(1)国家资金

它是指国家通过财政直接拨款、税前还贷或减免各种税款而形成的国家对企业直接投资的资金。它是国有企业，特别是国有独资企业最主要的融资渠道。

(2)金融机构信贷资金

金融机构信贷是企业融资的主要渠道之一。金融机构信贷资金分为两种形式：银行信贷资金与非银行金融机构资金。

银行信贷资金，是指银行对企业的各种贷款，是我国目前各类企业最为重要的资金来源。我国银行分为商业性银行和政策性银行两类。其中，商业性银行是以营利为目的，从事信贷资金投放的金融机构，主要为企业提供各种商业贷款；而政策性银行是为特定企业提供政策性贷款的机构，营利不是主要目的。

非银行金融机构资金，是非银行金融机构（信托投资公司、保险公司、租赁公司、证券公司等）所提供的资金，具体形式包括：信贷资金投放、物资的融通、为企业承销证券的金融服务。目前，非银行金融机构所提供的资金量比银行信贷资金量要小。

(3)其他企业资金

企业间的相互投资与商业信用的存在，使得其他企业资金成为企业资金的重要来源。

(4)民间资金

以个人方式使用资金对企业进行投资，形成民间资金渠道，是企业融资渠道之一。

(5)企业自留资金

以计提折旧、提取公积金和未分配利润等方式为企业筹集资金。它是企业内部形成的资金，也称企业内部融资。

(6)外商资金

外商资金，是指我国的香港、澳门、台湾地区及国外投资者投入的资金，它是我国外商投资企业重要的融资渠道。

2. 融资方式

融资方式，是指可供企业在筹措资金时选用的具体融资形式。我国企业目前融资方式主要有三种：股权融资、债务融资、混合式融资①，如图 5-1 所示。

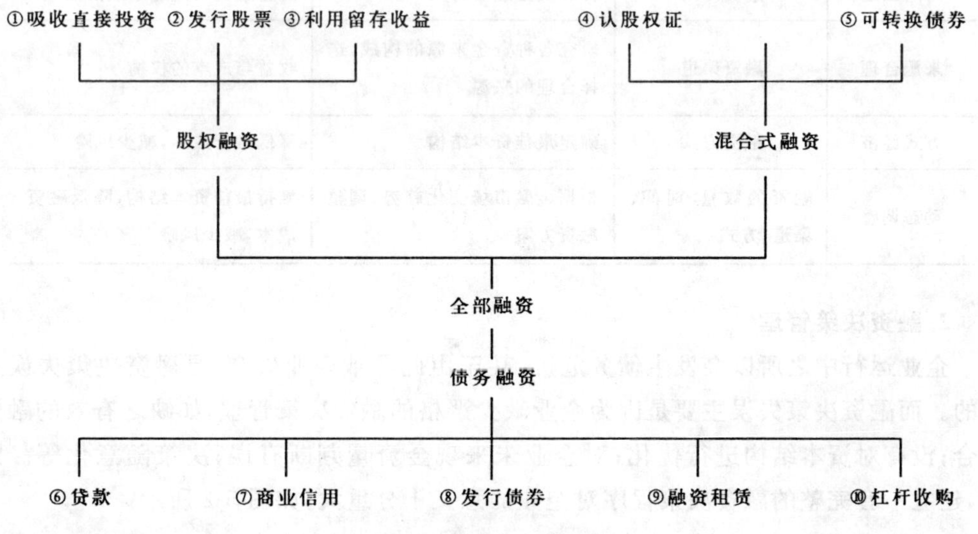

图 5-1　融资方式关系图

① 既具有债权特征，又具有股权特征的融资方式

融资渠道解决的是资金来源问题，融资方式则是解决通过何种方式取得资金的问题，它们之间存在一定的对应关系。一定的融资方式可能只适用于某一特定的融资渠道，但是同一渠道的资金往往可采用不同的融资方式取得，同一融资方式又往往适用于不同的融资渠道。因此，企业在融资时，应将两者合理配合。

5.1.2 融资决策原则与管理

1. 融资决策原则

融资决策，是指为满足企业融资需要，对融资的途径、数量、时间、成本、风险和方案进行评价和选择，从而确定一个最优资本结构的分析判断过程。融资决策的核心就是如何利用不同的融资渠道与方式，筹集到最经济、成本最低的资金，即企业加权平均资本成本率达到最低限度时的资本，具体内容见表 5-1。

表 5-1 融资决策原则表

融资决策原则	解决问题	主要内容	目标
数量匹配	融资数量	预算资金的需求量，使资金的筹集量与需要量达到平衡	防止因融资不足而影响生产经营或因融资过剩而增加财务费用
时间匹配	融资时间	合理安排融资时间	防止融资时间过早或滞后
来源合理	融资渠道	研究各种资金来源的构成，选择合理的来源	收益与成本的权衡
方式经济	融资方式	确定最佳资本结构	降低融资成本，减少风险
动态调整	融资的数量、时间、渠道、方式	根据金融市场变化趋势，调整融资方案	维持最佳资本结构，降低融资成本，减少风险

2. 融资决策管理

企业运行中之所以会发生债务危机，甚至由此导致企业破产，是融资决策失误造成的。而融资决策失误主要是因为企业缺少严格的融资决策管理，如缺乏有效的融资组合；没有对资本结构进行优化；对企业未来现金流量判断有误；决策随意化等。因此，建立一套完整的融资决策程序对企业的意义十分重大，如图 5-2 所示。

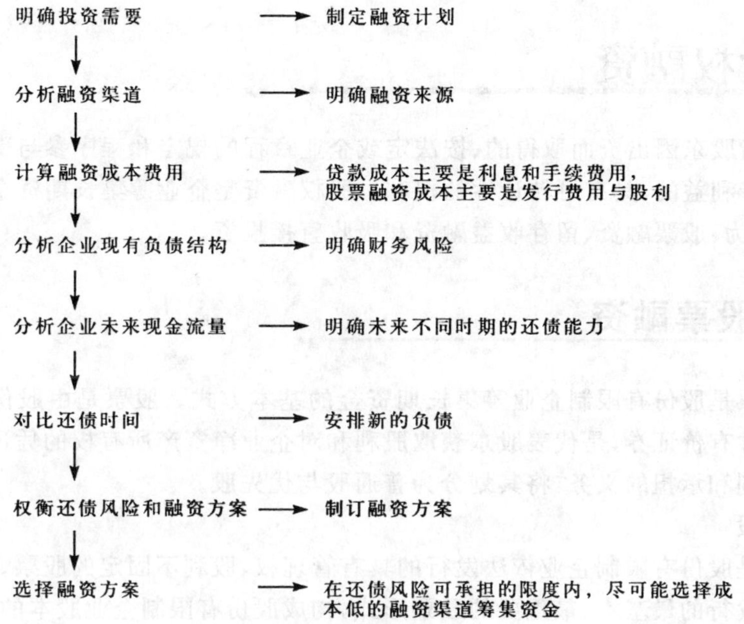

图 5-2　融资决策程序图

阅读材料

企业融资的技巧

1. 应对投资人的提问。一些管理者通常会认为自己对所从事的投资项目和内容非常清楚，但还是要给予高度重视和充分准备以应对投资人的提问。因此，可以请一些外界的专业顾问和行家来模拟这种提问过程，从而使自己准备得更全面、更细致，回答得更好。

2. 应对投资人的查验。也许你为自己多年来取得的成就而自豪，但是，投资人依然会对你的融资决策能力表示怀疑。投资人会经常对企业进行检验，因此需要正确对待。

3. 准备放弃部分业务。在某些情况下，投资人可能会要求放弃一部分原有的业务，以使其投资目标得以实现。放弃部分业务对那些业务分散的企业来说，是很现实也很必要的，在投入资本有限的情况下，企业只有集中资源才能在竞争中立于不败之地。

4. 准备做出妥协。从一开始，你就应该明白，自己的目标与投资人的目标不可能完全相同。因此，在正式谈判之前，你要做的一项最重要的决策就是：为了满足投资人的要求，自身能做出多大的妥协。一般来讲，有创业资本不会找不到项目来投资，寄希望于投资人来做出种种妥协是不大现实的，所以你做出一定的妥协也是非常必要的。

5.2 股权融资

股权是指股东因出资而取得的、按法定或企业章程的规定和程序参与事务并在企业中享受财产利益的、具有可转让性的权利。股权融资是企业筹集长期资金的主要形式,具体又分为:股票融资、留存收益融资和吸收直接投资。

5.2.1 股票融资

发行股票是股份有限制企业筹集长期资金的基本方式。股票是由股份有限制企业发行的一种有价证券,是代表股东获取股利和对企业净资产所有权的凭证。按照股东享有的权利和承担的义务,将其划分为普通股与优先股。

1. 普通股

普通股是股份有限制企业依法发行的具有管理权、股利不固定的股票。它是股份有限制企业发行的最基本、最重要的股票形式,构成股份有限制企业股本的基础,代表的是企业的所有权。与其他融资方式相比,普通股融资是一种理想的、风险最大的融资方式。

(1)普通股的特征

①经营投票权。只有普通股股东有资格参加企业最高级会议,即每年一次的股东大会。大会上普通股股东一般都拥有发言权和表决权,即有权对企业的重大问题进行发言和投票表决,如果不愿参加,也可以委托代理人来行使其表决权。

自测题:1.企业召开股东大会,股东甲是否可以代替因有事无法参加大会的股东乙行使表决权。

②收益分配权。将企业的盈利在弥补了亏损、提取了各种公积金和支付债权人及优先股股东报酬后的剩余部分全部分配给普通股股东。普通股股东的这种剩余分配权既有优点又有缺点:优点是若企业经营状况很好,在满足固定收益分配后,可以不加限制地从剩余收益中获得更多的好处;缺点是若企业经营亏损,根本就没有收益。

自测题:2.为什么当企业利润下降时普通股股东首先遭到损失?

③财产清偿权。当企业由于经营不善等原因破产或者解散清算时,只有在满足了其他债权人的债务清偿权之后,才能参与分配企业的剩余财产。但不幸的是,当企业破产时,往往是资不抵债,普通股股东的财产清偿权一般不会得到满足。

④优先购股权。现有普通股股东在企业增发新的普通股时,有权优先按原来的持股比例购买新股,以保持其对企业的控制权。例如,企业原有1万股普通股,而你拥有100股,占1%,现在企业决定增发10%的普通股,即增发1 000股,那么你就有权以低于市价的价格购买其中的1%(即10股),以便保持你持有股票的比例不变。但是,如

果股东认为新发行的普通股无利可图，他可以在市场上出售其优先购股权或者放弃这种权利。

自测题：3. 普通股股东为什么要行使优先购股权？

(2)普通股的种类

按照股票的投资主体划分，股票可分为国家股、法人股、个人股和外资股。

①国家股

国家股，是指有权代表国家投资的政府部门和机构，以国有资产投入股份有限公司所获得的股票。在我国，国家股由国务院授权的部门和机构，或根据国务院的规定由地方人民政府授权的部门或机构持有。国家股资金形成企业的国家资本金。

②法人股

法人股，是指法人单位以其依法可支配的资产投入股份有限公司所获得的股票。法人股资金形成企业的法人资本金。

③个人股

个人股，是指社会个人或企业内部职工以个人合法财产投入股份有限公司所获得的股票，包括社会公众股和内部职工股。个人股资金形成企业的个人资本金。

④外资股

外资股，是指外国投资者及我国香港、澳门、台湾地区投资者投资于股份有限公司所获得的股票，包括人民币特种股票B股、在香港上市的H股和在美国纽约上市的N股等。外资股资金形成企业的外商资本金。

另外，我国按照股票发行对象和上市地区，将股票分为A种股票、B种股票、H种股票、N种股票，简称A股、B股、H股、N股。A股，是指由中国公民和法人单位买卖的，以人民币标明面值并以人民币认购和交易的股票；B股、H股、N股都是指专供外国和我国香港、澳门、台湾地区的投资者买卖的，以人民币标明面值但以外币认购和交易的股票(现在国内投资者只要有美元就可以开户投资B股)。A股和B股在上海、深圳两地的证券交易所上市；H股在香港上市；N股在美国纽约上市。

阅读材料

IPO概述

IPO全称Initial Public Offering(首次公开募股)，指某公司(股份有限公司或有限责任公司)首次向社会公众公开招股的发行方式。有限责任公司IPO后会成为股份有限公司。

在一级市场，大部分公开发行的股票是由投资银行集团承销或者包销而进入市场的，银行按照一定的折扣价将股票从发行方购买到自己的账户中，然后以约定的价格出售，公开发行的准备费用较高，私募可以在某种程度上部分规避此类费用。首次公开上市完成后，这家公司就可以申请到证券交易所或使用报价系统挂牌交易。

(3)发行条件与方式

按照国际惯例，股份有限制企业发行普通股必须具备一定的资格，符合规定的条件，采用一定的方式。下面介绍一下股票的发行条件与方式。

①发行条件

a. 具备健全、运行良好的企业组织结构；

b. 具有持续盈利能力，财务状况良好；

c. 发起人在近三年内会计文件无虚假记录、无其他重大违法行为；

d. 符合证券监督管理机构规定的其他条件。

阅读材料

我国股份有限公司申请股票上市，必须符合的条件

1. 股票经国务院证券管理部门批准已向社会公开发行，不允许公司在设立时直接申请上市。

2. 公司股本总额不少于人民币 5 000 万元。

3. 营业时间在 3 年以上，最近 3 年连续盈利。原国有企业依法改建而设立股份有限公司的，或者在《公司法》实施后新组建成立的，其主要发起人为国有大中型企业的股份有限公司，可连续计算。

4. 持有股票面值人民币 1 000 元以上的股东不少于 1 000 人，向社会公开发行的股份达公司股份总数的 25%以上。公司股本总额超过人民币 4 亿元的，其向社会公开发行股份的比例为 15%以上。

5. 公司在最近 3 年内无重大违法行为，财务会计报告无虚假记载。

6. 符合国务院规定的其他条件，如生产经营符合国家产业政策；净资产与无形资产所占比例符合规定等。

具备上述条件的股份有限公司经申请，由国务院或国务院授权的证券管理部门批准，其股票方可上市。股票上市公司必须公告其上市报告，并将其申请文件存放在指定的地点供公众查阅。经批准的上市公司的股票，必须依照法律、行政法规上市交易。上市公司股票上市以后，必须按照规定定期公开其财务状况和经营成果，在每个会计年度内每半年公布一次财务会计报告。

②发行方式

股票发行方式，是指通过何种渠道将股票投入市场，这对于是否能够及时筹集和募足资本有着重要的意义。企业应根据具体情况，选择适当的股票发行方式。目前股票发行方式主要有公募与私募两种。

公募即公开发行，面对社会公众，须向证券管理部门登记并符合法定条件。具体

方式又分为自销方式与承销方式。

私募，面向少数特定投资者，由投资者协商一致即可，一般不需要到证券管理部门登记。

我国《公司法》规定，企业向社会公开发行股票，不论是设立时首次发行股票，还是设立后再次发行新股，均应当由依法设立的证券经营机构承销，其关系如图 5-3 所示。因此，下面我们主要介绍承销方式。

图 5-3　股票承销关系图

承销方式包括包销和代销。包销，是由股票代理发行机构和证券机构，一次性将发行公司公开发行的全部股票承购下来，然后将所购股票转销给社会上的投资者。代销，是由证券经营机构代理股票发售业务。对包销和代销的评价见表 5-2。

表 5-2　包销和代销评价表

承销方式	优点	缺点	适用对象
包销	及时筹足资本，不承担发行风险	企业会损失部分溢价	在已有股票基础上发行股票
代销	只收取佣金	不一定能够及时筹足资本，承担发行风险	初次发行股票

自测题：4. 包销方式和代销方式使发行公司面临的风险是什么？

阅读材料

根据我国有关股票发行法规的规定，公司拟公开发行股票的面值总额超过人民币 3 000 万元或者预期销售总金额超过人民币 5 000 万元的，应当由承销团承销。承销团由两个以上承销机构组成，一般包括总承销商、副总承销商、分销商。总承销商由发行人按照公开竞争的原则，通过竞标或协商确定。

(4)发行价格与定价方法①

发行价格是关系到普通股融资是否成功的另一个主要因素。目前发行价格通常有等价、时价和中间价三种。

①等价发行也称平价发行，是以股票面额为发行价格发行股票。这种方式较为简便，比较容易推销，但不能取得溢价收入。在股票市场不甚发达的情况下，企业首次发行股票时，选用等价发行可确保及时足额地募集资本。

① 定价方法参考股票评估

②时价发行也称市价发行，是指企业发行新股时，以已发行并在外流通中的股票现时市场价格为基准来确定增发新股的发行价格。采用时价发行，股票面额与发行价格之间的差额归发行者所有。

③中间价发行，是指以股票市场价格与股票面额的中间值作为股票的发行价格。例如，某种股票的现行市价为30元，每股面额为20元，若按中间价发行，其发行价格应为25元。中间价发行兼具等价发行和时价发行的特点，这种发行方式通常在股东配股时采用。

选择时价和中间价发行股票，可能属于溢价发行，也可能属于折价发行。溢价发行，是指按超过股票面额的价格发行股票，获得超过股票面额的溢价款列入股本公积金；折价发行，是指按低于股票面额的价格发行股票。我国《公司法》规定，股票发行价格可以按票面金额（即等价），也可以超过票面金额（即溢价），但不得低于票面金额（即折价）。

股票的价格既要反映股票自身的内在价值，又要体现市场的供求关系。一般来说，确定股票发行价格的方法主要有现金流量折现法、市盈率法、市场询价法和市场竞价法，具体内容见表5-3。

表5-3 股票价格定价方法表

定价方法	解释	说明
现金流量折现法	按照市场公允的贴现率将股票未来预期的现金流量贴现为现值，以此为基础来确定股票发行价格	
市盈率法	发行价格＝每股收益×发行市盈率	企业在发行股票时选择的市盈率通常为13～20倍
市场询价法	由股票发行公司和承销股票的证券承销机构直接协商，确定股票发行价格	是一种市场化的定价方法，它既反映了股票的内在价值，也体现了市场对股票价值的认可
市场竞价法	停止使用	

阅读材料

市场竞价法在我国的实践

我国曾经进行过以竞价方式确定股票发行价格的试点，即由总承销商作为新股唯一的卖方，以发行公司宣布的发行底价为卖出价格、新股实际发行量为总的卖出数，投资者以不低于发行底价的价格申购，申购结束时以累计有效申购数量达到新股发行量的价格为发行价格。如果有效申购数量不足，则以发行底价为发行价格。

(5)普通股融资评价

①普通股融资的优点

A. 普通股融资没有固定的股利负担。企业若没有盈利，就不必支付股利；企业若有盈利，则应根据相应的股利政策，多支付、少支付或不支付股利。

B. 普通股股本没有固定的到期日，投资者永远不会像债权人那样要求“偿还”。

C. 能增加企业的信誉。普通股股本以及由此产生的股本公积金和盈余公积金等，是企业筹措债务的基础。有了较多的自有资金，就可为债权人提供较大的损失保障。因此，普通股融资一方面可以提高公司的信用价值；另一方面也为使用更多的债务资金提供了强有力的支持。

D. 融资限制较少。利用优先股或债券融资，通常有许多限制，这些限制往往会影响企业经营的灵活性，而利用普通股融资则没有这些限制。

E. 能激励职工的积极性。通过安排职工购买企业股份，使其成为企业的股东，从而把其自身利益与企业前途紧密结合起来。这样有助于提高企业职工的工作效率，调动其积极性。

②普通股融资的缺点

A. 融资成本较高。一般来说，普通股融资的成本要大于债务融资。这主要是由于投资普通股风险较高，投资者要求有较高的报酬，并且股利应从所得税后的净利润中支付，而债务融资的债权人风险较低，支付利息允许在所得税前扣除；普通股的发行成本也较高，一般情况下，发行费用最高的是普通股，其次是优先股，再次是企业债券，最后是长期借款。

B. 分散控制权。利用普通股融资，会增加企业的股东数量，所以可能将企业的部分控制权转移给新股东，分散企业的控制权。

C. 股票价格下跌。新股东对企业已积累的盈余具有分享权，这就会降低普通股的每股净收益，从而可能引起普通股市价下跌。

阅读材料

股票上市的暂停与恢复及终止

1. 股票上市的暂停与恢复

股票上市公司有下列情形之一的，由国务院证券管理部门决定暂停其股票上市：

(1)公司股本总额、股权分布等发生变化，不再具备上市条件；

(2)公司不按规定公开其财务状况，或者对财务会计报告作虚假记载；

(3)公司有重大违法行为；

(4)公司最近 3 年连续亏损。

公司在规定的暂停上市期限内，如能消除有关暂停原因，可以恢复其股票上市。

2. 股票上市的终止

股票上市公司在规定的期限内，未能消除被暂停上市的原因，甚至后果严重，有下列情形之一的，将被终止上市，取消上市资格：

(1)公司股本总额、股权分布等发生变化，不再具备上市条件，限期内未能消除的，终止其股票上市；

(2)公司不按规定公开其财务状况，或者对财务会计报告作虚假记载，后果严重的，终止其股票上市；

(3)公司有重大违法行为，后果严重的，终止其股票上市；

(4)公司最近3年连续亏损，限期内未能消除的，终止其股票上市；

(5)公司决议解散或被行政主管部门依法责令关闭或者被宣告破产的，由国务院证券管理部门决定终止其股票上市。

自测题：5. 从社会角度来看，为什么普通股融资是一种理想的融资方式？

2. 优先股

优先股是优先股票的简称，是股份有限制企业依法发行的具有一定优先权的股票。从我国目前的现实情况看，我国股份制企业尚未发行优先股。

优先股的优先权主要表现在两个方面：一是优先股都有固定的股息率，且优先股的股息支付在普通股之前。二是当企业解散清算时，对企业清偿债务后的剩余财产有优先分配权。因此，与普通股相比较，优先股有如下特点：股息率固定、股息分派优先、剩余资产分配优先、一般无表决权。

自测题：6. 小李持有面值100元的优先股，该优先股的收益率为2.5%，则小李每年的优先股股利是多少？

(1)优先股的分类

①累积优先股和非累积优先股。这是按照应付优先股股利与实际发放数量分类的，与债务利息相比，董事会有权决定是否发放优先股股利。

累积优先股是指优先股股东有权要求在以后的会计年度中补发以前所欠的股利，而非累积优先股则不可以。一般对投资者来说，累积优先股比非累积优先股具有更大的优越性。

②参与优先股与非参与优先股。当企业的利润增大时，优先股股东除获得按固定股利率计算的股利外，还可分得额外红利的股票，称为参与优先股；反之，称为非参与优先股。一般情况下，参与优先股较非参与优先股对投资者更为有利。

③可转换优先股与不可转换优先股。可转换优先股，是指允许优先股持有人在特定条件下把优先股转换成一定数额的普通股或企业债券，其价格受普通股股票或企业证券的价格影响而容易发生变动；反之，就是不可转换优先股。可转换优先股是近年来日益流行的一种优先股。

④可收回优先股与不可收回优先股。可收回优先股，是指允许企业以特定的价格

将已发行的优先股收回，例如，当管理层认为能够以较低股利的股票来代替已发行的优先股时，就可以行使这种权利以降低企业的股利支出；反之，就是不可收回优先股。

(2)优先股融资评价

①优点

A. 没有固定的到期日，不用偿还本金。发行优先股筹集资金，实际上等于得到了一笔无期限的长期贷款，企业不承担还本义务。对于可赎回优先股，企业可在需要时按一定的价格收回，这就使得这部分资金利用起来更有弹性。财务状况较弱时发行优先股，而财务状况较强时收回优先股，这样有利于调节资金需求，同时也便于控制企业的资本结构。

B. 具有财务杠杆效应，管理弹性大。优先股股息采用固定方式支付，当企业利润增长时，可以将更多的潜在收益留给普通股股东，而一旦企业盈利不高，无法支付固定的股利时，又可以拖欠，优先股股东不会因此强迫企业破产清算。利用优先股融资对企业资本结构调整具有重要意义。

C. 保持普通股股东对公司的控制权。优先股股东一般没有表决权，通过发行优先股，普通股股东可避免与新投资者一起分享企业的盈余和控制权。当企业既想向外筹措自有资金，又想保持原有股东的控制权时，利用优先股融资尤为恰当。

D. 有利于增强企业信誉。从法律上讲，优先股股本属于企业的自有资金，发行优先股能增强公司的自有资本基础和企业的信誉，提高企业的借款举债能力。

②缺点

A. 融资成本高。主要原因在于受税收影响，优先股股利不能像债务利息那样作为费用从应税收益中扣除，所以优先股的融资成本要远远高于债务的融资成本。

B. 承担较高的风险。对于投资者来说，即使优先股融资承担一定的所有权风险，但是获得的收益却是有限的。

自测题：7. 为什么优先股投资者承担较高的风险？

(3)优先股融资的实质

优先股融资是介于普通股融资与债务融资之间的一种融资方式。优先股股东收取的收益是固定的(优先股股利)。在破产清偿时，其偿还权在债务融资之下，普通股融资之上，优先股股东也不能享受企业价值增值的好处。因此，普通股股东通常将优先股视为债务。实务中，财务分析师在分析企业财务状况时，一般也将优先股与债务联系起来。

5.2.2 留存收益融资

留存收益融资是企业资金来源的一项重要方式，实际上是股东对企业进行的追加投资，股东对这部分投资与以前缴给企业的股本一样，也要求有一定的报酬。该报酬是一种机会成本，即股东将资金投放于其他项目上的必要报酬率。实务中的留存收益与公司的普通股面值总额一起构成了企业的“普通股股东权益”，即企业的账面价值。

【例 5-1】 A 企业 2007 年 12 月 31 日普通股权益账户见表 5-4：

表 5-4　A 企业 2007 年 12 月 31 日普通股权益账户资料

普通股面值 1 元发行 10 000 股	10 000 元
股本盈余	0
留存收益	10 000 元
普通股权益总额	20 000 元

根据上述资料可知，企业每股账面价值为 2 元/股(20 000/10 000)。

自测题：8. 承前例，如果 2008 年发行 10 000 股普通股，当前该企业的股票价格为 4 元/股，这会对企业的普通股权益账户产生什么样的影响？

1. 留存收益融资的来源

其来源主要包括盈余公积和未分配利润。

2. 留存收益融资评价

(1)优点

A. 融资成本较低。留存收益不同于负债融资，不必支付定期的利息，也不同于股票融资，不必支付股利。同时还免去了与负债、股票融资相关的手续费、发行费等开支。

B. 保持企业的信誉。留存收益实质上属于股东权益。留存收益的增加，可以作为企业对外举债的基础，有利于增强公司的信誉，支持企业扩大其他方式的融资。

C. 企业的控制权不受影响。增加发行股票量，原股东的控制权分散；增加发行债券量或负债，企业财务风险增加；而采用留存收益融资则不会存在此类问题。

(2)缺点

A. 受时间限制。企业必须经过一定时期的积累才可能拥有一定数量的留存收益，从而使企业难以在短期内获得扩大再生产所需的资金。

B. 受股利政策的制约。留存收益的多少受到企业股利政策的影响。如果留存收益过高，现金股利则过少，可能会影响企业的形象，并给今后进一步的融资增加困难。所以，利用留存收益融资必须要考虑公司的股利政策，不能随意变动。

5.2.3　吸收直接投资

吸收直接投资，是指企业以协议等形式吸收国家、其他企业、个人和外商等直接投入的资本，是企业筹集股权资本的一种方式。投资者是企业的所有者，对企业具有经营管理权，按照出资比例分享收益和承担损失。

1. 吸收直接投资的种类

(1)吸收国家投资

吸收国家投资,是国有企业吸收直接投资的主要方式。一般具有以下特点:产权归属于国家;资金数额较大;只有国有企业才能采用;使用时受国家的约束。

(2)吸收法人投资

吸收法人投资,是指法人单位以其依法可以支配的资产投入企业。一般具有以下特点:投资发生在法人单位之间;以参与企业利润分配为目的;投资方式灵活多样。

(3)吸收个人投资

吸收个人投资,是指社会个人或本企业内部职工以个人的合法财产投入企业。一般具有以下特点:参加投资的人员较多;每人投资的数额相对较少;以参与企业利润分配为目的。

(4)吸收外商投资

吸收外商投资,是指外国投资者以及我国香港、澳门、台湾地区的投资者将合法资金投入企业,由此形成外商资本金。一般具有以下特点:只有中外合资、合作或外商独资经营的企业才能采用;可以筹集外汇资金;出资方式比较灵活。

2. 吸收直接投资的方式

企业在采用吸收直接投资这一方式筹集资金时,投资者可以用现金、厂房、机器设备、材料物资、无形资产等多种方式向企业投资。具体而言,主要有以下几种方式:

(1)现金投资。这是最重要的一种方式,在实务中应尽量使用。

(2)实物投资。采用房屋、建筑物、设备等固定资产和材料、燃料、商品等流动资产所进行的投资。

(3)工业产权投资。采用专有技术、商标权、专利权等无形资产所进行的投资,风险较大,使用过程中要小心谨慎。

(4)土地使用权投资。

3. 吸收直接投资的程序

企业吸收直接投资的程序如图 5-4 所示。

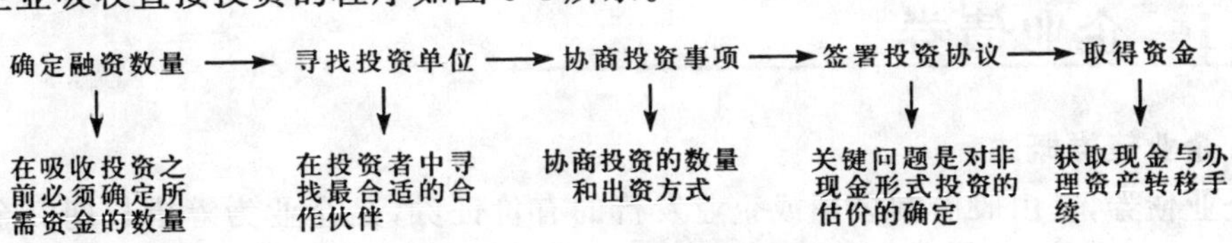

图 5-4　吸收直接投资的程序图

4. 吸收直接投资的评价

吸收直接投资是我国企业最早、最普遍采用的一种融资方式。

(1)优点

A. 增强企业信誉。吸收直接投资所筹集的资金属于企业的自有资金,能增强企业的信誉和负债能力，对扩大企业经营规模，壮大企业实力具有重要作用。

B. 降低企业的财务风险。向投资者支付的报酬不是固定不变的，是与企业经营状况相联系的。管理灵活，财务风险比较小。

C. 有利于生产能力的提高。吸收直接投资获得的是现金、设备和技术的投资，与其他融资方式相比，有利于企业生产经营能力的迅速形成与提高。

(2)缺点

A. 融资成本高。因为向投资者支付的报酬是根据其出资的数额和企业经营状况的好坏确定的，所以采用吸收直接投资方式筹集资金所负担的资金成本较高，特别是在企业经营状况较好，盈利较多时。

B. 产权不清晰、流动性差。由于没有证券作为媒介，所以吸收直接投资的产权关系有时会不清晰，不便于进行产权交易。

C. 企业控制权容易分散。采用吸收直接投资方式筹集资金，投资者一般都要求获得与投资数量相等的经营管理权，这是接受外来投资的代价之一。如果外部投资者所投资金较多，则投资者会有相当大的管理权，甚至会对企业实行完全控制，这是吸收直接投资的不利因素。

5.3 债务融资

债务融资是企业筹集资金的另一种主要形式。根据需要偿还的时间不同，债务融资分为短期债务融资(1 年以内，最多 2 年)、中期债务融资(2～5 年)和长期债务融资(5～7 年或更长)，本节我们主要介绍中、长期债务融资。

与股权融资相比，债务融资的主要特点表现为：收益权固定，取得按合同规定的利息和本金；债务利息费用在税前支付，具有抵税效应。这两个特点使债务在实务应用中具有“杠杆效益”，但是“杠杆效益”是把双刃剑，[①]因此，在长期债务融资管理中，我们要注意到债务对经济的双面影响。

5.3.1 企业债券

1. 企业债券概述

企业债券，是由股份制公司或企业发行的有价证券，是企业为筹措长期资金而发行的一种债务凭证，承诺在未来的特定日期，偿还本金和按照事先规定的利率支付利息。在西方国家，公司债券即企业债券；在我国，各种所有制的企业发行的债券均称为企业债券。企业债券是企业筹集长期资金的主要方式，但是与普通股相比有很多差异

① 参考第 6.3 节“企业杠杆”

性，为了便于在实务中应用，下面介绍一下企业债券的构成要素、种类及债券与普通股之间的差异。

(1)企业债券的构成要素

①票面价值，又称为“面值”或“本金”。它是在债券发行时预先设置的，既是计算债券利息的基础，也是在到期日支付给债券投资者的金额。

②票面利息，是定期支付给债券投资者的报酬，一般每年发放两次利息，但也可以在一年内连续“累积”。票面利息的计算受票面利率的影响，例如，面值为100元的企业债券，票面利率为2%，若半年付息一次，则每期利息为1元(100×2%÷2)；若每年付息一次，则每期利息为2元(100×2%)。实务中，票面利率与企业债券发行时的实际市场利率可能一致，也可能不一致。当两者一致时，债券按面值发行；当票面利率高于市场利率时，溢价发行；反之，则折价发行。

③到期日，是指企业有义务向债券持有人支付债券面值的某个时点。

(2)企业债券的种类

①按是否记名划分。债券可分为记名企业债券和不记名企业债券。不记名企业债券的缺点有两个：第一，容易遗失或者被盗。第二，由于不记名，企业无法将重大事项通知给债券持有人，风险较高。例如，一天小李要求企业支付其持有的不记名债券利息，但是他得到的通知却是该债券已于几个月前赎回，本金已经清偿。

②按有无担保划分。债券可分为信用债券和担保债券。一般而言，只有那些信誉卓著的大企业，才有资格发行信用债券。因为大企业实力雄厚，盈利多，信用度高，发行信用债券不会妨碍债权人的权益。信用债券一般期限短，但利率较高。

担保债券，是以企业的某种特定财产作抵押发行的债券，又分为：

A. 不动产抵押债券，以不动产作为担保品所发行的债券。

B. 证券抵押信托债券，以有价证券作为担保品所发行的债券。

C. 承保债券，由第三者担保偿还本息的债券。

③按是否可提前赎回划分。债券可分为可提前赎回债券和不可提前赎回债券。如果企业在债券到期前，有权定期或随时购回全部或部分债券，这种债券就称为可提前赎回企业债券，反之则是不可提前赎回企业债券。

④按票面利率划分。债券可分为固定利率债券、零利率债券和浮动利率债券。

A. 固定利率债券，是指在偿还期内利率保持固定不变的债券。

B. 零利率债券，是指票面利率为零的债券。虽然票面利率为零，但并非投资这种债券就无利可图。零利率债券在销售时，按低于面值的价格折价出售，到期按面值归还本金，其中面值与折价的差额，就是投资者的报酬。例如，某企业发行5年期，面值为5元，收益率为6%的零利率债券，该债券的发行价格为$5\div(1+6\%)^5=3.7$元。

C. 浮动利率债券，是指票面利率随市场利率定期变动的债券。即债券票面利率根据基准利率(如国库券利率或国库票据利率)的变动而进行调整。例如，债券初始发行利率为5%，从发行的第6年开始，债券利率在初始利率的基础上增加100BP[①]，则第6年的债券利率为6%。同时，为避免浮动利率因基准利率的变动而无限制变化，发行方一般会设定利率的上限与下限，限制票面利率的波动范围。

浮动利率债券可以使发行方的成本和投资人的收益与市场变动趋势相一致。但债券利率的这种浮动性，给发行方的实际成本和投资人的实际收益带来很大的不确定性，从而导致较高的风险。

⑤按是否给予投资者选择权划分。债券可分为附有选择权债券和不附有选择权债券。附有选择权债券，是指债券发行方给予债券持有人一定的选择权，如可转换债券、认股权证债券、可返还债券等。

阅读材料

零利率债券和浮动利率债券的利率调整

零利率债券第一次出现于1981年，近年来零利率债券并不是很受投资者的青睐，主要原因是其每年必须缴纳的利息收入中不仅包括实际收到的利息，还包括按比例计算得到的资本折扣。现在零利率债券的持有人大都为机构投资者，如保险公司和养老基金。

浮动利率债券的利率调整。首先设定一个初始的票面利率值。例如，设定前6个月的利率，以后则根据市场利率每6个月对其进行一次调整。在调整中，公司债券的浮动利率跟随国债利率的变化而调整，而债券固定利率跟随短期国库券利率的变化而调整。

(3)普通股与债券的差异

普通股与债券的差异分析，见表5-5。

表5-5 普通股与债券的差异分析表

项目	普通股	债券
管理权	有(通过选举权实现)	没有
期限	无期限	有期限
成本与风险	融资成本高，风险高	融资成本低，风险低
收益性	不固定、不确定(剩余索偿权)	固定、确定(固定索偿权)
清偿权	最后	按契约合同规定
还本要求	一般不退还本金	到期还本

自测题：9.关于债券的描述哪几条是正确的？

A.有企业的资产作担保　B.利息支出可以抵税　C.有一个固定的赎回日期

① Basis Point(BP)，是用于金融、债券和票据利率改变量的度量单位，1BP＝0.01%，100BP＝1%

2. 企业债券融资管理

(1)债券评级

实务中,债券的发行一般要经过独立的信用评级机构评级,以反映该债券违约的可能性。债券评级在20世纪初产生于美国,目前世界主要信用评级机构见表5-6。

表5-6 世界主要信用评级机构表

国家	美国	日本	加拿大
债券评级机构	标准普尔公司	日本公社债券研究所 日本投资服务公司	加拿大债券评级服务公司
	麦迪投资服务公司	日本评级研究所	多米宁债券评级公司

国际上公认的权威性评估机构标准普尔公司和麦迪投资服务公司(简称麦迪公司)债券信用等级评级情况,见表5-7。

表5-7 美国标准普尔公司和麦迪公司债券信用等级评级情况表

标准普尔公司	麦迪公司	信用等级	风险等级	偿债能力
AAA	Aaa	最高级	无风险	偿债能力很强
AA	Aa	高级	最少风险	偿债能力较强
A	A	中上级	次少风险	偿债能力较强
BBB	Baa	中级	有风险	偿债能力较好
BB	Ba	中下级	有风险	有偿债能力
B	B	下级	有风险	有偿债能力
CCC	Ccc	劣级	较大风险	偿债能力在平均水平之下
CC	Cc	投机级	风险大	偿债能力劣等
C	C	最劣级	风险更大	偿债能力明显不足
D	D	拖欠级	风险最大	处于破产边缘

有时标准普尔公司和麦迪投资服务公司会改变其债券等级的表示方法。标准普尔公司可以使用"+"、"-":A+代表A级中的最高级,A-则代表A级中的最低级;而麦迪公司可以使用数字:1、2或3,其中1代表最高级别。

债券评级对企业和投资者都十分重要。首先,从企业角度看,它反映的是企业违约的风险,对债券融资的资本成本能产生重要影响。债券的等级越高,企业的违约风险越低,企业债券的利率越会下降。反之,则相反。其次,从投资者角度看,购买债券是要承担一定风险的,如果发行方到期不能偿还本息,投资者就会蒙受损失。因此,当企业债券的评级低于BBB级,说明该债券的违约风险很高,这将限制投资者的投资意愿,进而使企业的融资能力受影响。

阅读材料

债券评级考虑的因素

债券评级主要依赖于主观判断。影响债券评级的因素即5C：借款人品德(Character)、经营能力(Capacity)、资本(Capital)、资产抵押(Collateral)、经济环境(Condition)。

(2)债券发行条件与发行价格①

我国《公司法》对企业发行债券的条件作了较严格的规定，企业发行债券必须符合下列条件：

①股份有限公司的净资产额不低于人民币3 000万元，有限责任公司的净资产额不低于人民币6 000万元。

②累计债券总额不超过公司净资产额的40%。

③最近3年平均可分配利润足以支付公司债券1年的利息。

④筹集资金的投向要符合国家产业政策。

⑤债券的利率不得超过国务院限定的水平。

⑥国务院规定的其他条件。

此外发行企业债券所筹集的资金，必须用于审批机关审批的用途，不得用于弥补亏损和非生产性支出。

债券的发行价格有三种：折价、溢价和平价。到底采用哪种价格发行，取决于债券发行时的市场利率与票面利率的关系：

a. 市场利率大于票面利率，折价发行；

b. 市场利率小于票面利率，溢价发行；

c. 市场利率等于票面利率，平价发行。

自测题：10.为什么市场利率大于票面利率，折价发行？

(3)保护性条款

保护性条款，是债权人为了保护自己的利益而设置的条款，是构成债券契约合同的一部分。具体分为：

①一般性保护条款。主要包括：对借款企业流动资金保持量的规定；对支付现金股利和回购股票的限制；对资本支出规模的限制；对其他长期债务的限制。

②例行性保护条款。主要包括：借款企业定期向银行提交财务报表；不准在正常情况下出售较多资产；如期清偿应缴纳的税金和其他到期债务；不准以任何资产作为其他承诺的担保或抵押；不准贴现应收票据或出售应收账款；限制租赁固定资产的规模。

---

① 债券定价方法参考第7.2节“债券投资估价”

③特殊性保护条款。主要包括：贷款专款专用；不准投资于短期内无法收回资金的项目；限制企业高级职员的薪金和奖金总额；要求企业主要领导人在合同有效期间担任领导职务；要求企业主要领导人购买人身保险等。

保护性条款的使用会降低债券融资的灵活性。但是，合理的保护性条款会使债权人得到保护。一方面，可以降低企业股东与债权人之间的冲突；另一方面，债权人由于受到“保护”愿意接受较低报酬率，在一定程度上会增加企业的价值。

(4)债券的偿还

债券是融资者借入的资本，除了定期支付利息外，到期还要偿还本金。否则，企业将陷入财务危机中，增加破产风险。目前，实务中债券的偿还方法有：

①建立偿债基金计划

偿债基金亦称“减债基金”，是指企业为偿还未到期债务而设置的专项基金。在偿还方式上企业可以选择到期一次性偿付，也可以选择分次偿还，具体方法为：从市场上公开回购企业发行的债券、由托管企业每年采用抽签方式随机在市场回购一定比例的债券。

偿债基金的建立对于债权人具有双刃效应：一方面，降低了债券违约风险，增加了债券持有人的安全感；另一方面，偿债基金计划实际上赋予了发行方一种提前赎回的权利，因此，他们可以根据实际情况选择有利于自已的方法实施计划，增加债券持有人的再投资风险。

②债务融通

债务清偿的另一种有效形式就是债务融通。具体方法：首先建立一个信托基金；其次，定期向信托基金提供资金；最后，使用信托基金产生的收益支付债券的利息和本金。债务融通方式保证了债券发行方支付债券本金和利息的可能性，降低了企业的违约风险，增加了债券持有人的安全感。

③赎回条款与债券调换

A. 赎回条款

赎回条款，是指允许企业在某一规定期间内按照事先约定的价格买回部分或全部的债券。赎回价格一般都比债券的面值高，赎回价格和面值之间的差额为赎回溢价。赎回溢价会随债券到期日的接近而逐渐降低。例如，面值为100元，年利率为10%的10年期企业债券，其回购溢价通常在第一年为10元，第二年为9元，以后依此类推。一般企业发行的债券都设有“赎回条款”。这是因为：

a. 当利率下调时，可以购回旧债，发行新债，减少利息支出。

b. 可以使企业消除保护性条款对企业的限制而获得较好的投资机会。

一般情况下，回购权在债券发行后，必须经一定时间后方可行使，这种延迟行为称为延迟保护。

B. 债券调换

债券调换，是指以新债取代部分或全部企业发行在外的债券的一种行为。债券调换的前提是企业发行可提前赎回债券，这将引发两个问题：

a. 是否应该发行可提前赎回债券。

b. 怎样确定调换(赎回)的时机。

是否应该发行可提前赎回债券。从企业角度考虑，可提前赎回债券对发行企业是有利的，当利率下降，债券价格上升，可以使用较低的利率发行新债券筹集资金，然后按事先约定的价格回购部分或全部的旧债券。这将减轻企业的利息费用负担，推迟债务到期日，改善企业的现金流量状况。然而，这种"举新债还旧债"的策略是否有效关键在于对时机的掌握情况，这是因为：

a. "赎回条款"对于投资者是一种损害，因此，赎回价格一般都比较高。

b. 借新债也要支付新的发行成本。

c. 企业是否能够按照较低利率筹集到新的资金是不确定的。

基于上述三个原因，企业在债券的调换过程中一定要注意对时机的把握：

a. 企业债券的市场价值要超过可赎回价格后才可以赎回债券。

b. 成本效益分析。债券的调换与第8章项目投资评估有关内容相类似，主要是净现值的比较，即调换后的净现值大于零，实施调换计划，否则，不调换。具体过程：计算债券调换成本；计算调换后的成本节约额；确定是否调换。

【例5-1】 某企业在2009年1月发行10 000 000元票面利率为12%的25年期企业债券，提前赎回价格为110元。企业从债券的发行中净得9 000 000元。该企业计划在2013年1月发行10 000 000元、利率为8%的21年期新债券以收回旧债券。新债券的发行使企业净得9 500 000元。新债券发行与旧债券的收回之间有30天时间是重叠的。新债券发行的成本为100 000元，所得税税率为50%。在上述情况下，企业是否应以新债券换旧债券？

解：首先，计算债券调换成本，见表5-8、5-9、5-10。

表5-8　新债券换旧债券的净现金流出量　　单位：元

收回旧债券的支出(110×100 000)	11 000 000	
新债券发行费用	100 000	
重叠期间旧债券利息支出(10 000 000×12%×1/12)	100 000	
现金流出合计		11 200 000
发行新债券收入	9 500 000	
税收节约额		
收回旧债券溢价(10×100 000×50%)	500 000	
旧债券未摊销折价(840 000×50%)	420 000	
重叠期间的利息费用(10 000 000×12%×1÷12×50%)	50 000	
现金流入合计		10 470 000
净现金流出量		730 000

表 5-9　　旧债券年度净现金流出量　　单位：元

年度利息费用(10 000 000×12%)	1 200 000
减：税收节约额	
利息费用(10 000 000×12%×50%)	600 000
折价摊销(1 000 000÷25×50%)	20 000
年度净现金流出量	580 000

表 5-10　　新债券年度净现金流出量　　单位：元

年度利息费用(10 000 000× 8%)	800 000
减：税收节约额	
利息费用(10 000 000×8%×50%)	400 000
折价摊销[(10 000 000－9 500 000) ÷21× 50%]	11 905
发行成本摊销(100 000÷21×50%)	2 381
年度净现金流出量	385 714

其次，根据表 5-8、5-9、5-10 计算调换后的成本节约额。

新债券换旧债券的每年净现金流出量的节约额为：

$$580\ 000-385\ 714=194\ 286(\text{元})$$

至此，我们可将这一方案视为通过投资 730 000 元，将于以后 21 年内每年收回 194 286 元的投资方案，税后资本成本为 4%，其净现值为：

$$\begin{aligned} NPV &= 194\ 286\times(P/A,4\%,21)-730\ 000 \\ &= 630\ 000\times 14.029-730\ 000 \\ &= 8\ 108\ 270(\text{元}) \end{aligned}$$

由于净现值大于零，说明新债券换旧债券所形成的现金流出量的节约额足以弥补公司债券调换所产生的净投资额。因此，公司应发行新债券调换旧债券。

自测题：11. 债券调换决策中需要考虑的问题是什么？

(5)债券融资评价

①优点

A. 融资成本低。债券利息属于可扣抵所得税的费用项目，因此发行企业债券除扩大财务杠杆效应外，还可带来节税利益，即所谓"税盾效益"。

B. 融资成本支付数量"固定"。与其他融资方式相比，债券融资成本支付数量是"固定"的，这有利于投资方案的财务规划与执行。例如，当企业预期未来利率极可能走高或目前利率处于谷底时，可通过发行固定利率债券来锁定目前较低的融资成本。

C. 不影响公司控制权。债券的持有人是债权人，不拥有重要决策的表决权。因此，发行债券筹集资金，不会稀释股东的控制权或所有权。

②缺点

A. 债券融资虽然可获得财务杠杆效应，但同时也会增加企业的财务风险。财务风险增加了，未来企业融资的成本也会随之提高。

B. 影响企业运营的灵活性。为避免股东与债权人之间的冲突，债权人通常会要求签订一些保护性条款。例如，限制企业将资金投入风险性较高的投资计划中或限制股利发放的金额，以确保债券持有人如期获得本息，这样会影响企业的经营弹性。

C. 增加企业破产的概率。企业若不景气，营业利润会大幅度减少，这将带来支付利息与偿还本金的财务压力，破产倒闭的危机也会增大。

5.3.2 中长期借款

中长期借款，是指向专业金融机构借入的、期限较长的贷款。

1. 中长期借款的目的

(1)满足弥补企业流动资金不足的需求。

(2)满足企业扩大生产经营的需求，包括：固定资产投资借款、更新改造借款、科研开发和新产品试制借款。

企业提出贷款申请 → 金融机构审批 → 签订贷款合同 → 企业取得贷款 → 还本付息

图 5-5 中长期借款的程序图

2. 中长期借款的程序，如图 5-5 所示

3. 中长期借款融资评价

(1)优点

①融资便利、速度快。中长期借款的取得手续比较简便，所需时间较短，一旦签订了借款合同，就可以迅速地获得借入的资金。

②融资成本低。利用中长期借款融资，其利息属于可抵减所得税项目，企业实际负担的成本减少。

③融资条件灵活、弹性大。在中长期借款合同签订时，企业与贷款银行直接商定借款条件。在借款使用期内，企业根据实际情况的变化，可与贷款银行协商调整借款条件，与债券、股票融资相比具有较大的灵活性。

④传达了积极的市场信号。中长期借款融资的增加会提高企业财务杠杆的作用。但是，只有在预计投资报酬率高于借款利率时，才可发挥财务杠杆的正面效应。

(2)缺点

①融资风险高。中长期借款通常要负担固定的利息费用，并要按期归还本息，在企业扩大借款融资规模时，会加大企业的财务风险，使企业的偿债能力降低。

②限制条件多。中长期借款合同中，通常规定了许多限制性条款，企业必须严格

执行，这在某种程度上会制约企业的财务管理和经营活动，从而影响企业以后的融资和投资活动。

③融资数量有限。中长期借款的数额往往受贷款机构贷款能力的限制，不可能像发行股票或债券那样一次性筹集到大量的资金。

5.3.3 租赁

在企业经营活动中资产的获得除了通过购买的方式外，还可以通过租赁的方式获得。大到飞机、船舶、建筑物，小到机器设备、电脑、家具等都可以通过租赁的方式获得。从 20 世纪 80 年代起，我国有些企业就开始采用租赁方式筹集资本，随着市场经济的发展，租赁业务日渐普遍，现代财务管理人员应该掌握租赁业务。

1. 租赁概述

(1)租赁

租赁，是指出租人以收取租金为条件，在契约或合同规定的期限内，将资产租让给承租人使用的一种经济行为。在任何租赁中都涉及两个当事人，即承租人和出租人。承租人向出租人支付租金，出租人向承租人提供资产设备，满足承租人的使用需求。在租赁中承租人获得的是资产使用权而不是所有权，这是租赁与购买的区别。上述问题可以通过例 5-2 来解释：

【例 5-2】 A 企业需要一台设备，可以通过购买和租赁方式获得，具体情况，如图 5-6 所示。

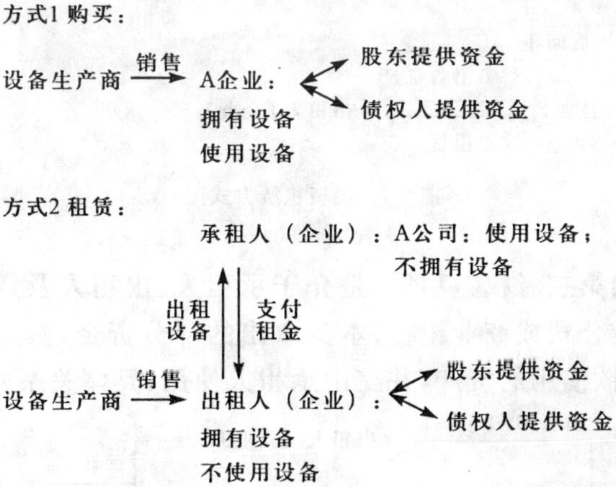

图 5-6 购买和租赁

(2)租赁的类型

①经营租赁

经营租赁也称营运租赁或服务租赁，是以满足承租人临时使用资产的需要为目的

而发生的租赁业务。经营租赁通常为短期租赁,一般具有以下特征:

A. 租赁期满,一般将租赁资产归还给出租者。

B. 撤销权。合同期间内,承租人可中止合同,退回设备,以租赁更先进的设备。

C. 不足支付。基本租期内,出租人只能从中收回设备的部分成本,需要出租人重新租赁或者出售资产,方能弥补剩余的成本以及获得利润。

D. 出租人提供专门服务,如设备的保养、维修、保险等。

②融资租赁

融资租赁也称财务租赁或资本租赁,一般具有以下特征:

A. 租期结束后,承租人有重新租赁的权利。

B. 租赁合同一经签订,在租赁期间任何一方均无权单方面撤销合同。只有在设备毁坏或被证明为已丧失使用价值的情况下,方能中止执行合同,无故毁约则要支付相当高的罚金。

C. 融资租赁的设备的价值一般在使用期内可全部摊销。

D. 租赁期间内,出租人不提供保险、维修和保养设备等方面的服务。

由于上述特征的存在,融资租赁已经成为企业购买资产的替代方式。实务中我们可以通过以下两种方式实现融资租赁,如图 5-7 所示。

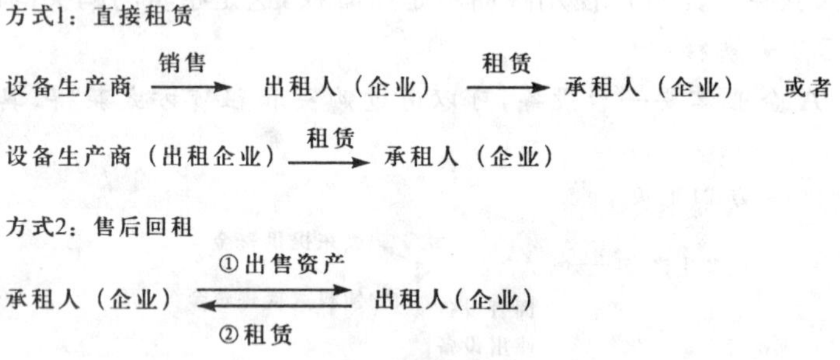

图 5-7 融资租赁方式图

③杠杆租赁

杠杆租赁又称为第三者权益租赁,是介于承租人、出租人及贷款人之间的三边协定:是用出租人(租赁公司或商业银行)本身拿出的部分资金,然后加上贷款人提供的资金,购买承租人所欲使用的资产,并交由承租人使用,具体关系如图 5-8 所示。

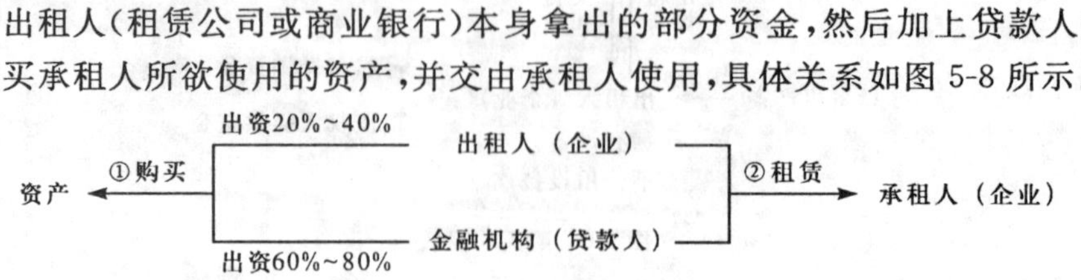

图 5-8 杠杆租赁关系图

由图 5-8 可知,在杠杆租赁中:

A. 涉及承租人、出租人和贷款人三方当事人。

B. 与一般租赁一样，由出租人购买资产，交给承租人，收取租金。但是，出租人的出资不会超过资产总价值的40%，剩余的资金由贷款人提供，出租人要定期向贷款人支付利息。

C. 根据B条款，如果出租人不能支付利息，就意味着贷款人要承担很高的风险。在实务中贷款人可以采用两种方法来保护自己：

方法一，保留对租赁资产的第一处置权；

方法二，在出租人无法支付利息时，直接向承租人收取资产的租金。

2. 租赁与购买

租赁资产是购买资产的一种替代方式。在实务中企业的资产是租赁还是购买，有很大争议，但现实情况确实存在很多的租赁行为，这是为什么呢?

(1)租赁存在的现实意义

①抵税效应，这是租赁存在的最主要的原因。租赁的租金费用可在税前扣除，具有抵免所得税的效用，使承租企业能享受税收上的优惠。

②降低企业的管理成本

与购买资产相比，租赁资产发生的成本远远低于购买资产所发生的成本，但是最后的效果可能是一样的[①]。例如，某企业将接待一个商务考察团，需要大客车一台，是买一台，还是租一台呢？显然，租车的费用要比买车更便宜。因此，租赁在获得与购买资产相同效果的同时，成本更低。

③提高企业融资能力，降低企业的财务风险

企业的融资能力与企业负债数量成反比例关系。租赁特别是经营性租赁业务属于表外披露业务。它的增加既不构成负债，也不改变企业的资本结构，由此保存企业的融资能力。租赁方式下，租金在整个租期内分摊，边生产、边创利，用设备产生的现金流量逐步偿还租金，可以降低企业的财务风险。

④以较少的投入，提高企业的生产经营能力

租赁方式下，企业通过较少的初期投资，不必一次性动用较多资金就可及时引进设备，满足扩大生产的需要。

虽然，租赁有上述的意义，但在实务中我们还是要具体问题具体分析。

自测题：12. 租赁中是否存在代理成本?

(2)租赁与购买决策

①决策方法。借助租赁与购买方案的现金流量，计算现金流量的现值，据此对两者进行比较分析。

---

① 企业获得的价值在于使用资产而不是拥有资产

②基本步骤：

A. 确定租金支出额及其税后现金流量的现值。

B. 确定举债购买的税后现金流量现值。

C. 比较确定租赁与举债购买的优劣，并做出决策。

【例 5-3】 某企业需要一台设备，价值 10 万元，预计该设备的折旧年限为 5 年，期满无残值。现有两个方案可供选择：

方案一，向银行借款 10 万元购买该设备，借款年利率为 10%，单利计息，借款期限为 5 年，每年年末支付当年利息，到期偿还本金。方案一的现金流量，见表 5-11。

表 5-11　借款购买设备的现金流量表　单位：万元

年度	利息(1)	年折旧额(2)	可抵税成本 (3)＝(1)＋(2)	抵减所得税 (4)＝(3)×33%	偿还本金(5)	净现金流出量 (6)＝(1)－(4)＋(5)
1	1	2	3	0.99	—	0.01
2	1	2	3	0.99	—	0.01
3	1	2	3	0.99	—	0.01
4	1	2	3	0.99	—	0.01
5	1	2	3	0.99	10	10.01

其中，利息和折旧是税前项目，可以抵减所得税。因此，每年可抵税成本为利息与年折旧额之和，按 10%折现率计算，借款购买设备现金流量的现值为：

$$NPV=0.01\times3.17+10.01\times0.621=6.25(\text{万元})$$

方案二，融资租赁设备，每年年末支付租金 2.5 万元，租期为 5 年。该企业所得税税率为 33%，假设折现率为 10%。方案二的现金流量，见表 5-12。

表 5-12　租赁设备现金流量表　单位：万元

年度	年折旧额(1)	抵减所得税(2)＝(1)×33%	租金(3)	净现金流出量(4)＝(3)－(2)
1	2.5	0.825	2.5	1.675
2	2.5	0.825	2.5	1.675
3	2.5	0.825	2.5	1.675
4	2.5	0.825	2.5	1.675
5	2.5	0.825	2.5	1.675

根据表 5-12 中的现金流量，按 10%的折现率计算融资租赁设备成本的现值为：

$$NPV=1.675\times3.791=6.35(\text{万元})$$

由此可见，方案一的现值小于方案二的现值，因此，应采用借款购买方式，即方案一更有利。

阅读材料

1. 资产的价值受企业使用效果和维修决策的影响越大，企业就越有购买的意愿。这是因为：在这种情况下，拥有资产可以促进企业降低运营成本，而租赁则没有这种激励作用。

2. 租赁能够绕过对产品的最低限价作用，达到低价促销的作用。

3. 租赁的程序

租赁的程序如图 5-9 所示。

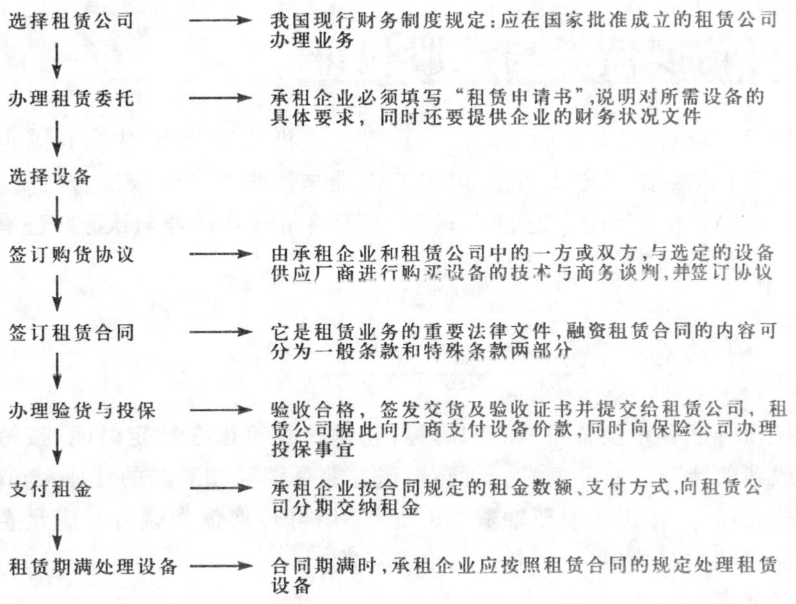

图 5-9 租赁程序

阅读材料

融资租赁合同的一般条款和特殊条款

一般条款包括以下内容：

1. 合同说明。主要明确合同的性质、当事人身份、合同签订的日期等。

2. 名词解释。解释合同中的重要名词，以避免产生歧义。

3. 租赁设备条款。详细列明租赁设备的名称、规格型号、数量、技术性能、交货地点及使用地点等。

4. 租赁设备交货、验收条款和税务、使用条款。

5. 租期和起租日期条款。

6. 租金支付条款。规定租金的构成、支付方式和货币名称，这些内容通常以附表形式列为合同附件。

特殊条款包括以下内容：

1. 购货合同与租赁合同的关系；2. 租赁设备的所有权；3. 租期中不得退租；4. 对出租人和承租人的保障；5. 对承租人违约的处罚和对出租人补救的条款；6. 设备的使用、保管、维修和保养；7. 保险条款；8. 租赁保证金和担保条款；9. 租赁期满对设备的处理条款等。

5.4 可转换债券与认股权证

在我国，可转换债券与认股权证都已获得主管机关的批准，成为我国企业的融资方式。与上面介绍的融资方式相比，可转换债券与认股权证属于混合融资方式，即兼有债券和股票的特征。为了便于实务运用，下面将可转换债券与认股权证有关内容加以介绍。

5.4.1 可转换债券

可转换债券是可转换公司债券的简称，它是一种可以在特定时间、按特定条件转换为普通股票的特殊的企业债券。可转换债券兼具债券和股票的特征，与其他长期债务融资方式相比，更接近于股票融资。因此，采用可转换债券融资在满足企业长期使用资金的需要的同时，也降低了企业的财务风险。

1. 构成要素

(1)标的股票，即按照条款，可转换债券将会转换为可转换债券发行企业的股票，或其他企业的股票。

(2)转换价格与转换比率。

(3)转换期，是指可转换债券转换为股票的起始日至结束日的期间。

(4)赎回条款，是指可转换债券可提前赎回的相关要求，即发行企业需要在什么条件下才能提前赎回可转换债券。

在上述要素中，转换价格与转换比率构成可转换债券的基础。转换价格，是指可转换债券转换为每股股份所支付的价格(转换价格＝债券面值 / 转换比率)。转换比率，是指可转换债券的持有人行使转换权时，每份债券所能换得的普通股股数(转换比率＝转换普通股股数/ 可转换债券数)。

自测题:13. A企业发行面值为100元的可转换债券,转换比率为5,那么该债券的转换价格是多少?

2. 可转换债券的管理

(1)发行可转换债券的原因

企业为什么采用可转换债券融资?原因一,降低企业风险。在债务融资中,随着企业风险的增加,会伴随着融资成本(利息)的提高,但是,可转换债券融资则不然。可转换债券是指允许持有人在未来按特定的价格购买企业股票的一种组合。当企业风险增加的时候,只是增加可转换债券中的债券利息,但可转换性的存在又使得可转换债券持有人可以从随企业风险增加而带来股票价格的上涨中获益,即风险增加引发的债券的负面效应,被可转换性的正面效应抵消一部分,降低了企业的风险。原因二,降低融资成本。事实上,很多企业喜欢发行普通股来融资。但是,当股票的市场价格被严重低估时发行股票,会产生很大的牺牲,而可转换债券的出现会改变这种情况。例如,我们可以将可转换债券的转换价格定在高于目前股票市场价格的20%～30%,这样在转换时可以节省20%～30%的成本。原因三,增加企业融资的灵活性。

实务中我们应该特别关注转换价格,万一失误,则损失非浅。因为在企业经营持续低迷,股价下跌时,可转换债券的持有人会放弃转换权,企业将面临债券到期本金偿付的压力。

(2)可转换债券可转换的时机

可转换性是可转换债券的重要标志,债券持有人可以按约定的条件将债券转换成股票。因此,可转换的时机是可转换债券管理的另一重要内容。可转换的时机是:在实际价格高出可转换价格时实施转换行为。原因是,如果在实际价格低于可转换价格时实施转换行为,也就是企业用"高价"的股票换回"低价"的债券,从而会导致企业亏损。

自测题:14. 你认为在什么情况下企业更愿意发行可转换债券?

(3)可转换债券的价值

①直接债券价值,是指可转换债券不用来转换,而是直接在市场出售的价值。这个价值是可转换债券的最低价值。因为当实际出售价格低于这个价值时,持有者在可转换债券到期之前便不会将其卖出,而是等到债券到期而收回本金和利息。

②转换价值,是指可转换债券按时价兑换成股票而得到的价值。转换价值取决于股票市场,当股票市场上下波动时,转换价值也将上下波动。

③期权价值,是指在到期之前,可转换债券的持有者拥有随时购买该债券对应股票的权利。由于期权本身具有价值,因此到期前的可转换债券实际价值总是高于它的最低价值,即可转换债券实际价值等于直接债券价值或转换价值加上期权价值。

5.4.2 认股权证

认股权证，是由股份制企业发行的，能按特定的价格，在特定的时间内购买一定数量该企业股票的选择权凭证。它赋予持有者在一定期间以事先约定的价格优先购买发行方一定数量普通股票的权利。它的发行可以随附优先股或债券，也可以与优先股或债券相分离。企业发行认股权证的主要目的是吸引广大投资者和某些投资机构购买企业发行的债券或优先股。

1. 构成要素

(1)认购数量，是指可以认购的股票数量。

(2)认购价格，是指购买股票的价格。

(3)认购期限，是指允许购买股票的时间。

(4)赎回条款，是指认股权证的发行人提前赎回债券应具备的条件。

2. 认股权证的管理

(1)发行认股权证的原因

企业为什么采用认股权证融资？原因一，降低债券与优先股融资的成本。在债券与优先股上附加认股权证，可以使投资者在获得固定收益的同时，获得股票增值的收益，降低债券融资的成本。原因二，增加企业的现金流量。对发行企业来讲，认股权证具有一次发行，二次融资的效应。因为在投资者履行认股权利的时候，也就增加了企业的现金流量。

(2)认股权证被出售的条件

当认股权证的价值高于行使权利所能获得的利益时，认股权证的持有人将出售认股权证而不是行使其权利。其条件包括：

A. 认股权证即将到期且股票市价高于行使价格。

B. 企业大幅度提高其普通股的股利水平。虽然认股权证没有给持有人带来现时收益，但由于普通股的高股利，可鼓励认股权证持有人行使权利。

C. 认股权证的行使价格是随着时间的推移而逐步增加的。

(3)认股权证的价值

认股权证是按特定的价格购买特定数量企业股票的期权，所以它的价值可通过普通股价格的函数即(普通股市场价格－普通股认购价格)× 换股比率来计算。例如，某企业发行认股权证融资，规定每张认股权证可按 8 元认购 1 股普通股，若企业当前的普通股市价为 9.5 元，则认股权证的价值为(9.5－8)×1＝1.5 元。

5.4.3 可转换债券与认股权证的异同

可转换债券与认股权证的相似之处是二者均赋予持有者在未来特定期间内按一定价格购入普通股的权利，其性质相近。但也有以下几点不同：

(1)发行方式。可转换债券通常公开发行，而附认股权证发行的证券一般采用私募的方式发行。

(2)权利与证券的可分离性。可转换债券所包含的证券与期间是合二为一、不可分离的，而认股权证与证券可以分离，可单独发行。

(3)对企业的现金流量和资本结构的影响。可转换债券转换为普通股时，并不带来增量现金流量，只是由一种证券转为另一种证券；而认股权证的持有者行使其权利时，将给企业带来增量现金流量，并增加发行在外的股数。

(4)对税收的影响。用附加认股权证发行债券的方式形成的折价可以抵减所得税。

本章小结

通过本章的学习，我们明确了融资活动是企业的一项基本财务活动：企业的融资管理是企业财务管理的主要内容之一；正确的融资决策，既可以保证企业正常生产经营的需要，又不会出现太多的闲置，还可以保证企业财务管理目标的实现。在本章中，我们主要对企业的融资渠道与长期融资方式进行了介绍。同时，结合我国的实际情况与财务管理的需求，对不同长期融资形式的含义、发行程序条件、特点和应用过程中应该注意的问题做出详细的阐述。

思考题

1. 掌握下列专业术语

融资渠道	融资方式	普通股	优先股
留存收益	租赁	可转换债券	认股权证

2. 简答题

(1)企业融资渠道与方式有哪些？

(2)试述股票融资的利弊。

(3)请对普通股与优先股融资的优缺点进行比较。

(4)如何进行发行新债券调换旧债券的决策？

(5)如何进行租赁或购买的融资决策？

(6)可转换债券的构成要素有哪些？如何确定转换时机？

3. 案例分析题

你是某上市企业的财务经理，企业可选择的融资方式是：债务融资(包括：认股权证融资、可转换债券融资)、普通股融资、优先股融资。请你根据下列情况分别选择企业的融资方式,并说明原因。

(1)股市连续大涨,企业股票的市盈率创历史新高,大股东控股比例超过70%,所有权与经营权稳定,但是企业需要资金。

(2)存款利率处于历史最低点,但"通货膨胀"浮现,央行认为应以保持物价稳定为工作的中心环节。

(3)同行业股票大跌,企业的基本情况虽好,但是也受到牵连,股价与市盈率下降,股东不愿意贱卖股票,但企业又急需用钱。

第6章
资本成本

本章框架体系

- 资本成本
  - 资本成本概述
    - 资本成本的内涵
    - 资本成本的影响因素
    - 资本成本的应用领域
  - 资本成本计算
    - 个别资本成本计算
      - 长期债务资本成本计算
      - 优先股资本成本计算
      - 普通股资本成本计算
      - 留存收益资本成本计算
    - 加权平均资本成本计算
    - 边际资本成本计算
  - 企业杠杆
    - 杠杆分析符号
    - 经营风险与经营杠杆
      - 经营风险
      - 经营杠杆
    - 财务风险与财务杠杆
      - 财务风险
      - 财务杠杆
    - 总风险与总杠杆
  - 资本结构
    - 资本结构概述
      - 资本结构
      - 影响资本结构的因素
      - 资本结构理论
    - 最佳资本结构决策
      - 最佳资本结构
      - 最佳资本结构决策的方法
      - 不合理资本结构

导读

(承接前章导读)过了几天,财务总监召开全体财务人员工作会议,要大家根据企业现有的资金结构状况进行讨论,制订一套最佳融资方案。

资历较深的张会计师说:“目前我国金融市场发展很快,企业融资渠道很多,如发行股票、债券等,因此我们的选择余地很大,但我们要考虑的应该是哪种融资方式最便宜,最能为我们企业节约成本。”

你认为小李应该从哪些方面来提出自己的建议呢?请带着这个问题来阅读本章内容。

学习目标

- 理解什么是资本成本
- 理解资本成本的构成内容与影响资本成本的因素
- 理解经营杠杆与经营风险、财务杠杆与财务风险的关系
- 理解资本结构理论
- 理解与掌握资本成本的计算方法
- 掌握如何衡量经营杠杆与财务杠杆
- 掌握资本结构决策的方法

6.1 资本成本概述

企业的生存与发展是以资金的取得与使用为前提的,但是,在这个过程中是要付出代价的。在财务管理中,我们可以把这个“代价”解释为资本成本。资本成本对于企业是至关重要的,它是企业投资者所要求的最低投资回报率,关系着一个企业价值的变化。例如,企业以 10%的“代价”向投资者筹集资金,如果实际支付的“代价”低于 10%,企业价值贬值;如果等于 10%,企业价值保持不变;如果高于 10%,企业价值增值。资本成本作为最低投资回报率,与企业价值的逻辑关系见表 6-1。

表 6-1　资本成本与企业价值关系表

投资回报率	企业价值
投资回报率<资本成本	降低
投资回报率=资本成本	不变
投资回报率>资本成本	增加

因此,在实务中我们必须了解资本成本的内涵、影响因素与计算方法,这是做出正确融资决策,实现企业价值的前提条件。

6.1.1 资本成本的内涵

1. 资本成本的含义

资本,是指所有者投入生产经营,能产生效益的资金。在市场经济条件下,资金的使用权与所有权是相分离的,企业为了获得资金的使用权,组织生产经营,必须支付给资金所有者一定的费用。资本成本,是指企业为筹集和使用资金而发生的代价。实务中资本成本的计量可以采用两种方法表示:一种是用绝对数表示;另一种是用相对数表示。实务中我们一般采用相对数来表示资本成本,即:

资本成本=资金的使用费用/(融资总额-融资费用)

自测题:1. 假设你计划进行一项投资,该投资项目的报酬率为10%。如果你没有自有资金,但可以以12%的利率从银行获得贷款,那么你进行的这项投资是否有意义?为什么?

2. 资本成本构成内容

从资金使用者角度来看,资本成本是他们为获得资金使用权而发生的代价。获得资金使用权的过程一般分为两个部分:一是资金筹集过程;二是资金使用过程。资本成本的构成内容,见表6-2。

表6-2 资本成本构成内容表

产生原因	项目	构成内容	支付时间
资金筹集	筹集费用	借款的手续费;发行债券和股票的宣传费、广告费、印刷费、代理费等	资金筹集时支付
资金使用	使用费用	借款的利息、债券的债息、股票的股利等	资金使用过程中支付

6.1.2 资本成本的影响因素

根据前面所述,资本成本是资金使用权的价格。这个价格受到主观与客观两方面因素的影响。主观因素,是指企业自身的风险水平(财务风险与经营风险),是通过风险报酬率来衡量的。企业可以通过内部管理来降低这方面的风险。例如,在融资管理中,减少债务的比例,降低财务风险;在投资管理中,选择投资回报率较低的项目投资,降低经营风险。客观因素,是指客观经济环境(例如,资本供求关系、通货膨胀率、资本市场条件等),是通过无风险报酬率来衡量的。显然,企业无法对这些因素加以控制。

企业要想降低资本成本，主要应从降低企业自身风险的角度来考虑。

除了上述因素，企业的融资规模、股东意愿也是影响企业资本成本的因素。随着企业融资规模的提高，融资难度往往也会增加，企业要想顺利融资，就需要花费更多的费用，因而资本成本也会随之提高。同时股东意愿也对资本成本起到重要的影响。例如，资金筹集过程中，随着债务融资比例的增加，企业的财务风险在提高，企业未来的资本使用成本也会增加。但是，对握有企业控制权的股东与管理者来说，宁愿承担这种高成本，也不愿意选择发行新股方式来融资。因为发行新股筹集资金的方式，会增加企业在外流通股的数量，稀释企业原有股东与管理者的控制权，如图 6-1 所示。

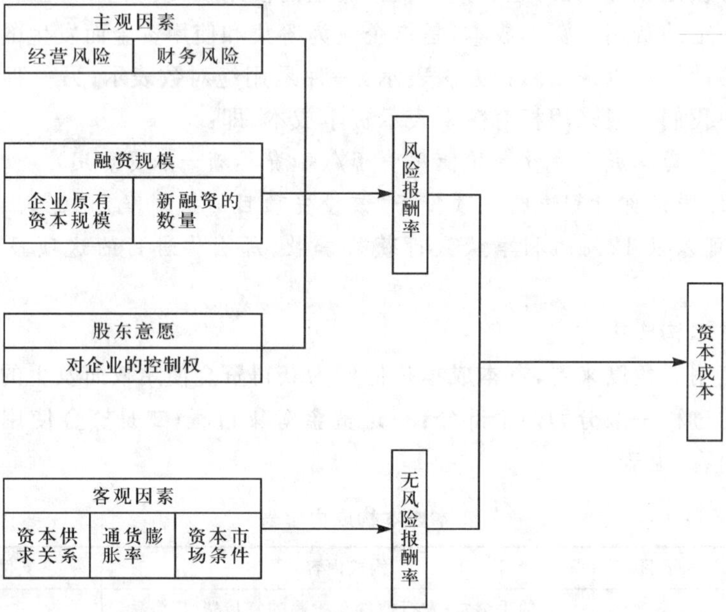

图 6-1 资本成本影响因素图

自测题：2. 企业在资金筹集中除了应考虑资本成本外，还应考虑什么因素，请你列举几条。

6.1.3 资本成本的应用领域

在市场经济条件下，企业的融资与投资决策越来越依赖于科学的财务预测和管理，而其中资本成本是一个十分重要的角色。例如，某公司有 A、B 两个项目，A 项目的报酬率是 10%，B 项目的报酬率是 12%。该公司为按时进行项目投资，与银行达成了贷款协议，贷款金额为 200 万元，利率为 8%。在这种情况下，我们是选择 A 项目，还是选择 B 项目进行投资呢？这时资本成本就成为评价投资资本项目，决定融资与投资项目取舍的重要尺度，是衡量企业经营成果的重要标准。这些都足以体现资本成本在企业财务管理工作中的重要地位。

1. 资本成本与融资决策

在企业面临既定的投资决策时，如何有效降低资本成本是财务人员面临的首要任务。企业的资本可以从各种渠道（如信贷资金、民间资金、企业资金等渠道）取得，其融资的方式也多种多样，如发行股票、债券、银行借款等。但不管选择何种渠道，采用哪种方式，都需要发生代价。例如导读中，企业因为市场的发展需要开发新产品而筹措资金。资历较深的张会计师认为："我们要考虑的应该是哪种融资方式最便宜，最能为我们企业节约成本。"因此，资本成本是限制企业融资决策的一个重要因素。

自测题：3. 根据图 6-2，判断哪几个项目企业应予以接受？为什么？

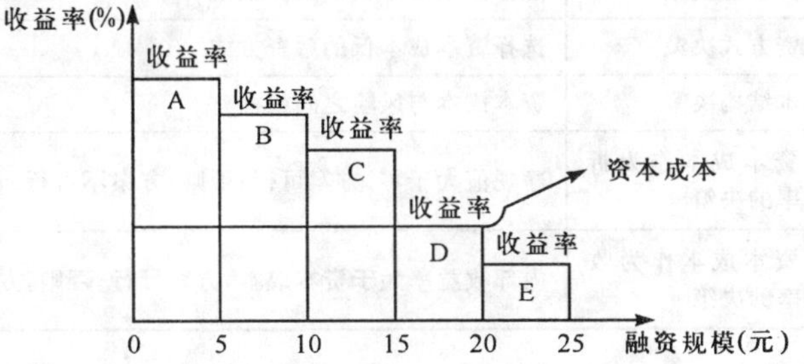

图 6-2　融资与投资规划图

2. 资本成本与投资决策

对于投资者而言，在投资决策中除了要考虑投资项日本身的现金流量外，资本成本的大小也是影响投资决策的重要因素。资本成本实际上是投资者应当取得的最低回报。只有在投资项目的收益高于资本成本的情况下，才值得为之投资；反之，就应该放弃该投资机会。

实务中根据投资决策内容的不同，资本成本可表示为：个别资本成本、加权平均资本成本、边际资本成本。

(1)个别资本成本，是确定融资方式的主要依据。

(2)加权平均资本成本，是进行企业资本结构决策的主要依据。

(3)边际资本成本，是进行追加融资结构决策的主要依据。

总之，无论从融资还是投资的角度来看，资本成本都有广泛的应用领域（表6-3），与企业价值有着密切的关系。因此，如何估算资本成本，成为财务人员要考虑的重要问题。但必须要注意：一方面，资本成本不是企业融资决策与投资决策需要考虑的唯一因素。因为财务风险以及资金的使用期限、偿还方式、限制条件等也会对企业融资决策与投资决策产生影响。① 例如，根据前面所述，股东从控制权角度考虑，愿意承担较高的财务风险（通过债务筹集资金），但债务的使用会受制于特定的保护条款，对企

① 参考投资与融资管理

业投资的弹性产生很大的影响。① 另一方面，资本成本不可能无限制地降低。例如，风险条件相同的时候，债务融资成本低于股权融资成本。但是，随着企业负债比例的提高，企业财务风险在增加，新的投资者就会要求更高的投资报酬率，这样就会增加企业的资本成本，对资本成本产生负面影响。因此，企业资本成本的降低是有限度的。②

表 6-3 资本成本应用领域表

应用领域	内容	评价标准
融资决策	融资总额决策	企业融资数额越大，资本成本越高，当边际资本成本超过企业承受力时，企业将难以进行融资活动
	融资渠道决策	选择资本成本低的融资渠道
	融资方式决策	选择资本成本低的融资方式
	资本结构决策	资本成本与风险之间权衡
投资决策	以资本成本作为折现率的决策	净现值大于零，方案可行；否则，方案不可行
	以资本成本作为收益率的决策	内部收益率大于资本成本，方案可行；否则，方案不可行

综上所述，在资本成本的应用中，首先就是要掌握资本成本的计算。

6.2 资本成本计算

6.2.1 个别资本成本计算

1. 长期债务资本成本计算

长期债务资本成本，是指企业通过长期债务融资方式筹集资金发生的代价。企业长期债务融资方式包括长期借款与长期债券。

(1)长期借款资本成本

长期借款作为企业的借入资本，其成本主要包括筹集费用与使用费用，计算时除了要考虑其货币时间价值外，还要考虑所得税问题③。

①考虑货币时间价值的计算公式

---

① 债权人为了保护债务资金的安全，对债务资金的使用进行限制，例如，不允许债务资金投资项目的报酬率过高等

② 参考有关资本结构的内容

③ 参考本节阅读材料：税收效应

$$D_0(1-f)=\sum_{t=1}^{n}\frac{I_t(1-T)}{(1+K_d)^t}+\frac{D_n}{(1+K_d)^n}$$

式中 D_0—— 借款总额；

f —— 长期借款融资费用率；

I_t—— 第 n 年末应偿还的借款利息；

T —— 所得税率；

K_d—— 长期借款资本成本；

D_n—— 第 n 年末应偿还的借款本金；

$D_0(1-f)$—— 借款的实际现金流入；

$D_n/(1+K_d)^n$—— 借款引起的未来现金流出的现值总额。

因此，在考虑货币时间价值时，其实质是将长期借款的资本成本看做是使这一借款的现金流入等于其现金流出现值的贴现率，采用内插法求解长期借款的资本成本。

阅读材料

税收效应

由于企业的利息是在缴纳所得税以前支出的，因此可以抵税。在税收效应下，债务的使用价格比没有税蔽时要低。例如，企业的所得税税率为40%，当企业支付1元钱利息时就会减少0.4元(1× 40%)的所得税支出，债务实际使用成本只有0.6元。而1元钱的股利则没有税收节省，因为税收效应只适用于债务。

自测题:4. 如果利率为5%，税率为25%，则税收调整后的实际债务成本是多少？

【例6-1】 某企业取得3年长期借款100万元，年利率为10%，每年付息一次，到期一次还本，融资费用率为2%，企业所得税率为25%。计算该项长期借款的资本成本。

解 第一步，根据公式，将数据代入公式。

$$D_0(1-f)=\sum_{t=1}^{n}\frac{I_t(1-T)}{(1+K_d)^t}+\frac{D_n}{(1+K_d)^n}$$

$$100(1-2\%)=\sum_{t=1}^{3}\frac{100\times 10\%\times(1-25\%)}{(1+K_d)^3}+\frac{100}{(1+K_d)^3}$$

整理得：

$$98=\sum_{t=1}^{3}\frac{7.5}{(1+K_d)^3}+\frac{100}{(1+K_d)^3}$$

第二步，$\sum_{t=1}^{3}7.5/(1+K_d)^3$ 表示为3年期普通年金现值；$100/(1+K_d)^3$ 表示为3年期复利现值，折现率 K_d 是所求的结果。

第三步，根据内插法的计算要求，逐一选择 K_d 代入等式右边，查询普通年金现值系数表与复利现值系数表并计算结果，当等式两边相等或接近于相等时，K_d 就是所求的结果。

该项长期借款的资本成本为8.28%。

②不考虑货币时间价值的计算公式

$$长期借款资本成本=\frac{借款年利息\times(1-所得税税率)}{借款总额\times(1-融资费用率)}$$

【例6-2】 以例6-1为例，计算不考虑货币时间价值的长期借款的资本成本。

解

$$\frac{100\times10\%\times(1-25\%)}{100\times(1-2\%)}=7.65\%$$

该项长期借款的资本成本为7.65%。

(2)长期债券资本成本

长期债券资本成本，是企业通过长期债券筹集资金发生的代价，主要包括筹集费用与使用费用。长期债券的特点是每年付息，到期还本。债券发行后，可在证券市场转手买卖，债券价格由买卖双方共同决定，可高于也可低于债券的面值或发行价格。债券价格与资本成本成反比关系。①

①考虑货币时间价值的计算公式

$$B_0(1-f)=\sum_{t=1}^{n}\frac{I_t(1-T)}{(1+K_b)^t}+\frac{B_n}{(1+K_b)^n}$$

式中 B_0 —— 债券融资总额；

f —— 长期债券融资费用率；

I_t —— 第 n 年末应偿还的债券利息；

T —— 所得税率；

K_b —— 长期债券资本成本；

B_n —— 第 n 年末应偿还的债券本金；

$B_0(1-f)$ —— 债券融资的实际现金流入；

$B_n/(1+K_b)^n$ —— 债券融资引起的未来现金流出的现值总额。

②不考虑货币时间价值计算公式

$$长期债券资本成本=\frac{债券年利息\times(1-所得税税率)}{债券融资总额\times(1-融资费用率)}$$

长期债券资本成本的计算原理与长期借款相同，这里不再重复介绍。

【例6-3】 某公司发行总面额为1 000万元的5年期债券，票面利率为10%，发行费用率为3%，公司所得税率为25%，分别计算考虑货币时间价值与不考虑货币时间

---

① 当债券的发行价格高于债券面值或市场价格高于发行价格时，资本成本下降；反之，资本成本上升

价值的债券资本成本。

解　①考虑货币时间价值

$$B_0(1-f)=\sum_{t=1}^{n}\frac{I_t(1-T)}{(1+K_b)^t}+\frac{B_n}{(1+K_b)^n}$$

$$1\,000\times(1-3\%)=\sum_{t=1}^{n}\frac{1000\times10\%\times(1-25\%)}{(1+K_b)^{10}}+\frac{1\,000}{(1+K_b)^{10}}$$

$$K_b=9\%$$

该项长期债券的资本成本为 9%。

②不考虑货币时间价值

$$\frac{1\,000\times10\%\times(1-25\%)}{1\,000(1-3\%)}=7.73\%$$

该项长期借款的资本成本为 7.73%。

练习题

1. 某公司向银行借入一笔长期借款，借款年利率为 10%，借款手续费率为0.5%，所得税税率为 25%。要求：计算银行借款资本成本。

2. 优先股资本成本计算

优先股资本成本，是指优先股在筹集过程中发生的筹集费用与在使用过程中支付的优先股股利。与其他资本成本相比，优先股资本成本的特征：一是优先股股利按固定支付率从税后利润中支付，不具有抵减所得税效应。二是优先股股利可以视为一项永续年金，其计算公式为：

$$K_p=\frac{D_p}{P_o(1-f)}$$

式中　K_p——优先股资本成本；

f——优先股融资费用率；

D_p——优先股股利；

P_o——优先股发行价格。

【例 6-4】　假定某公司发行优先股，每股面值 100 元，年股利率为 12%，融资费用率为 3%，当按面值发行时，优先股资本成本是多少？

解　根据公式

$$K_p=\frac{D_p}{P_o(1-f)}$$

$$K_p=\frac{100\times12\%}{100\times(1-3\%)}=12.37\%$$

优先股资本成本为 12.37%。

自测题：5. 当例 6-4 中优先股的股价分别下跌至 60 元和上升至 120 元时，优先股资本成本各是多少？请根据计算结果判断优先股资本成本与股价的关系。

练习题

2.假定某公司发行优先股，每股面值500元，年股利率为12%，投资者要求的收益率为13%。目前优先股的价格是多少？

3.普通股资本成本计算

与债务资本成本、优先股资本成本相比，普通股资本成本的计算就比较麻烦了。主要因为债务与优先股在投资过程中的现金流量基本是确定的，所以资本成本的计算就比较容易。与此相反，普通股在投资过程中的现金流量有很大的不确定性，所以资本成本的计算就很难，通常是估算的[①]。实务中普通股资本成本的估算方法有三个：折现现金流量法、资本资产定价模型法、债券收益率加风险溢价法。

(1)折现现金流量法

折现现金流量法，又称为股利增长模型法或戈登模型法[②]。这种方法是以股利支付率不断增加为前提来计算普通股的成本。计算公式为：

$$K_s=\frac{D_1}{P_o(1-f)}+g$$

式中 K_s——普通股资本成本；

f——普通股融资费用率；

D_1——预期年股利额；

P_o——普通股发行价格；

g——普通股股利年增长率。

【例6-5】 某公司普通股目前市价为50元，估计股利年增长率为4%，预计本年发放股利3元，融资费用率为股票市价的10%，则新发行普通股的资本成本为多少？

解

$$K_s=\frac{D_1}{P_o(1-f)}+g$$

$$=\frac{3}{50\times(1-10\%)}+4\%=10.67\%$$

新发行普通股的资本成本为10.67%。

阅读材料

折现现金流量法在实务运用中的几个问题

根据折现现金流量法的计算公式，K_s的估计需要两个变量：一是预期年股利额；二是普通股股利年增长率。从目前情况看，股利信息获得并不困难，但股利年增长率

① 根据市场信息估算成本

② 以做出此模型学者的名字命名

的确定则不是件容易的事。从长期趋势观察，若企业的发展一直比较稳定，则可以采用历史数据作为 g 的替代值；反之，则应根据经济周期、产品周期、市场经济状况等因素的影响，通过对企业的销售额、边际利润与企业竞争力等因素的计算来预测 g。

(2)资本资产定价模型法

资本资产定价模型主要用来解释投资者如何确定特定股票的必要报酬率。必要报酬率是投资者愿意购买股票的价格，同时也是融资者所需要支付的代价。因此，可以使用此模型来确定 K_s。计算公式为：

$$K_s = R_f + (R_m - R_f)\beta$$

式中 K_s——普通股资本成本；

R_f——无风险投资报酬率；

R_m——市场投资组合的预期报酬率；

β——发行股票的公司所在行业的风险系数。

【例6-6】 一个公司股票的 β 值为1.5，无风险报酬率为8%，市场上所有股票平均报酬率为10%，则该公司股票的资本成本是多少？

解

$$\begin{aligned} K_s &= R_f + (R_m - R_f)\beta \\ &= 8\% + (10\% - 8\%) \times 1.5 \\ &= 11\% \end{aligned}$$

普通股的资本成本为11%。

(3)债券收益率加风险溢价法

与上述复杂方法相比，在实务中有一种相对简便的方法可以估算普通股资本成本——债券收益率加风险溢价法。在融资过程中，不同企业的融资风险是不同的；同一个企业，采用不同方式融资时，发生的风险也是不一样的。通常，一个企业的债券融资风险要低于股票融资风险。但是，一个企业的债券融资风险与股票融资风险的差量是相对稳定的，这种“稳定性”适用于所有类型的企业。

所以，一个企业的普通股资本成本，可以在企业的债券融资成本上加额外的风险报酬率，如图6-3所示。计算公式为：

$$K_s = K_b + RP_c$$

式中 K_s——普通股资本成本；

K_b——债券资本成本；

RP_c——股票风险溢价[①]。

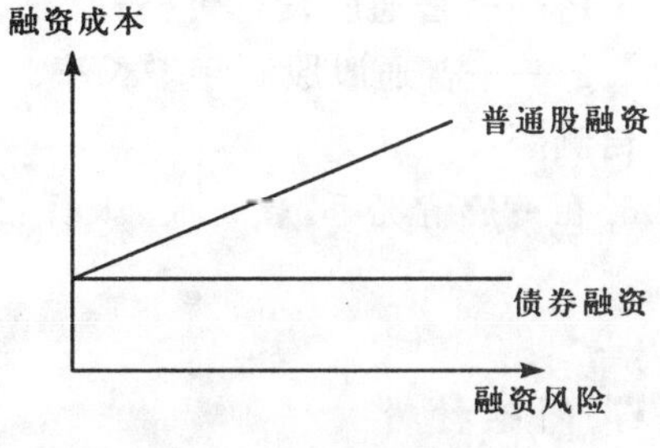

图6-3 债券融资与普通股融资的风险关系图

【例6-7】 某公司的长期债券的报酬率

① 股票风险溢价波动范围为3%～5%

为 8%，股票风险溢价为 4%，则该公司股票的资本成本是多少？

解 $K_s = K_b + RP_c = 8\% + 4\% = 12\%$

普通股资本成本为 12%。

以上三种估算方法的结论不尽相同，这是因为三种方法假设的前提不一样。因此，很多财务人员会采用三种方法同时估算某一普通股的资本成本。然后，取三种估算结论的算术平均值为最终结论。

练习题

3. 某公司普通股目前市价为 70 元，估计年增长率为 10%，本年发放股利 5 元，采用股利增长模式，测算普通股资本成本。

4. 某期间市场无风险报酬率为 8%，目前资本市场平均报酬率为 15%，某公司普通股 β 值为1.3，采用资本资产定价模式，测算普通股资本成本。

4. 留存收益资本成本计算

留存收益，是企业在经营过程中创造的，但由于经营发展的需要或法定原因，没有分配给股东而留存在企业的盈利。当企业留用这部分资金时，就会涉及成本问题。主要是因为，盈利原则上全部归股东所有，股东可以把全部盈利用于其他资产的投资上，以获得合理的回报。如果企业将盈利留存于企业内部，用于企业内部的投资，那么，只有内部投资的报酬率大于股东自行投资的报酬率才行，否则股东的财产将遭受损失。

根据此观点，留存收益资本成本应类似于企业的普通股资本成本，区别只在于没有融资费用。计算公式为：

$$K_e = \frac{D_1}{P_o} + g$$

式中 K_e——留存收益资本成本；

D_1——预期年股利额；

P_o——普通股发行价格；

g——普通股股利年增长率。

自测题：

6. 在一般情况下，普通股、银行借款、企业债券的资本成本由大到小的顺序是什么？

阅读材料

W 公司管理当局认为，如果用 100 万元买进一种新设备，可以获得 10%的投资收益率。公司尽力保持债务与股权资本各占 50%的资本结构，但某银行愿意按 8%的利率借给公司 100 万元来购买该设备。

W 公司的财务主管估算公司普通股资本成本为 12%，高于新设备投资收益率的

10%。但由于公司可以完全靠债务来融资，而债务的融资成本为 8%，低于公司从新设备投资中预期能获得的投资收益率，因此此举将增加 W 公司的普通股价值。因此，W 公司管理当局决定按 8%的利率从银行借入买进新设备所需的 100 万元，新设备投资后运转良好。

在随后的一年中，W 公司管理当局又发现另一个更好的投资机会，大约需要花费 50 万元，其预期内部收益率为 11%，比上年的新设备投资项目还要好。但当 W 公司管理当局找银行融资时，银行不愿再给公司贷款。用一位银行家的话说："W 公司已用完了其借债能力"。在银行同意借钱之前，W 公司必须通过发行新的普通股来增加股权资本比重和公司的借债能力。但由于这项投资的收益率达不到 12%的股权资本成本，所以 W 公司管理当局只能放弃此项投资机会。

上面这个故事说明了什么问题呢？可以看出，W 公司管理当局第一年的投资妨碍了公司第二年获得更佳的投资机会。

因此，我们可以从中得出结论：公司不应该只用单项资本的成本作为项目的贴现率来进行资本预算决策，特别是当公司全部采用债务融资方式时。因为这样做就意味着该公司使用了今后的部分借债能力来进行当前的投资，直到公司用新的股权资本补充了已被耗用的借债能力后，才能继续采用债务融资方式。因此，投资决策时，应采用全部资本的加权成本，而不是单项资本的成本作为项目的贴现率。

6.2.2　加权平均资本成本计算

企业制定融资计划时，根据风险管理的需要，通常会采用不同的融资方式来筹集资金。因此，在这种情况下：一方面，我们要考虑每一种融资方式的资本成本；另一方面，还要考虑各种融资方式的资本成本占融资总额的比例。根据上述两个因素确定的资本成本，即称为加权平均资本成本，简称为 WACC，如图 6-4 所示。

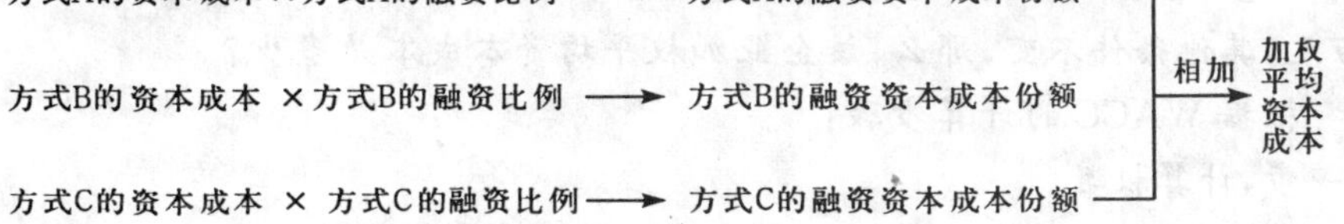

图 6-4　加权平均资本成本的构成

自测题：7. 你认为影响企业加权平均资本成本的因素有哪些？

1. 加权平均资本成本的计算公式

$$K_w = \sum_{j=1}^{n} W_j K_j$$

式中　K_w—— 加权平均资本成本；

W_j—— 第 j 种融资方式的资本成本占融资总额的比重(权数)；

K_j—— 第 j 种融资方式的资本成本；

n—— 融资方式的种类。

根据公式，WACC 的计算步骤分为三步：首先，确认权数；其次，计算各种融资方式的资本成本[①]；最后，使用这些数据计算 WACC。

2. 权数的确认

实务中权数确认的方法有三种：账面价值法、市场价值法、目标价值法。

(1)账面价值法

账面价值法，是指以企业账面的价值为依据来确定权数的方法。

【例 6-8】 某企业 2008 年 12 月 31 日资产负债表相关数据如下：债务 30 万元，优先股 10 万元，普通股 40 万元，留存收益 20 万元，各种融资方式的资本成本分别为：6%、12%、15.5%和 15%，该企业的加权平均资本成本是多少？

解 根据 WACC 的计算步骤：

第一步，计算权数。

$$债务权数=30\div 100 \times 100\%=30\%$$
$$优先股权数=10\div 100 \times 100\%=10\%$$
$$普通股权数=40\div 100 \times 100\%=40\%$$
$$留存收益权数=20\div 100 \times 100\%=20\%$$

第二步，计算各种融资方式的资本成本。

各种融资方式的资本成本分别为：6%、12%、15.5%和 15%。

第三步，计算加权平均资本成本。

$K_w=30\% \times 6\%+10\% \times 12\%+40\% \times 15.5\%+20\% \times 15\%=12.2\%$

该企业加权平均资本成本为 12.2%。

(2)市场价值法

市场价值法，是指以各种融资方式的现行市场价值为依据来确定权数的方法。

【例 6-9】 根据例 6-8，如果目前优先股的市场价值为 15 万元，普通股的市场价值为 50 万元，其他条件不变，那么，该企业加权平均资本成本是多少？

解 根据 WACC 的计算步骤：

第一步，计算权数。

$$债务权数=30\div 115 \times 100\%=26\%$$
$$优先股权数=15\div 115 \times 100\%=13\%$$
$$普通股权数=50\div 115 \times 100\%=43\%$$
$$留存收益权数=20\div 115\times 100\%=17\%$$

第二步，计算各种融资方式的资本成本。

---

① 参考本章 6.2.1“个别资本成本计算”

各种融资方式的资本成本为:6%、12%、15.5%和15%。

第三步,计算加权平均资本成本。

$$K_w = 26\% \times 6\% + 13\% \times 12\% + 43\% \times 15.5\% + 17\% \times 15\% = 12.34\%$$

该企业加权平均资本成本为12.34%。

(3)目标价值法

目标价值法,是指根据各种融资方式预计的目标市场价格来确定权数的方法。

【例6-10】 根据例6-8,预测未来企业的债券价值会贬值10%,普通股会增值20%,其他条件不变,该企业加权平均资本成本是多少?

解 根据WACC的计算步骤:

第一步,计算权数。

$$债务权数 = 27 \div 105 \times 100\% = 26\%$$
$$优先股权数 = 10 \div 105 \times 100\% = 10\%$$
$$普通股权数 = 48 \div 105 \times 100\% = 46\%$$
$$留存收益权数 = 20 \div 105 \times 100\% = 19\%$$

第二步,计算各种融资方式的资本成本。

各种融资方式的资本成本为:6%、12%、15.5%和15%。

第三步,计算加权平均资本成本。

$$K_w = 26\% \times 6\% + 10\% \times 12\% + 46\% \times 15.5\% + 19\% \times 15\% = 12.74\%$$

该企业加权平均资本成本为12.74%。

自测题:8.当企业的个别资本成本不发生变化时,企业的加权平均资本成本也不会发生变化,请判断是否正确。

3.权数确认方法评价

企业加权平均资本成本的计算,是以"账面价值法",还是以"市场价值法"或"目标价值法"为基础确认权数,是一个有争议的问题。

从债务与优先股融资方式来看,二者未来的预期收益基本稳定,因而对其未来预期收益进行资本化而形成的现值也具有较大的稳定性。它们的市场价值一般会同账面价值相接近,二者之间不会形成较大的差异。而普通股则不然,其预期收益受多种因素的影响,如企业经营的前景、股利政策、管理方式与声誉,以及客观经济环境等因素的变动,未来的预期收益有很大的不确定性,使股票的市场价值呈现较大的波动性。以"市场价值法"或"目标价值法"为基础确定权数,更有助于对企业的生产经营形成一种社会监督机制与客观评价机制。从整体而言,以各类资本的市场价值为基础确定权数,是比较适宜的,见表6-4。

表 6-4　　权数确认方法评价表

项目	评价	适用范围
账面价值法	计算结果与现实资本市场融资成本误差很大	分析过去的融资成本
市场价值法	反映企业资本成本的现实情况	分析现行的融资决策
目标价值法	反映期望的资本成本情况	分析未来的融资决策

6.2.3 边际资本成本计算

1. 边际资本成本的内涵

在融资中，企业无法以一个固定的资本成本筹集无限的资金，当企业筹集的资金超过一定限度时，原来的资本成本就会发生变化，其原因在于资金的"稀缺性"。例如，在导读中，企业就不可能以原来的成本筹集到新的资金。边际资本成本，是指企业为增加一个新的单位融资额而承担的成本，又称为 MCC。在企业融资过程中，所有个别资本要素的成本都会随着企业使用资金额的增加而上升，同时企业的 MCC 也会提高，如图 6-5 所示。

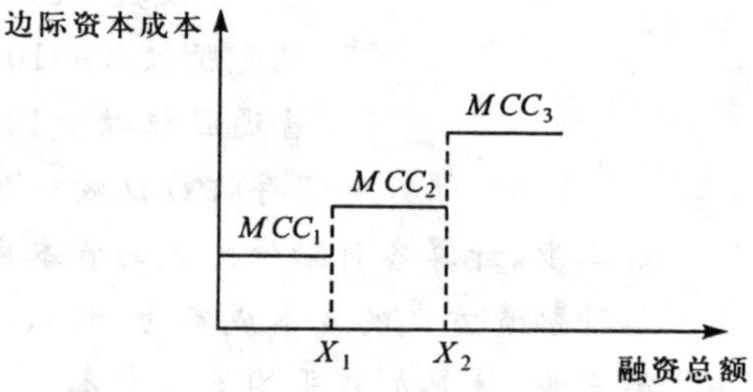

图 6-5　边际资本成本与融资总额的关系

阅读材料

在经济学里，把边际资本成本(MCC)定义为增加一单位产出所必须投入的成本，因而边际资本成本指的是公司为了取得额外的 1 元新资金所必须负担的成本。在经济分析中，在追求利润最大化时，边际资本成本(MCC)＝边际投资收益(MBI)；财务经理人为使公司价值达到最大，也必须设法使边际资本成本等于边际投资收益。若此等式不成立，则表示公司有过度投资或是投资不足的问题。当 MCC＜MBI 时，是指投资所得＞投资成本，这是因投入的资金不足而无法获取更高的收益，进而产生投资不足的现象；当 MCC＞MBI 时，表示每多投 1 元钱，非但不能提升获利，还会降低投资收益，产生过度投资的现象。

2. 边际资本成本计算

从风险管理角度出发，企业不管是进行新的融资还是追加融资，通常都不会只采用一种方式来筹集资金。所以，边际资本成本反映的是企业新增资本的加权资本成本，即企业以不同的方式在追加融资中，所发生的加权平均资本成本。

实务中，边际资本成本受两个因素影响：一是各种融资方式的个别资本成本；二是目标资本结构。在追加融资中，如果上述两个因素保持不变，那么新增边际资本成本就会保持不变。否则，新增边际资本成本就会发生变化。

(1)边际资本成本计算步骤(表 6-5)

表 6-5　边际资本成本计算步骤表

步骤	项目	说明
1	确定最佳资本结构	假设目标资本结构是最佳的
2	确定各种融资方式的资本成本	按个别资本成本计算方法计算
3	计算融资总额分界点①	$融资总额分界点=\frac{以某一特定成本筹集该项新资本的限额}{该项资本在资本结构中的既定比重}$
4	根据融资总额分界点，从小到大，确定新的融资范围与对应的资本成本	注意不要有遗漏
5	计算新的融资范围内的边际资本成本	根据新的融资范围内对应的个别资本成本与目标资本结构，按照加权资本成本计算公式计算

(2)边际资本成本实例

【例 6-11】 某企业现有资金 1 000 万元，其中长期借款 100 万元，长期债券 200 万元，普通股 700 万元。企业欲扩大经营规模，拟筹集新的资金。经分析，认为目前的资本结构是最优的，希望筹集新资金后仍能保持目前的资本结构。经测算，随融资额的增加，各种资本成本的变动情况，见表 6-6。据此计算不同融资规模条件下的资本成本。

表 6-6　融资规模与资本成本预测表

资本种类	资本结构	新融资额范围	资本成本
长期借款	10%	0～50 万元	6%
		大于 50 万元	7%
长期债券	20%	0～140 万元	8%
		大于 140 万元	9%
普通股	70%	0～210 万元	10%
		210 万～630 万元	11%
		大于 630 万元	12%

① 融资总额分界点，是指在目标资本结构条件下，保持某一资本成本不变时可以筹集到的资金总限额，即特定融资方式下的资本成本变化的分界点。在分界点之前融资成本不变；超过分界点，即使维持现有的资本结构，融资成本也会变化

解 根据边际资本成本计算步骤：

第一步，确定最佳资本结构。

根据题意，目前的资本结构是最优的，要保持不变，见表6-6。

第二步，确定各种融资方式的资本成本，见表6-6。

第三步，计算融资总额分界点。

根据公式

$$融资总额分界点=\frac{以某一特定成本筹集该项新资本的限额}{该项资本在资本结构中的既定比重}$$

①长期借款分界点：50÷10%＝500(万元)

②长期债券分界点：140÷20%＝700(万元)

③普通股分界点：210÷70%＝300(万元)；630÷70%＝900(万元)

第四步，根据融资分界点，从小到大确定新的融资范围与对应的资本成本，见表6-7。

表6-7 新融资范围与对应的资本成本关系表

融资总额范围	资本种类	资本结构	资本成本
0～300万元	长期借款	10%	6%
	长期债券	20%	8%
	普通股	70%	10%
300万～500万元	长期借款	10%	6%
	长期债券	20%	8%
	普通股	70%	11%
500万～700万元	长期借款	10%	7%
	长期债券	20%	8%
	普通股	70%	11%
700万～900万元	长期借款	10%	7%
	长期债券	20%	9%
	普通股	70%	11%
900万元以上	长期借款	10%	7%
	长期债券	20%	9%
	普通股	70%	12%

第五步，计算新的融资范围内的边际资本成本，见表6-8。

表 6-8　　不同融资总额的边际资本成本

融资总额范围	资本种类	资本结构	资本成本	边际资本成本
0～300 万元	长期借款	10%	6%	10%×6%+20%×8%+70%×10%=9.2%
	长期债券	20%	8%	
	普通股	70%	10%	
300 万～500 万元	长期借款	10%	6%	10%×6%+20%×8%+70%×11%=9.9%
	长期债券	20%	8%	
	普通股	70%	11%	
500 万～700 万元	长期借款	10%	7%	10%×7% +20%×8%+70%×11%=10%
	长期债券	20%	8%	
	普通股	70%	11%	
700 万～900 万元	长期借款	10%	7%	10%×7%+20%×9%+70%×11%=10.2%
	长期债券	20%	9%	
	普通股	70%	11%	
900 万元以上	长期借款	10%	7%	10%×7%+20%×9%+70%×12%=10.9%
	长期债券	20%	9%	
	普通股	70%	12%	

自测题:9. 企业筹集的资金越多,边际资本成本越高。这句话对吗,为什么?

练习题

5. 某企业 2008 年年末资产负债表中,长期借款 600 万元,长期债券 1 000 万元,普通股 2 400 万元。由于扩大经营规模的需要,计划筹集新资金。经分析,认为增资后应保持目前的资本结构①。增资过程中,资本成本的变化如下表:

资金种类	新融资额范围	资本成本
长期借款	45 万元以内	6%
	45 万～90 万元	6.5%
	90 万元以上	8%
长期债券	200 万元以内	9%
	200 万～400 万元	10%
	400 万元以上	12%
普通股	300 万元以内	11%
	300 万～600 万元	13%
	600 万元以上	15%

要求:(1)计算各种融资条件下的融资分界点。

(2)计算不同融资范围内的边际资本成本。

① 参考本章第 6.3 节"企业杠杆"和第 6.4 节"资本结构"

6.3 企业杠杆

在上面的资本成本计算中，我们引入了“资本结构”的概念。资本结构，是指企业各种长期融资数量的构成及其比例。在实务中，资本结构不仅用于资本成本的计算（关系到企业融资成本的大小），还关系到企业价值的实现，是财务人员需要管理的主要内容之一。例如，针对导读中的问题我们制订三种方案来筹集资金：A 方案，发行普通股股票 10 万股，每股发行价为 10 元；B 方案，发行债券 50 万元，年利率 10%，发行普通股股票 5 万股，每股发行价为 10 元；C 方案，发行 80 万元的债券，年利率 10%，发行普通股股票 2 万股，每股发行价为 10 元。

上述三个方案中的资本结构（融资方式的构成及比例）是不一样的，不同的资本结构对企业有影响吗？如果有影响，会产生怎样的影响，要想更好地解释二者关系的本质，我们必须明确一个问题——什么是“企业杠杆”。

“杠杆”一词来源于物理学，表示成倍改变某种效果的影响。例如，当销售量变动 10%时，利润的变动幅度会大于 10%；当息税前利润变动 10%时，企业每股收益变动幅度也会大于 10%。实务中，通过对杠杆的管理改变了风险与收益的关系，进而影响企业的价值。企业杠杆分为经营杠杆与财务杠杆。

6.3.1 杠杆分析符号

杠杆分析符号，见表 6-9。

表 6-9　杠杆分析符号表

符号	说明	符号	说明
P	单位产品价格	I	利息费用
V	单位变动成本	T	所得税税率
F	固定成本总额	D	优先股股息
MC=(P−V)	单位贡献边际	N	普通股股数
EBIT	息税前利润	EPS	普通股每股收益

6.3.2 经营风险与经营杠杆

1. 经营风险

“经营”是指一个企业除长期融资以外的营业活动，从损益表来看，如图 6-6 所示，包含从销售收入到经营收益的全部项目。

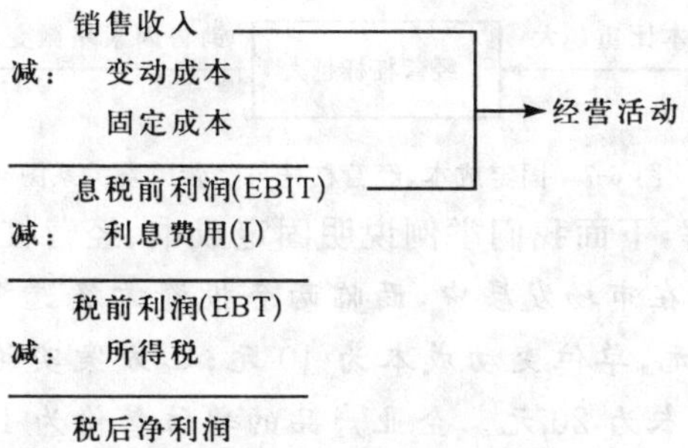

图 6-6　变动模式损益表①

从图 6-6 可知，企业的经营业绩是通过息税前利润(EBIT)来衡量的，取决于企业销售与成本的变动状况。如果企业的息税前利润(EBIT)变动幅度不大，则说明企业的经营业绩比较稳定，即风险低；反之，则相反。

因此，经营风险，是指由于经营上的原因给企业的收益或收益率带来的不确定性，是决定企业资本结构的一个最重要的因素。通常不同行业的经营风险各异，即使同一行业，不同企业的经营风险也不一样。在其他条件不变的情况下，影响企业经营风险的因素如下：

(1)市场需求的变动性：市场对产品的需求越稳定，企业的经营风险越低。

(2)销售价格的变动性：市场价格变动越大，企业的经营风险越高。

(3)投入生产要素价格的变动性：投入生产要素的价格越不确定，企业的经营风险越高。

(4)根据投入生产要素价格的变动而调整产品价格的能力：企业的定价策略弹性越大，即产品价格根据生产要素价格的变动进行调整的灵活性越大，其经营风险越低。

(5)产品责任诉讼风险：有些企业的产品可能对消费者产生伤害，就会存在或有成本，则其经营风险高。

(6)固定成本比重：固定成本比重越大，当需求下降时，企业的总成本水平就越不容易下降，出现损失的可能性就越大，经营风险越高。

2. 经营杠杆

企业的经营风险通常使用经营杠杆来衡量。经营杠杆，是指企业的固定成本占总成本的比重，主要用于衡量销售量的变动对息税前利润的影响。

(1)固定成本、经营杠杆与经营风险的关系

企业的固定成本占总成本的比重越大，企业的经营杠杆就越大，销售因素略微的变动就会引起息税前利润大幅度变动，企业的经营风险就越高，如图 6-7 所示。

---

① 变动模式损益表：按成本习性将成本分为固定成本与变动成本，编制损益表

图 6-7 固定成本、经营杠杆与经营风险关系图

为了便于大家理解，下面我们举例说明固定成本、经营杠杆与经营风险的关系。

【例 6-12】 某企业在市场发展中，面临两套投资方案选择。甲方案实施后，每年的固定成本为 100 000 元，单位变动成本为 40 元；乙方案实施后，每年的固定成本为 400 000 元，单位变动成本为 20 元。企业产品的单位售价为 120 元。

从题中可以看出，甲方案的固定成本低于乙方案，但是其单位变动成本高于乙方案，所以两者的经营杠杆不同。那么，不同的经营杠杆对经营风险是如何产生影响的呢？

我们可以将两套方案中销售额与成本的关系函数表示出来：

企业的销售额＝120 × Q(销售量)

甲方案的成本＝100 000 ＋ 40 × $Q_{甲}$(甲方案的销售量)

乙方案的成本＝400 000 ＋ 20 × $Q_{乙}$(乙方案的销售量)

下面我们将上述关系式在直角坐标系中表示出来，如图 6-8 所示。

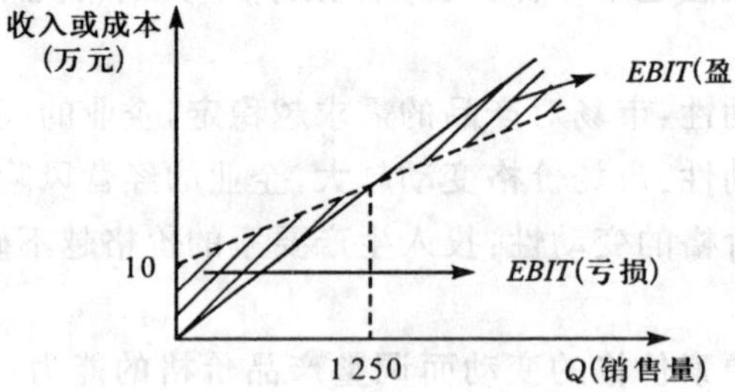

图解：—销售额函数；---甲方案成本函数；1 250＝100 000/(120－40)，是甲方案的盈亏平衡点①

(a)甲方案销售额函数与成本函数图

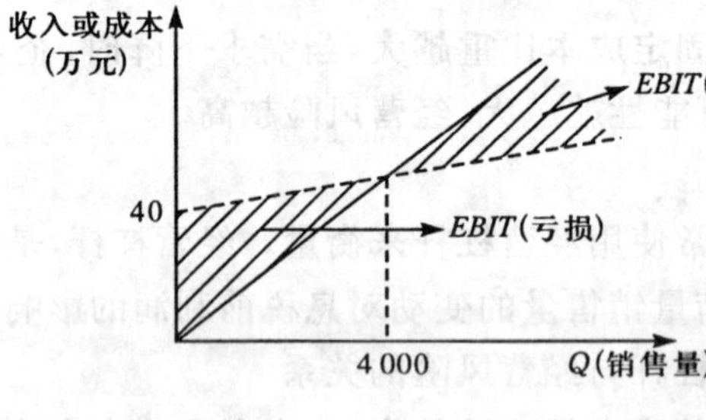

图解：—销售额函数；---乙方案成本函数；4 000＝400 000/(120－20)，是乙方案的盈亏平衡点

(b)乙方案销售额函数与成本函数图

图 6-8 销售额函数与甲、乙方案成本函数图

① 盈亏平衡点，又称零利润点，指的是全部销售收入等于全部成本时(销售额函数与成本函数相交时)的产量。以盈亏平衡点为界限，当销售收入高于盈亏平衡点时企业盈利；反之，企业就亏损

通过两图对比，一方面，乙方案的盈亏平衡点(4 000)高于甲方案的盈亏平衡点(1 250)，说明固定成本高的企业在经营过程中，需要更多的销售量才能扭亏为盈。另一方面，乙方案的盈亏平衡点前后的损益区间(实线与虚线所夹的阴影区域)大于甲方案的损益区间，这说明在企业经营过程中任何偏离盈亏平衡点(保本点)的销售量都会引起 EBIT 的变化，只不过固定成本高的企业偏离的速度更快，引发 EBIT 的变化幅度更大。综上所述，企业的固定成本越大，经营杠杆越大，EBIT 的稳定性越差，企业经营风险越大。

阅读材料

通过图 6-8 中(a)、(b)的对比，当销售量超过保本点时，固定成本越大，利润就越多。如果一个企业的管理者能够比较准确地衡量企业的产销量，那么，他就可以适当地用固定成本换变动成本。换句话说，在任何产出量水平上，增加固定成本(经营杠杆)可以成倍地增加经营收益(EBIT)。

(2)经营杠杆的衡量

对经营杠杆的衡量最常用的指标是经营杠杆系数。经营杠杆系数，是指息税前利润变动率相当于销售量变动率的倍数，通常用来反映经营杠杆的大小和作用程度，以及评价企业经营风险的大小。计算公式为：

$$DOL=\frac{\Delta EBIT/EBIT}{\Delta Q/Q}$$

式中 DOL——经营杠杆系数；

$\Delta EBIT$——息税前利润的变动额；

$EBIT$——息税前利润；

ΔQ——销售量的变动额；

Q——销售量。

为了计算方便可以将上述公式转化为：

$$DOL=\frac{Q\ (P-V)}{Q\ (P-V)-F}$$

经营杠杆系数一方面表明销售量每变动 1%，EBIT 的变动倍数，企业固定成本比例越高，未来 EBIT 的潜在变动幅度就越大；另一方面，表明对资本成本的影响：DOL 高，EBIT 变动幅度大，未来不能支付利息的可能性增大，投资者将比较不愿意投入资金，或者在投入资金时要求较高的必要报酬率。

【例 6-13】 某企业在销售量为 10 000 件时，销售单价为 7 元(除税)，单位变动成本为 3 元，固定成本总额为 20 000 元，息税前利润为 20 000 元。企业的经营杠杆系数是多少？

解 $$DOL=\frac{Q\ (P-V)}{Q\ (P-V)-F}=\frac{10\ 000\times(7-3)}{10\ 000\times(7-3)-20\ 000}=2$$

这表明，对于该企业来说，在销售量为10 000件的基础上，未来销售量1%的变动将引起EBIT发生2倍的变动。如果销售量增长10%，则EBIT增长20%（销售量变动率× DOL)，即EBIT由20 000元变为20 000×(1+2×10%)=24 000元。反之，销售量下降10%，则EBIT下降20%，即EBIT由20 000元降为16 000元。

练习题

6. 某企业年销售额为80 000元，年固定成本为10 000元，变动成本为48 000元。计算该企业的经营杠杆系数。

实务中希望大家注意，经营杠杆本身并不是导致EBIT不稳定的因素，因此，它不是企业经营风险的来源。但是，由于经营杠杆的存在扩大了市场和生产等不确定因素对EBIT的影响，因此经营风险与经营杠杆的大小有重要的关系。

作为企业的管理者应该认识到经营杠杆反映的是一种“潜在风险”，也就是说只有当销售量或成本等影响经营收益的因素发生变化时，这种“潜在风险”才会被“激活”。

6.3.3 财务风险与财务杠杆

1. 财务风险

财务风险也称为融资风险，是举债融资给企业未来收益带来的不确定性。这种风险会引起普通股股东的收益不稳定。从损益表来看，如图6-9所示。

	销售收入		
减：	变动成本		
	固定成本		
	息税前利润(EBIT)	→	变动
减：	利息费用(I)	→	支付数量固定不变
	税前利润(EBT)		
减：	所得税		
	税后净利润	→	不确定性大

图6-9 变动模式损益表

当企业采用债务融资时，随着融资比例的增加，利息费用也会增加。一方面，企业无力偿还到期债务利息的可能性增大，破产可能性增加；另一方面，当EBIT的变化幅度很大时，债务利息的支付是固定的，所以会引起普通股股东报酬的不确定。较高的负债率对股东影响很大，会形成较高的财务风险，是决定企业资本结构的另一个最重要的因素。影响财务风险的因素有息税前利润率、负债的利息率、资本结构等。

2. 财务杠杆

企业的财务风险通常使用财务杠杆来衡量。财务杠杆，是指在经营杠杆一定的条件下，不同比例的债务融资对企业普通股权益的影响，主要用于衡量EBIT变动对股东报酬的影响。

(1)债务融资、财务杠杆与财务风险的关系

企业的负债比重越大，则企业财务杠杆越大，EBIT略微的变动会引起股东报酬大幅度变动，企业的财务风险就越高，如图6-10所示。

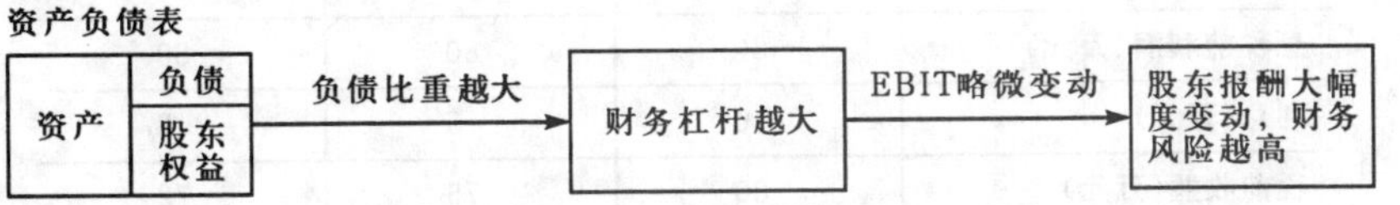

图6-10 债务融资、财务杠杆与财务风险关系图

为了便于大家理解，以本章6.3节开头针对导读制订的三个方案为例，说明财务杠杆对财务风险的影响。

【例6-14】 A方案，发行普通股股票10万股，每股发行价为10元；B方案，发行债券50万元，年利率10%，发行普通股股票5万股，每股发行价为10元；C方案，增加发行80万元的债券，年利率10%，发行普通股股票2万股，每股发行价为10元。预计投资项目的EBIT为50万元，所得税税率为30%。三种方案的股东收益情况，见表6-10。

表6-10 股东收益情况表

项目	A方案	B方案	C方案
资本总额(万元)	100	100	100
普通股(万元)	100	50	20
债务(万元)	0	50	80
息税前利润(万元)	50	50	50
利息(万元)	0	5	8
税前收益(万元)	50	45	42
所得税(万元)	15	13.5	12.6
净收益(万元)	35	31.5	29.4
普通股股数(万股)	10	5	2
每股收益(元/股)	3.5	6.3	14.7

①财务杠杆(债务)的好处

以例6-14为例，如果预计投资项目的EBIT为80万元，所得税税率为30%。其他条件不变，三种方案的股东收益情况，见表6-11。

表 6-11 股东收益情况表

项目	A方案	B方案	C方案
资本总额(万元)	100	100	100
普通股(万元)	100	50	20
债务(万元)	0	50	80
息税前利润(万元)	80	80	80
利息(万元)	0	5	8
税前收益(万元)	80	75	72
所得税(万元)	24	22.5	21.6
净收益(万元)	56	52.5	50.4
普通股股数(万股)	10	5	2
每股收益(元/股)	5.6	10.5	25.2

通过上述情况的对比,我们会发现当 EBIT 上升 60%(30/50)时,A 方案的每股收益上升 60%(2.1/3.5);B 方案的每股收益上升 67%(4.2/6.3);C 方案的每股收益上升 71%(10.5/14.7)。

②财务杠杆(债务)的坏处

以例 6-14 为例,如果预计投资项目的 EBIT 为 20 万元,所得税税率为 30%。其他条件不变,三种方案的股东收益情况,见表 6-12。

表 6-12 股东收益情况表

项目	A方案	B方案	C方案
资本总额(万元)	100	100	100
普通股(万元)	100	50	20
债务(万元)	0	50	80
息税前利润(万元)	20	20	20
利息(万元)	0	5	8
税前收益(万元)	20	15	12
所得税(万元)	6	4.5	3.6
净收益(万元)	14	10.5	8.4
普通股股数(万股)	10	5	2
每股收益(元/股)	1.4	2.1	4.2

通过上述情况的对比,我们会发现当 EBIT 下降 60%(30/50)时,A 方案的每股收益下降 60%(2.1/3.5);B 方案的每股收益下降 67%(4.2/6.3);C 方案的每股收益

下降 71%(10.5/14.7)。

综上所述,随着企业增加资本结构中的债务比重,财务杠杆逐渐增大,每股收益的不稳定性逐渐增加,企业承担的财务风险也在增加。总之,财务杠杆会使好的结果变得更好,坏的结果变得更糟。

自测题:10. 企业坚持不借债是为了避免财务风险,你认为这样的理由正确吗?

阅读材料

(1)通过上述分析,我们发现借债在企业经营中有一定的合理性。但是,这里有个基本的定律:只有在资本报酬率超过债务的税后成本时,将权益等价地交换为债务,公司的财务状况才会得到改善。

(2)通过上述分析,在特定的情况下,管理层可以通过改变企业的资本结构(债务比例)来操纵企业的财务成果和股票价格,但是这么做的时候必须要谨慎。这是因为,资本结构的改变需要花些时间,这样的改变可以使企业的经营成果在一夜之间发生很大的转变。但是,只有企业处在繁荣时期时,我们做出的改变才可能会提高它的财务成果和股票价格;如果企业处在衰退时期时我们做出改变,企业的净资产收益率、每股收益和股票价格都会急速下滑。有的时候我们很难判断出企业是处在繁荣时期还是衰退时期。

(2)财务杠杆的衡量

对财务杠杆的衡量最常用的指标是财务杠杆系数。财务杠杆系数,是指普通股每股收益变动率相当于息税前利润变动率的倍数,通常用来反映财务杠杆的大小和作用程度,以及评价企业财务风险的大小。计算公式为:

$$DFL=\frac{\Delta EPS/EPS}{\Delta EBIT/EBIT}$$

式中 DFL——财务杠杆系数;

ΔEPS——普通股每股收益的变动额;

EPS——普通股每股收益;

$\Delta EBIT$——息税前利润的变动额;

$EBIT$——息税前利润。

为了计算方便可以将上述公式转化为:

$$DFL=\frac{EBIT}{EBIT-I-D/(1-T)}$$

式中,D 为优先股股利。

财务杠杆系数:一方面,表明 EBIT 每变动 1%,EPS 的变动倍数,企业债务比例越高,企业利息费用越多,未来 EPS 的潜在变动幅度就越大;另一方面,表明对资本成本的影响:DFL 高,EPS 变动幅度大,投资者的投资风险增加。因此,投资者将比较不愿意增加资金的投入，或者在投入资金时要求较高的必要报酬率。

【例 6-15】 结合例 6-13，如果企业的债务资金为 200 000 元，年利率 2.5%；优先股 5 000 股，面值 10 元，年股利率为 7%；普通股为 4 000 股，每股收益 10 元；所得税税率 50%。那么，企业的财务杠杆系数是多少？

解 根据公式：

$$DFL=\frac{EBIT}{EBIT-I-D/(1-T)}$$

$$=\frac{20\ 000}{20\ 000-5\ 000-3\ 500/(1-50\%)}=2.5$$

这表明，对于该企业来说，在 EBIT 为 20 000 元的基础上，未来的 EBIT 变动 1% 将引起 EPS 发生 2.5 倍的变动。如果，EBIT 增长 20%，EPS 增长 50%(EBIT 的变动率×DFL)，即 EPS 由 10 元变为 15 元[10×(1+2.5×20%)]。反之，EBIT 下降 20%，EPS 下降 50%，即 EPS 由 10 元降为 5 元。

练习题

7. 结合练习题 6，如果该企业的资本总额为 60 000 元，负债比率为 45%，负债利率为 13%。要求：计算该企业的财务杠杆系数。

财务杠杆分析有利于控制企业的财务风险。企业的债务越多，固定利息支出越多，企业的财务杠杆越大，财务风险越高。如果企业没有债务与优先股时，企业的财务杠杆等于 1，企业就没有财务风险。

在财务风险决策中，一方面，融资决策时，我们根据财务杠杆分析测定债务带来杠杆效益的成本范围，避免预期 EBIT 低于债务利息，造成亏损扩大的情况。另一方面，在财务风险控制中，我们既可以通过降低债务比例的方式，也可以通过提高 EBIT 来实现①。但是，任何只顾获取财务杠杆利益，无视财务风险而不恰当地使用财务杠杆的做法都是企业财务决策的重大失误，最终将损害投资人的利益。

6.3.4 总风险与总杠杆

企业的总风险，是指经营风险与财务风险之和，实务中通过总杠杆来衡量。总杠杆，是指经营杠杆与财务杠杆的综合作用，反映的是销售量变动引起每股收益变动的幅度，如图 6-11 所示。

① 参考影响经营风险的因素

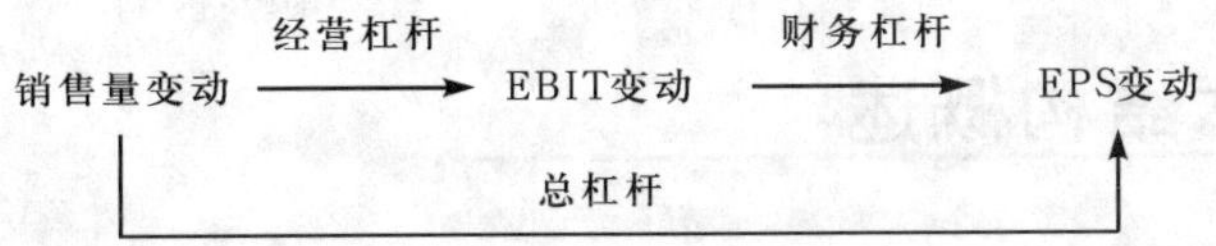

图6-11　经营杠杆与财务杠杆的综合影响

计算公式：

$$DTL=DOL\times DFL$$

式中　DTL——总杠杆系数。

【例6-16】　企业在销量为10 000件时，经营杠杆系数为2，财务杠杆系数为2.5，则总杠杆系数是多少？

解　根据公式

$$DTL=DOL\times DFL=2\times 2.5=5$$

这表明，对于该企业来说，在销量为10 000件的基础上，未来销售量变动1%将引起普通股每股收益发生5倍的变动。如果将销售量增长10%，每股收益增长50%（销售量变动率× DTL），普通股每股收益将由10元变为15元[10×(1+5×10%)]；反之，销售量下降10%，每股收益下降50%，普通股每股收益将由10元降为5元。

经营风险与财务风险构成了企业的总风险。一个合理的总风险，应该是企业的总风险与企业预期总报酬的平衡。这需要我们不断通过对经营风险与财务风险的权衡来实现，即较高的经营风险可以通过较低的财务风险来抵消，反之亦然。但是，在权衡过程中，我们应该与企业价值最大化目标相一致。在实务中，财务风险控制比经营风险控制容易。这是因为，一方面，经营风险受很多因素影响；而财务风险只是与债务有关，有债务就有财务风险，反之则没有。另一方面，面对经营风险的影响，企业有时候别无选择。例如，企业在生产经营中受客观技术条件影响，或多或少要使用一些机器设备，这样就会产生固定成本，因此所有企业会都有经营杠杆（经营风险），这是企业不可避免的。企业在融资中有很多方式可以选择，即使采用债务方式，我们也有很多不同的融资渠道，管理层在管理过程中有较大的选择余地，受到的限制性较小。

练习题

8. 结合练习题6与练习题7，计算该企业的总杠杆系数。

6.4　资本结构

在过去的几十年里，财务界一直对资本结构的问题十分关注，这是为什么呢？从本质上来说，这关系到前面我们所提到的问题——资本结构对企业价值与融资成本的影响。那么，什么样的资本结构才是最优的呢？如何安排企业的资本结构，实现企业的价值与降低融资成本呢？这就是本节所要介绍的内容。

6.4.1 资本结构概述

1. 资本结构

资本结构，是指企业各种资本的价值构成及其比例。有广义资本结构和狭义资本结构之分。本节我们讨论的是狭义资本结构，即企业中长期资本价值的构成及其比例关系，尤其是指长期的股权资本与债权资本的构成及其比例关系。

企业资本结构决策就是要合理安排长期债务占融资总额的比例，这是资本结构决策的核心问题，对于企业有重要的意义。

(1)合理安排债权资本比例可以降低企业的加权平均资本成本

根据前面所述，由于债务融资风险低于发行新股的融资风险，因此，债务投资者要求的投资回报率较低。与其他融资方式相比，债务融资具有抵税效应，能进一步降低债务的使用成本。因此，在一定限度内，提高债务的使用比例可以降低企业的加权平均资本成本。

(2)合理安排债权资本比例可以获得财务杠杆利益

债务利息是一个固定索偿权，当企业的利润增加时债务利息固定不变，单位利润中负担的债务利息下降，股东收益增加①；反之，股东收益下降②。因此，合理安排债权资本比例可以获得财务杠杆利益。

(3)合理安排债权资本比例可以增加企业价值

企业价值，是指企业的债务市场价值与股权市场价值之和，即 $V=B+S$。

这里的 V 表示的是企业价值；B 表示的是债务市场价值；S 表示的是股权市场价值。如图 6-12 所示，任何项目的价值都是自身现金流量的现值。③ 不同的资本结构下，企业价值是不同的。根据财务管理目标的要求，我们应该选择企业价值最大化的债务与股权的比例结构。

图 6-12 不同的资本结构下的资产负债表

2. 影响资本结构的因素

只要有人愿意提供资金，企业就可以任意安排其比例结构，而在实务中确实存在

① 参看 6.3.3 中财务杠杆(债务)的好处

② 参看 6.3.3 中财务杠杆(债务)的坏处

③ 参考第 7 章中证券投资估价

不同资本结构的组合。但是,不同资本结构下企业价值是不同的,所以,我们应该考虑以下主要因素:

(1)企业的行业规模与成长性

①不同行业的企业资本结构区别较大;同一行业不同规模的企业,融资能力不同。企业的规模越大,融资能力越强,融资成本越低;反之,企业的融资能力越弱,融资成本越高。

②处于高速发展的企业,对于资金的需求量大,依靠股权融资难以满足企业发展的需要,需要依靠更多的债务融资。

(2)所得税的影响

企业利用债务融资的一个主要原因就是债务融资具有抵税效应。因此,所得税税率的高低会影响到企业债务融资的比例。

(3)企业的经营风险

企业不采用债务融资而开展经营时存在的固有风险,主要是由企业的销售数量、销售价格与成本等因素引起的。企业的经营风险越高,资本结构中债务的比重应越低。①

(4)企业的财务状况

主要包括:企业资产结构、企业变现能力与盈利能力等因素:

①企业资产结构。如果企业拥有的固定资产比例较高,在资金筹集中更多可以依赖长期融资;反之,则应依赖短期融资。

②企业变现能力与盈利能力越强,偿还债务能力越强,财务风险承受能力也越高,这样就可以增加债务占资本总额的比重,获取更大的财务杠杆效益。反之,则不行。

(5)股东与经营者的态度

①股东与经营者的风险态度。敢于冒险的企业融资时倾向于高负债;反之,则倾向于低负债。

②股东与经营者对企业的控制态度。如果想保持对企业的控制,在融资中应倾向于股权融资;反之,应倾向于债务与优先股融资。

(6)企业的信用等级与负债率

企业的信用等级较差或已有负债率较高,将会降低企业债务融资的能力;反之,将会提高企业债务融资的能力。

3. 资本结构理论

资本结构理论,是人们从理论角度来研究资本结构对企业价值的影响。由于人们研究的角度不同,对于资本结构的认识也有较大的区别。从资本结构理论发展来看,主要有早期的资本结构理论、MM 资本结构理论(简称 MM 理论)和新的资本结构理论。

---

① 参考 6.2.4 总风险与总杠杆

(1)MM 理论

在 1958 年与 1963 年，美国经济学家莫迪格里亚尼与米勒共同发表了两篇对资本结构研究产生深远影响的论文——《资本成本、公司财务和投资理论》、《税收和资本成本-修正的模型》，在文中提出了著名的"资本结构无关论"，即"MM 资本结构理论"。这两篇文章被认为是资本结构研究的理论基石。

① 没有企业与个人所得税的情况

理论建立的假设：

a. 风险等级相同：公司经营风险的高低，可以由其息前税前盈利的标准差衡量；如果公司的经营风险相同，则它们所属的风险等级也相同。

b. 预期相同：所有投资对每家公司未来能产生的息前税前盈利以及这些盈利的风险都有相同的预期。

c. 完全资本市场：投资人在资本市场中买卖股票与举债，不必支付交易成本，而且他们在举债时，所须负担的利率和公司相同。

d. 债券为无风险利率：个人和公司一样，都通过发行无风险债券来融资，因而债券利率为无风险利率。

e. 零增长股票：公司每年所产生的预期现金流量都固定不变，且会一直持续到永远的，即公司是零成长公司，每年都有固定的息前税前盈利，且所发行的债券具有永续年金的性质。

MM 理论认为，在没有企业和个人所得税的情况下，任何企业的价值都不受债务比例高低的影响。在此基础上提出两个命题：

命题 1：不管有无负债，任何公司的价值都等于其预期息前税前盈利除以适用于其风险等级的报酬率。即：

$$V_L=V_U=\frac{EBIT}{K_W}=\frac{EBIT}{K_{SU}}=\frac{EBIT-I}{K_{SL}}+\frac{I}{K_b}$$

式中 V_L——有负债企业价值；

V_U——无负债企业价值；

K_W——加权平均资本成本(投资者要求的报酬率)；

K_{SU}——无负债企业股本成本或无负债企业股东要求的回报率；

K_{SL}——有负债企业股本成本或有负债企业股东要求的回报率。

命题 1 的解释：

a. 企业的价值不会受企业资本结构的影响；

b. 有负债企业的加权平均资本成本等于和该企业属于相同的风险等级，但未使用负债的其他企业的权益资本成本，即有负债企业的加权平均资本等于无负债企业的加权平均资本。

c. 有负债企业的加权平均资本和无负债企业的加权平均资本的高低视企业的经

营风险而定。

命题 2：有负债企业的权益资本成本等于无负债企业的权益资本成本加上一笔风险报酬，而风险报酬的多少视负债融资程度而定。即：

$$K_{SL}=K_{SU}+(K_{SU}-K_{SL})(B/S)$$

命题 2 的解释：

有负债企业的权益资本成本会随着负债融资程度的增大而增加。所以，企业的价值不会由于负债的增加而上升，因为便宜的负债所带给企业的利益会全部被上涨的权益资本成本所抵消。因此，在均衡时，有负债企业的加权平均资本成本会等于无负债企业的权益资本成本。

综上所述，MM 理论可以将企业价值、资本成本与资本结构三者之间的关系做出十分详细的分析。但是，这里并没有考虑到一些现实的影响因素，例如，所得税、财务成本、代理成本等因素，与实际相脱节。因此，许多学者对上述命题产生了很多疑惑。

②考虑公司所得税时的 MM 理论

随后，莫迪格里亚尼与米勒将公司所得税纳入资本结构中考虑，因为债务利息可以抵税，公司的价值将随着负债融资程度的提高而增加。所以在此基础上也提出了两个命题：

命题 1：有负债企业的价值＝风险等级相同但未使用负债的企业价值＋负债的节税利益。即：

$$V_L=V_U+TB$$

式中　TB——负债的节税利益，是公司所得税税率(T)与负债总额的乘积。

考虑所得税影响后，使用负债的企业的价值比未使用负债时要高，且当企业所使用的负债接近百分之百(即资本结构几乎完全由负债构成)时，其价值将达到最大。因此，未使用负债时企业的价值为：

$$V_U=\frac{EBIT(1-T)}{K_{SU}}$$

命题 2：有负债公司的权益成本等于无负债公司的权益成本加上一笔风险报酬，该风险报酬的多少视负债融资程度与公司所得税税率而定。即：

$$K_{SL}=K_{SU}+(K_{SU}-K_{SL})(1-T)(B/S)$$

综上所述，在考虑所得税影响后，尽管权益成本还会随着负债融资程度的提高而上升，但其上升的速率却比所得税的影响(抵税的效益)慢。这意味着，企业的价值会随着负债比率的增加而上升，企业的融资成本却会随着负债比率的增加而下降，当负债融资程度接近百分之百时，企业的价值达到最大。但是，债务的增加会提高企业的财务风险[①]。因此，我们对考虑公司所得税时的 MM 理论仍产生疑惑。

---

① 参考本章的财务杠杆与财务风险

(2)新的资本结构理论

①权衡理论(发展的 MM 理论)

根据考虑公司所得税时的 MM 理论得到的结果,仍难以使人信服。首先,百分之百的负债在这个世界上不太可能存在;其次,随着企业负债的增加,企业财务风险在增大,投资者在进行投资时要求更高的回报率,这将引起企业价值下降;最后,随着债务的增加,会引发新的风险与费用,因此,西方学者梅耶斯在已有的 MM 理论基础上,又考虑了债务增加所引发的"财务危机成本"与"代理成本",进而形成了权衡理论。

A. 财务危机成本

财务危机成本,是指在财务管理出现技术上问题或者企业破产的情况下所形成的直接成本和间接成本。

直接成本包括履行破产程序及开展破产工作的费用以及因破产所导致的企业无形资产的损失,例如:

a. 解决债务纠纷耗时长,此期间财产可能因发生老化、毁损而贬值。

b. 聘请律师、会计师等所费金额大,均需要优先于债权人清偿,减少企业价值。

间接成本包括发生财务危机但尚未达到破产地步时的经营管理过程中所遇到的工作障碍导致企业价值的贬值,以及企业债权与企业决策者之间的矛盾与斗争所造成的企业价值的贬值,例如:

a. 管理当局为获取短期生存机会而不惜牺牲企业长期利益(低价销售资产、减少投入、降低产品质量),最终影响企业长期市场地位。

b. 企业与客户和供应商关系的破坏,致使经营业务受损(供应商不愿意提供正常的信用条件,以避免坏账风险;客户担心产品质量、零部件和售后服务没有保证而转向其他企业)。

随着企业债务的增加企业财务危机发生的可能性在增加,企业的财务危机成本在增加,这将导致企业价值的下降。财务危机成本对企业价值的影响,如图 6-13 所示。

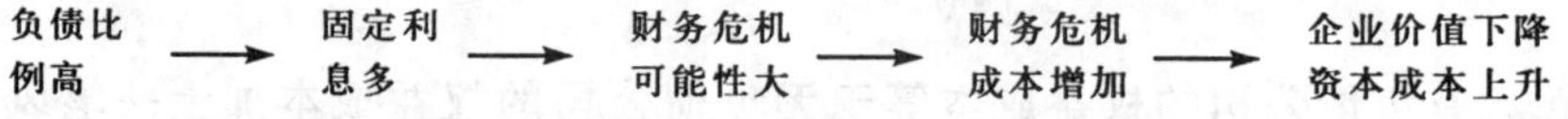

图 6-13 财务危机成本对企业价值的影响

阅读材料

根据有关文献研究发现,财务危机中的直接成本占企业价值的 3%,间接成本占企业价值 10%~15%,随着企业负债的增加,财务危机已经大到可以影响企业价值的程度,这是不容忽视的。

B. 代理成本

代理成本,是指资产所有权与使用权的分离会产生委托代理关系,这种委托代理关系会产生代理成本。包括:股东与债权人之间的关系产生的代理成本,及股东与管理者之间的关系产生的代理成本等。

a.股东与债权人之间的代理成本

随着企业采用债务融资,股东与债权人之间的代理关系逐渐出现。由于收益分配权利的不同,股东与债权人会产生利益冲突,因此,股东就会设法寻求利己的策略。当企业陷入财务危机中,这种利益冲突将进一步扩大,代理成本就会增加,企业价值就会下降。

财务危机发生时,不同策略下债务代理成本的表现形式:

策略1:转嫁风险

危机中的企业更愿意采取冒险行为,亏损较大的份额由债权人承担,盈利则由股东分享。为了领会这一点,我们假设某企业已面临财务危机,正考虑两个项目,一个风险高,一个风险低。未来经济可能是繁荣的,也可能是衰退的,其概率分别为0.4和0.6。如果经济衰退,低风险项目将使企业陷入财务危机,而高风险项目将使企业破产。采用低风险项目,企业价值表现见表6-13。

表6-13 采用低风险项目时企业的价值

经济状况	概 率	企业价值	=	负债价值	+	股权价值
繁荣	0.4	200元	=	100元	+	100元
衰退	0.6	100元	=	100元	+	0

根据表6-13,采用低风险项目,经济繁荣时,企业的价值为200元;经济衰退时,企业的价值为100元,所以企业的预期价值为140元(200 × 0.4+100 × 0.6)。

采用高风险项目,企业价值表现见表6-14。

表6-14 采用高风险项目时企业的价值

经济状况	概 率	企业价值	=	负债价值	+	股权价值
繁荣	0.4	250元	=	100元	+	150元
衰退	0.6	50元	=	50元	+	0

根据表6-14,采用高风险项目,经济繁荣时,企业的价值为250元;经济衰退时,企业的价值为50元,所以企业的预期价值为130元(250 × 0.4+50 × 0.6)。

根据上述情况,由于高风险项目下股权的期望价值为60元(150 × 0.4+0 ×0.6),低风险项目下股权的期望价值为40元(100 ×0.4+0 × 0.6)。因此,当企业存在负债(特别是在发生财务危机时),股东往往会选择高风险项目。这是因为,和低风险项目相比,高风险项目在经济衰退时,企业价值的减少很大;在经济繁荣时,企业价值的增加很大。但是,不管选择什么项目,债权的回报都是固定不变的。经济繁荣时,企业价值的增加量归股东所有。经济衰退时，选择低风险项目，债权人可得到全额清偿，而选择高风险项目时，债权人遭受损失，而股东则不论采用哪个项目，都一样一无所得。所以，股东只看到经济繁荣时的项目差异。

阅读材料

这是一个编造的故事，能够帮助你更好的理解上面的观点。在迪斯尼公司创立的前几年，公司陷入财务危机，老板沃尔特·迪斯尼在绝望中用公司最后 20 000 美元中的一半买了彩票。如果中奖，将获得足够的资本使得企业生存下来；否则，公司破产，银行只能收回 10 000 美元。

策略 2：股东拒绝投资

面临财务危机时，股东对追加投资会持观望态度。例如，你是一家濒临破产企业的所有者，现在需要你拿出 10 000 元投资一个项目，未来会获得 5 000 元的收益。但是，这不能阻止企业的破产，你会投资吗？不会的。这是因为 10 000 元的投资全部是股东付出的，却要与债权人共同分享盈利。如果经济繁荣，企业盈利，股东可以获得大部分利益，但是，现在是经济衰退，企业陷入财务危机，新增投资带来的现金流量将优先用于偿付债款，其后才归属于股东，债权人将获得大部分投资收益，这会减少股东对新增投资的兴趣。

策略 3：支付股利

在财务危机中，股东尽可能地进行现金股利或其他形式的分配，只留下少量分给债权人。策略 3 是在策略 2 的基础上进一步减少权益，债权人的利益将进一步受到损害。

综上所述，一旦企业陷入财务危机中，上述利己策略将会严重损害债权人的利益。因此，理性的债权人知道在面临财务危机时，股东是不能信赖的。所以，债权人要通过债务契约的方式（例如：提高报酬率、设置保护性条款①与监督条款）来保护自己。这些都会产生额外的费用，要由股东来承担，进而会引起企业价值的下降。

b. 股东与管理者之间的代理成本

上面我们主要研究的是股东与债权人之间的代理成本问题。接下来我们将研究代理成本中另一个重要的内容——权益代理成本。在现代企业中，经营权与所有权是分离的，企业的管理者通常只持有一部分或小部分企业股份，这样他们只能享受改善企业经营管理所产生的部分利益，而要承担相应的全部成本。于是管理者会通过权衡个人管理投入的边际成本和边际收入做决策，这就是管理层的最优决策，将降低企业价值。因此，存在外部股权融资的企业会发生代理成本，一般体现为管理懈怠、利益侵占等。

---

① 参考 5.3.1 企业债券

【例 6-17】 小李是某企业的所有者与管理者，企业的价值为 1 000 000 元。因企业扩展的需要，需增加资金 2 000 000 元。一方面，可以按 10%的利率向银行借入；另一方面，也可以发行 2 000 000 元的股票，这样小李只占企业全部股份的1/3。两种融资方式下企业的情况，见表 6-15 和表 6-16。

表 6-15　　债务融资时小李收益情况表

工作时间	现金流入	利息支出	股东可获得的现金	小李可获得的现金
6 小时/天	400 000 元	200 000 元	200 000 元	200 000 元
10 小时/天	500 000 元	200 000 元	300 000 元	300 000 元

表 6-16　　股权融资时小李收益情况表

工作时间	现金流入	利息支出	股东可获得的现金	小李可获得的现金
6 小时/天	400 000 元	0	200 000 元	66 666 元
10 小时/天	500 000 元	0	300 000 元	100 000 元

根据表 6-15，债务融资时延长工作时间，小李的增量现金收益是 100 000 元(300 000－200 000)；根据表 6-16，股权融资时延长工作时间，小李的增量现金收益是 33 334元(100 000－66 666)。显然，此时小李延长工作时间的意愿不会像在债务融资情况下那样强烈。因为当增加了新股东，增量现金收益将由所有股东分享，而债务融资时增量现金收益则由小李独享。

因此，利用发行股票融资，一方面，会增加管理者减少工作强度的愿望；另一方面，会增加他们个人的职务消费(如装修办公室，增加个人的职务享受等)欲望，因为这些费用将由全部股东分摊，但利益由管理者独享。这种与股权增加相联系的管理者的在职消费就是权益代理成本。这是由企业的所有权和经营权分离而造成的。我们要将权益代理成本引入资本结构分析中。一方面，我们要建立约束机制，节制个人消费，激励经理努力工作，使其对投资管理和决策更加尽职尽责，如：债务的运用、年薪、股权激励等；另一方面，我们要认识到，权益代理成本的存在会引起企业价值的下降，约束机制只能降低权益代理成本而不能完全消除它们。

C. 财务危机成本与代理成本的综合影响

如果我们将现实社会中这两个不可忽略的成本考虑到资本结构决策中，那么，负债的增加就会给企业带来节税利益，但随着债务的增加会导致财务危机成本和债务代理成本抵消债务的节税利益。此时，MM 理论模型将变为：

$$V_L = V_U + TB - FPV - APV$$

式中 FPV——财务危机成本现值；

APV——代理成本现值。

上述的财务危机成本现值与代理成本现值是一个负债的正比函数，即负债越多，它们的现值越大，如图6-14所示。

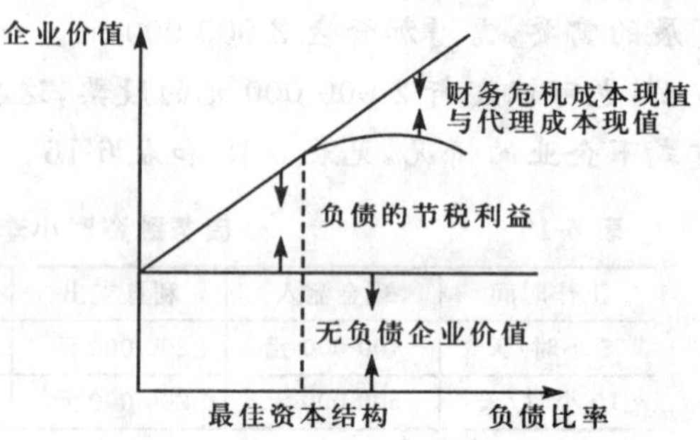

图 6-14 考虑财务危机成本与代理成本的企业价值图

根据发展的MM理论，一方面，会出现一个最佳的资本结构；另一方面，能够清晰地解释为什么在实务中企业不愿意过多地举债。企业债务管理实际是债务"利得"与债务"损失"的一种权衡产物。

②信息不对称与融资优序理论

该理论放宽MM理论完全信息的假定，以不对称信息理论为基础，并考虑交易成本的存在。所有的市场参与者都有同样的预期，并且信息是不对称的，管理人员对企业资产价值的相关信息，一般比现有股东和潜在股东了解得多。在融资中，由于债务的财务杠杆效应及较低的融资成本，在经营前景好的时候企业应该首选债务融资。因此，现有股东和潜在股东有理由相信，一旦企业选择股权融资，传递的是企业经营的负面信息。当企业管理者利用其内部信息发行新股时，投资者会意识到信息不对称的问题，这样他们就会调低对现有股票和新发行股票的估价，导致股票价格下降，企业市场价值降低。在这种情况下，管理层在债务与股权融资中首选债务融资。但是，与内部融资[①]相比，债务融资将会增加企业财务危机成本与代理成本。所以，在信息不对称的影响下，企业的融资顺序是：首选内部融资；其次是低风险债券，其信息不对称的成本可以忽略；再次是高风险债券；最后在不得已的情况下才发行股票。

自测题：

11. 与其他融资方式比，内部融资的好处有哪些？

12. 根据信息不对称与融资优序理论，企业在融资中应首先考虑债务融资，然后是股权融资，但是在现实世界中，企业有时会优先考虑股权融资而不是债务融资，这是为什么呢？

6.4.2 最佳资本结构决策

1. 最佳资本结构

根据财务杠杆效应与权衡理论的结论，在经济前景良好时，由于财务杠杆的正面影

① 内部融资主要来源于企业内部自然形成的现金流，它等于净利润加上折旧减去股利

响与节税利益的存在，我们增加资本结构中的债务比例，有利于提高企业价值。但是，随着企业债务的增加，人们对风险和经济前景的担心将超过债务增加带来的好处，这样，企业价值会随着债务的增加而下降，如图6-15所示。所以，债务的大小会影响企业价值。当我们将财务杠杆效应和税的影响与破产成本、代理成本相结合，就会存在最佳资本结构。

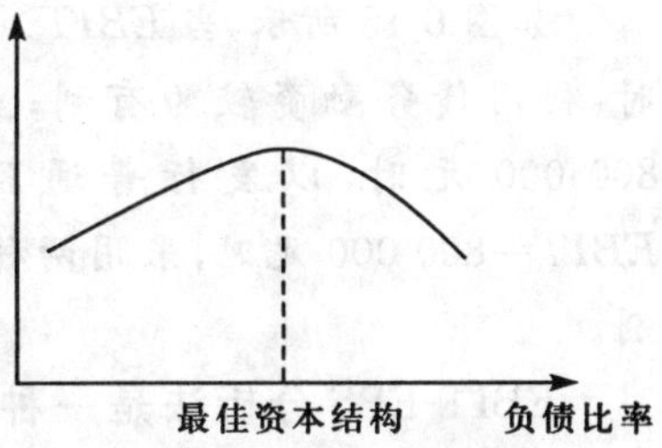

图6-15 资本结构对企业价值的影响

最佳资本结构，是指企业在一定时期内，使加权平均资本成本最低、企业价值最大时的资本结构。其判断的标准有：

(1)有利于最大限度地增加所有者财富，能使企业价值最大化。

(2)企业加权平均资本成本最低。

(3)资产保持适当的流动，并使资本结构富有弹性。

其中加权平均资本成本最低是主要标准。

2. 最佳资本结构决策的方法

(1)息税前利润-每股收益分析法(EBIT-EPS分析法)

EBIT-EPS分析法，是指将企业的盈利能力与负债对股东财富的影响结合起来，分析息税前利润与每股收益之间的关系，进而确定合理的资本结构的方法。根据这一分析方法，可以分析判断在不同的息税前利润水平下应该采用的资本结构。这种方法是确定最佳资本结构的常用方法，它的核心在于确定每股收益的无差异点。因此，该方法又称为每股收益无差异点法。计算公式为：

$$\frac{(EBIT-I_1)(1-T)-D_1}{N_1}=\frac{(EBIT-I_2)(1-T)-D_2}{N_2}$$

式中 $EBIT$——每股收益无差异点处的息税前盈余；

I_1、I_2——两种资本结构下的年利息；

D_1、D_2——两种资本结构下的年优先股股利；

N_1、N_2——两种资本结构下的流通在外的普通股股数。

【例6-18】 A企业原有资本7 000 000元，其中负债2 000 000元(利率10%)，普通股5 000 000元(股数10万股)。由于要开发市场，需追加融资3 000 000元，融资方案A：全部发行普通股，发行股数10万股，发行价30元/股；融资方案B：全部筹借长期债务，利率仍为10%。企业所得税税率为50%。哪种融资方式是最佳的？

解 将上述数据代入公式：

$$\frac{(EBIT-I_1)(1-T)-D_1}{N_1}=\frac{(EBIT-I_2)(1-T)-D_2}{N_2}$$

$$(EBIT-200\ 000-300\ 000)\times 50\% \div 10=(EBIT-200\ 000)\times 50\% \div(10+10)$$

$$EBIT=800\ 000(\text{元})$$

如图6-16所示，当 $EBIT>800\ 000$ 元时，利用债务融资较为有利；当 $EBIT<800\ 000$ 元时，以发行普通股为宜；当 $EBIT=800\ 000$ 元时，采用两种方式无差别。

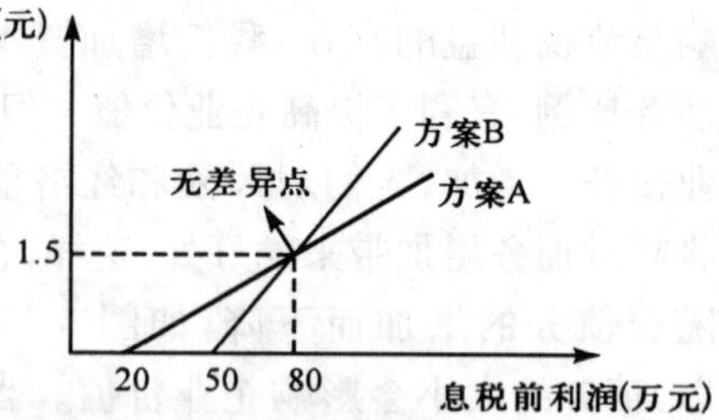

图 6-16 EBIT-EPS分析图

EBIT-EPS分析法是一种定量的分析方法，实质上是分析不同资本结构时，EBIT对EPS的影响，但该方法只是考虑了资本结构对每股盈余的影响，并假定若每股盈余最大，股票价格也就最高，没有考虑资本结构对风险的影响，是不全面的。因为随着负债的增加，投资者的风险加大，股票价格和企业价值也会有下降的趋势，所以，单纯用EBIT-EPS分析法有时会做出错误的决策。

(2)企业价值分析法

企业价值分析法，是指通过计算比较不同资本结构下企业价值来确定最佳资本结构的方法。财务管理的目标在于追求企业价值的最大化，然而只有在风险不变的情况下，EPS的增长才会直接引起企业价值的上涨。但事实上随着EPS的增长，企业的风险与融资成本也在增加，当EPS的增长不足以补偿额外增加的风险与融资成本时，将会引起企业价值的下降，而此时的资本结构是最佳资本结构。

企业价值，是指企业全部债务资本市场价值与股权资本市场价值之和，即：$V=B+S$。其中债务资本市场价值等于其面值；股权资本市场价值 $S=(EBIT-I)(1-T)/K_s$。根据加权平均资本成本的计算要求，我们可以将企业的加权平均资本成本公式改为：

$$K_w=K_b B/V(1-T)+K_s S/V$$

【例6-19】 A企业在2008年12月31日的总资产为1 200万元，全部为股权资本，共100万股，EBIT为450万元，所得税税率40%。企业计划采用部分债务资本代替股权资本。在不同负债水平下，债务融资报酬率(K_b)和股权融资报酬率(K_s)见表6-17。

表6-17 不同负债水平下债务融资报酬率和股权融资报酬率

负债总额(万元)	0	200	400	600	800	1 000	1 200
K_b(%)	0	8	8.3	9	10	12	15
K_s(%)	12.3	12.5	12.7	13.4	14	15.2	17

根据上表资料和计算公式：

$$V=B+S$$

$$S=(EBIT-I)(1-T)/K_s$$

$$K_w = K_b B/V(1-T) + K_s S/V$$

不同负债水平下的企业价值与加权平均资本成本，见表 6-18。

表 6-18　不同负债水平下的企业价值与加权平均资本成本

负债（万元）	K_b(%)	K_s(%)	股权价值 (S)(万元)	企业价值 (V)(万元)	负债比 (B/V)(%)	加权平均资本成本(%)
(1)	(2)	(3)	(4)	(5)=(1)+(4)	(6)=(1)÷(5)	(7)
0	0	12.3	2 200	2 200	0	12.3
200	8	12.5	2 083	2 283	8.76	11.83
400	8.3	12.7	1 969	2 369	16.88	11.40
600	9	13.4	1 773	2 373	25.28	11.38
800	10	14	1 586	2 386	33.53	11.32
1 000	12	15.2	1 303	2 303	43.42	11.73
1 200	15	17	953	2 153	55.74	12.54

从上述分析中可以看出，在没有债务的情况下，企业价值就是其股权的市场价值，资本成本就是其股权资本成本。当企业用债务资本部分地替换股权资本时，一开始企业价值上升，加权平均资本成本下降；当债务资本达到某一临界值时(800 万元)，企业价值最高，加权平均资本成本最低，此时，再增加债务资本，企业价值便会下降，加权平均资本成本又会上升。

在实务中没有人怀疑最佳资本结构的存在，也确实存在一个债务水平，使企业价值最大。但是，我们目前还无法精确计算出这个特定值。这是因为，对于资本结构产生影响的因素(经济形势、杠杆、风险等)是难以量化的，但这并不是说最佳资本结构的思想是无用的。在实务中，这种思想更多强调的是一种管理的观念，即在融资过程中管理层应该根据实际情况，通过不断地调整资本结构，实现企业价值最大化。

阅读材料

在经营过程中，即使面临一个好的经营前景，如果企业的资本结构不合理(债务的使用不合理)，也会错过投资机会。一般来讲，企业的债务比例为 30%～50%时是比较合理的。如果超过 50%会产生过多的风险，应该避免。但是，这只是一种主观的粗略准则，不是定律。

3. 不合理资本结构

(1)不合理资本结构的表现

通过前面的分析，我们发现，合理的资本结构有利于企业价值的实现，而不合理的资本结构会给企业的经营带来破坏性的，甚至是致命的影响。但这些影响在一般的财务风险因素分析中不易被察觉，因此我们要记住，实务中不合理资本结构的表现为：

A. 债务比率过高。这将导致贷款人重新评估企业的风险并提高利率，而且还会对下一步借款设置许多限制条件，使得企业使用资金的代价增加。

B. 债务与股权资本的组合比例虽适合，但对企业活动所要求的资金总额估计不准。当一个企业在长期资本不足的情况下发展过快时，它的营业利润可能会上升但同时却不能创造出足够的现金收入；当业务量迅速上升而缺乏资金支持时，会出现资金短缺现象，这就是通常所说的过度经营。

(2)不合理资本结构的影响

A. 偿债能力下降

资本结构的不合理会导致企业流动资金紧张，使得企业在清算日常债务时困难重重，例如，工资、费用、员工保险金或税金等。这样，一方面，管理者需要花费大量的时间与债权人打交道，这对于企业来讲是莫大的浪费，因为管理者的主要职能是管理企业的盈利部门；另一方面，如果上述到期的债务不能够按时偿还，企业将被迫进行破产清算。

B. 获利能力和效率降低

不合理的资本结构会造成企业偿债能力下降的问题已被广泛承认，但它对企业获利能力和效率的影响却时常被忽视。资本结构不合理的直接后果是：原先获利的企业发现其利润被许许多多问题侵蚀殆尽，如：

a. 以更高的代价去筹集资金。

b. 缺乏采购资金，现金支付能力下降，无法成批购货。一方面，企业会损失现金结算的折价优惠，导致企业的采购成本上升；另一方面，企业正常的生产经营活动无法进行。

c. 由于资金的缺乏，固定资产无法重置、改造，逐渐过时。这将导致生产成本增加、产品缺乏竞争力、亏损销售。

上述这些问题都来源于不合理的资本结构，这会使得企业在市场竞争中处于劣势地位，使企业在市场上成功的机会变得微乎其微。

(3)不合理资本结构的调整

面临不合理资本结构的影响，资本结构调整是改变这种影响的主要手段。实务中资本结构调整的方法有：

A. 存量调整。即在不改变现有资产规模的基础上，根据目标资本结构要求，对现有资本结构进行必要的调整，包括：债转股、股转债、增发新股偿还债务、调整权益资本结构。例如，可以与债权人协商，将长、短期负债转换；以资本公积转增股本。

B. 增量调整。即通过追加融资的方式，增加企业的资本基础，以增加总资产的方式来调整资本结构，包括：发行新债、举借新贷款、进行融资租赁、发行新股票等。

C. 减量调整。即通过减少资产总额的方式来调整资本结构，包括：提前归还借款、收回发行在外的可提前收回债券、股票回购减少公司股本、进行企业分立等。

阅读材料

资本结构调整在 20 世纪 80 年代末期的美国十分流行，其形式包括通过举债向股东大规模派息。1985 年多媒体公司在投资银行高盛公司的帮助下首先将资本结构调整作为一种反收购手段使用。

本章小结

通过本章的学习，我们明确了企业的财务管理是围绕着企业价值的实现来开展的。因此，为了实现企业价值这一目标，企业在融资活动中以尽可能低的成本来获取资金，降低企业的资本成本。这就需要我们在融资管理中围绕资本成本、杠杆管理与资本结构决策开展工作。

首先，我们阐述了资本成本的内容，明确了个别资本成本、加权平均资本成本和边际资本成本的计算方法和在融资决策中的应用。

其次，我们又阐述了杠杆的内容，明确了杠杆的含义、形式和作用，如何利用杠杆来衡量与管理风险，为资本结构决策的学习打下了基础。

最后，我们阐述了资本结构的内容，明确了资本结构的含义、影响资本结构的因素和资本结构决策的理论，探讨了最佳资本结构决策的方法和不合理资本结构的影响。

思考题

1. 掌握下列专业术语

资本成本	税收效应	综合资本成本	边际资本成本	融资总额分界点
经营风险	经营杠杆	财务风险	财务杠杆	DOL
DFL	DTL	资本结构	财务危机成本	代理成本
每股收益无差异点		资本结构调整		

2. 某公司拥有长期资金 500 万元，其中长期借款 100 万元，普通股 400 万元，该资本结构为公司理想的目标资本结构。公司拟筹集新的资金，并维持目前的资本结构。预计随融资额增加，资本成本变化如下：长期借款在 50 万元以下，资本成本为 5%，50 万元以上，资本成本为 10%；普通股融资额在 80 万元及以下时，普通股的资本成本为 12%，80 万元以上，资本成本为 14%。该公司目前有下列投资机会：

投资机会	投资额（万元）	报酬率（%）
A	5 000	10.8
B	5 000	15.4
C	5 000	14.2
D	6 000	12

要求：选择对公司最有利的投资组合。

3.某企业目前外发普通股总数2 000万股，年利率为10%的债券总计6 000万元。目前该企业计划为一新建项目筹集资金6 000万元。该项目投产后，可以使企业的息税前利润(EBIT)增加到3 000万元，目前有两个备选的融资方案A、B，A以年利率13%的次级债券融资6 000万元；B以每股30元的价格发行新股筹集资金。已知该企业适用的所得税税率为30%。要求：

(1)分别计算两个备选方案的每股收益(EPS)。

(2)计算EPS无差异点的息税前利润(EBIT)。

(3)分别计算两个备选方案的财务杠杆系数。

(4)判断哪个方案更优。

4.某企业只生产销售一种产品，固定成本为50 000元，单位变动成本为10元。假定该企业2012年产销量为20万件，每件售价15元；该企业预期2009年产销量将增长20%，企业所得税税率为50%。要求：

(1)计算该企业2012年的经营杠杆系数。

(2)计算该企业2013年预期的营业利润增长率。

(3)假设该企业2013年发生负债利息及优先股股利各2万元，请计算总杠杆系数。

5.MM理论有时被认为是不切实际的，如果你现在要为你的公司建立一个合适的资本结构，在运用这一理论时，你认为会存在什么问题？

6.案例分析题

H公司是一家大型制造业公司，其大部分业务在东南亚，最近，该公司计划在南美开展业务。公司计划通过发行普通股来为新项目融资。目前，公司资本结构中包括普通股资本和债务资本。普通股每股面值为0.50元，当前市场价格为2.60元/股，股息水平为每股1.60元。近年来，股息一直以每年6%的速度增加。企业发行的债券(债务资本)为不可赎回债券，每张面额为100元，市价为94元。债务资本的利率为12%，今年年底到期利息已刚刚支付。目前，公司预计总资本的60%是普通股资本，其余为债务资本。但在将来，公司将努力使其普通股资本占总资本的70%。

当在股东年会上宣布该项目的资金将通过增资配股来筹集时，有两位股东提出了反对意见。

股东A争辩说："我不能理解公司为何要以增资配股的方式为新项目融资。显然，如果把利润留存下来再投资，效果会更好，因为留存利润实际上是公司的一种无成本融资来源。"

股东B也反对说："我也不明白公司为什么要发行新股来为新项目融资。但我并不同意刚才A的建议。我不赞同新项目所需资金应全部由股东出资来解决。相反，公司应发行更多债券，因为它相对于普通股本要便宜，并会因此降低公司的总资本成本"。

要求，请以财务总监的身份来完成下面的工作：

(1)解释术语“资本成本”，并论述公司为什么需要审慎地计算其资本成本。

(2)计算 H 公司将来投资决策时需要依据的加权平均资本成本。

(3)分别评价股东 A 与股东 B 的建议。

第7章 证券投资估价

本章框架体系

- 证券投资估价
  - 证券投资概述
    - 证券与证券投资
      - 证券和证券投资的含义
      - 证券和证券投资的种类
    - 证券投资的目的与基本原则
      - 证券投资的目的
      - 证券投资的基本原则
  - 债券投资估价
    - 债券投资概述
      - 债券的概念与分类
      - 债券投资的优缺点
    - 债券投资决策
      - 债券投资收益分析
      - 债券投资风险分析
  - 股票投资估价
    - 股票投资概述
      - 股票投资的有关概念
      - 股票投资的优缺点
    - 股票投资决策
      - 股票投资收益分析
      - 股票投资市盈率分析
      - 股票投资风险分析

导 读

银河公司是一个经济实力非常强的企业，多年来，其产品一直占领国内销售市场。2007年初，公司领导召开会议，决定利用手中闲置的资金3 000万元对外投资，以获得投资收益。在会上，围绕这一决定，大家纷纷发言，经营经理说："购买国债，收益稳定，风险小"。销售经理说："现在股市在低位运行，可购买一些价值被低估的股票，以获得较高收益"。财务经理说："购买债券风险小，但收益低；购买股票收益高，但风险大。我们可以进行有效组合，一部分购买债券，来降低风险，一部分购买成长性较好的股票，获得较好的收益"。生产经理说："可购买投资基金，委托专家理财，风险较低，收益较高"。最后，总经理决定，由财务经理拟订投资组合方案，进行对外投资。

本案例告诉我们，每种投资方式都有利有弊，投资人承担的风险不同，获取的收益也不同，高风险，高收益；低风险，低收益。本章将就各种证券投资有关理论进行学习。

学习目标

- 了解证券与证券投资的相关概念
- 理解债券投资和股票投资的相关概念和各自的优缺点
- 熟悉债券投资和股票投资的风险分析
- 掌握债券价值和股票价值的计算方法
- 掌握债券投资收益率和股票投资收益率的计算方法

7.1 证券投资概述

7.1.1 证券与证券投资

1. 证券和证券投资的含义

(1)证券的含义

证券是有价证券的简称，它是指票面载有一定金额，代表财产所有权或债权，可以有偿转让的凭证，它表明证券持有人或第三者有权取得该证券所拥有的特定权益。

(2)证券投资的含义

证券投资是把公开发行的有价证券作为购买对象的投资行为，例如，将资金用于购买债券、股票等金融资产的行为。与其他项目投资一样,证券投资也是企业重要的投资活动之一。科学地进行证券投资管理,能增加企业收益,降低风险,有利于财务管理目标的实现。

2. 证券和证券投资的种类

(1)证券的种类

金融市场上证券的种类很多,按不同的标准可以做以下不同的分类:

①按照证券发行主体的不同,可分为政府证券、金融证券和公司证券

政府证券是指中央政府或地方政府为筹集资金而发行的证券,包括公债、国库券等。与其他类型证券相比,政府证券的特点是交易费用小、收益稳定且免税、信誉高、风险小。金融证券是指银行或其他金融机构为筹措资金而发行的证券,其主要目的是筹集金融机构中长期贷款的资金,利率略高于同期定期储蓄存款利率。金融证券的发行必须经过中央银行的批准。公司证券又称企业证券,是指企业为筹集资金而发行的证券,其主要形式是债券和股票。

从投资风险和收益的角度看,政府证券的风险较小,金融证券次之,公司证券的风险较大,而收益高低的顺序则刚好相反,但具体风险程度则视企业的规模、财务状况和其他情况而定。

②按照证券到期日的长短,可分为短期证券和长期证券

短期证券一般是指到期日不超过 1 年的证券,如短期国债等交易性金融资产。长期证券一般是指到期日超过 1 年的证券,如持有至到期投资、长期股权投资等。一般而言,短期证券的风险小,变现能力强,但收益相对较低;长期证券的收益一般较高,但时间长,风险大。

③按照证券收益稳定性的不同,可分为固定收益证券和变动收益证券

固定收益证券是指在证券的票面上规定有固定收益率的证券,如债券票面上一般有固定的利息率,优先股票面上一般有固定的股息率,这些证券都属于固定收益证券。变动收益证券是指在证券的票面上不标明固定的收益率,其收益情况随企业经营状况的好坏而变动的证券,普通股股票是最典型的变动收益证券。一般来说,固定收益证券风险较小,但报酬不高,而变动收益证券风险大,但报酬较高。

④按照证券所体现的权益关系,可分为所有权证券和债权证券

所有权证券是指证券的持有人便是证券发行单位的所有者的证券,这种证券的持有人一般对发行单位有一定的管理权和控制权。股票是典型的所有权证券,股东便是发行股票企业的所有者。债权证券是指证券的持有人是发行单位的债权人的证券,这种证券的持有人一般无权对发行单位进行管理和控制。当一个发行单位破产时,债权证券要优先清偿,而所有权证券要在最后清偿,所以所有权证券一般都要承担比较大的风险。

⑤按照证券募集方式的不同,可分为公募证券和私募证券

公募证券又称公开发行证券,是指发行人向不特定的社会公众广泛发售的证券;私募证券又称内部发行证券,是指面向少数特定投资者发行的证券。

(2)证券投资的种类

企业证券投资的种类直接取决于有价证券的种类,具体可以分为以下几类:

①债券投资

债券投资是指投资者购买债券以取得投资收益的一种投资活动。

②股票投资

股票投资是指投资者将资金投向股票,通过股票买卖和收取股利以获得收益的投资行为。

③基金投资

基金投资是指投资者通过购买投资基金股份或受益凭证来获取收益的投资方式。这种方式可使投资者享受专家服务,有利于分散风险,获得较高的、较稳定的投资收益。

④期货投资

期货投资是指投资者通过买卖期货合约躲避价格风险或赚取利润的一种投资方式。所谓期货合约,是指在将来一定时期内,以指定价格买卖一定数量和质量的商品,而由商品交易所制定的统一标准的合约,它是确定期货交易关系的一种契约,是期货市场的交易对象。

⑤期权投资

期权投资是指为了实现盈利或者规避风险而进行期权买卖的一种投资方式。

⑥证券组合投资

证券组合投资是指企业将资金同时投资于多种证券,是企业等法人单位进行证券投资时常用的投资方式。

7.1.2　证券投资的目的与基本原则

1. 证券投资的目的

相对于实物投资而言,证券投资具有流动性强、价值不稳定、交易成本低等特点。因此证券投资和实物投资的目的往往不同,主要有以下目的:

(1)暂时存放闲置资金。证券投资在多数情况下都是出于预防的动机,以替代较大量的非盈利的现金余额。

(2)满足季节性经营对现金的需求。从事季节性经营的公司在资金有剩余的时候可以投资证券,而在资金短缺的时候可以将证券变现,以补足资金。

(3)获得对目标企业的控制权。通过购入目标企业的股票可实现对该企业的控制。

(4)与筹集长期资金相配合。处于成长期或扩张期的公司一般每隔一段时间就会发行一次长期证券,由此获得的资金往往不会一次用完,企业可将暂时闲置的资金投资于有价证券,以获得一定的收益。

(5)满足未来的财务需求。企业根据未来对资金的需求,可以将现金投资于期限和流动性较为恰当的证券,在满足未来需求的同时获得证券带来的收益。

2. 证券投资的基本原则

(1)安全性

保证投资安全是企业在进行证券投资时必须考虑的因素。投资安全,即投资资金能否安全收回。投资企业应考虑投资风险的可能性,进行风险分析,同时考虑实现投资风险与投资收益的匹配,寻找投资风险产生的原因并提出规避风险的方法,尽可能控制投资风险。

(2)流动性

企业在进行证券投资时,也要注意保持一定的资产流动性和变现能力。当企业需要支付大量现金而现有现金储备不足时,可以通过变卖有价证券迅速取得大量现金,保证企业按时支付和生产经营的顺利进行。

(3)营利性

这是投资人最关心的问题,也是首先要考虑的因素。企业在进行投资决策时要结合投资目的,选择投资收益与投资风险相称的投资方案,在遵循以上原则的基础上力求使投资收益最大化。

7.2 债券投资估价

7.2.1 债券投资概述

1. 债券的概念与分类

(1)债券的概念

债券是发行者为筹集资金向债权人发行的,在约定时间支付一定比例的利息,并到期偿还本金的一种有价证券。一般来说,债券包括以下基本要素:

①债券面值,是指设定的票面金额,它代表发行人承诺于未来某一特定日期偿付给债券持有人的金额。

②债券票面利率,是指债券发行者预计一年内向投资者支付的利息占票面金额的比率。票面利率不同于实际利率。实际利率通常是指按复利计算的一年期的利率。债券的计息和付息方式有多种,可使用单利或复利计息,利息支付可采用半年一次、一

年一次或到期一次性支付，这就使得票面利率往往不等于实际利率。

③债券期限，是指债券从发行之日至到期日之间的时间间隔。债券到期时必须还本付息。

④债券价格。从理论上看，债券的面值就是其价格，但由于资金供求关系、市场利率等因素的变化，债券的价格往往偏离其面值。正因为债券发行价格与面值偏离，所以会出现溢价发行（发行价格大于面值）、平价发行（发行价格等于面值）和折价发行（发行价格小于面值）等情况。

(2)债券的分类

债券作为投资的对象，有如下几种分类：

①按发行债券的主体不同，可以分为政府债券、企业债券和金融债券

政府债券是由财政部发行，政府担保的债券。政府债券的信用程度高，因此，企业对政府债券进行投资是最稳健、最安全的一种投资方式。由于政府债券的信誉较好，它的价格很少受到经济波动的影响，因此企业如果是为了每期获得固定的收入而不想进行投机，则投资于政府债券是最理想的方法。企业债券是企业为发展业务或补充资本而向社会发行的债券。企业对其他企业的债券进行投资，往往投资报酬率较高，风险也较大。金融债券是由银行或其他金融机构发行的债券。企业对金融债券投资的风险和投资报酬率一般介于政府债券和企业债券之间。

②按债券期限长短不同，可以分为短期债券、中期债券和长期债券

短期债券是指期限在一年以内的债券，对到期日不到一年的中长期债券，也视为短期债券。短期债券具有流动性强、风险低的优点，但是它的投资报酬率也低，并且可能存在再投资风险。中期债券是指一年以上十年以下的债券。我国发行的各种政府债券和金融债券多属于中期债券。长期债券一般是指十年以上的债券，它的流动性较差，利率风险较高，但是其票面利率一般较高。

③按债券利率是否固定，可以分为固定利率债券和浮动利率债券

固定利率债券是指具有固定利息率和固定偿还期的债券，对这类债券进行投资的利率风险较大。浮动利率债券是根据市场利率定期调整的中长期债券。企业对这类债券进行投资的利率风险较小。

④按债券是否上市流通，可以分为上市债券和非上市债券

上市债券是指经过批准，可以在证券交易所交易的债券，其流动性较好，对这类债券进行投资的风险较小。非上市债券是指不能在证券交易所上市交易，只能在场外交易的债券。对非上市债券进行投资，当蒙受损失时往往无能为力，投资的风险较大。

⑤按债券是否有担保，可以分为担保债券和信用债券

担保债券又称抵押债券，是指发行企业有特定财产作为担保而发行的债券，对这类债券投资的风险较小。信用债券又称无担保债券，是指发行企业没有抵押品担保，完全凭信用发行的债券。对这类债券投资风险较大，因此其利率一般高于抵押债券。

2. 债券投资的优缺点

(1)债券投资的优点

①本金安全性高

与股票投资相比,债券投资风险比较小。政府发行的债券有国家财力做后盾,其本金的安全性非常高,通常视为无风险债券。企业债券的持有者拥有优先求偿权,即当企业破产时,优先于股东分得企业资产。

②收入稳定性强

债券票面一般都标有固定利率,债券的发行人有按时支付利息的法定义务。因此,在正常情况下,债券投资能获得比较稳定的收入。

③市场流动性好

许多债券都具有较好的流动性。政府及大企业发行的债券一般都可以在金融市场上迅速出售,流动性较好。

(2)债券投资的缺点

①没有经营管理权

投资债券只是获得收益的一种手段,无权对债券发行单位施以影响和控制。

②购买力风险较大

债券的面值和利率在发行时就已确定。如果投资期间的通货膨胀率比较高,则本金和利息的购买力将不同程度地受到影响。当通货膨胀率非常高时,投资者虽然名义上有收益,但实际上却有损失。

7.2.2 债券投资决策

1. 债券投资收益分析

任何一项投资的最终目的都是要获得收益,此收益等于在同一时间点上现金流入与现金流出的差额。债券作为一种投资,其现金流入是未来所获得的利息和归还的本金(或者是出售时得到的现金)的现值之和,现金流出是现在购买的价格。只有当现金流入现值大于现金流出现值时,投资才有意义。债券投资的收益分析主要包括债券投资价值分析和债券投资收益率分析两方面内容。

(1)债券投资价值分析

债券的价值是指债券未来现金流入的现值,也叫债券的内在价值,即债券的价值就是债券按票面利率计算的利息现值与到期归还本金的现值之和。只有当债券的价值大于购买的价格时,才值得购买。债券价值是债券投资决策时使用的主要指标之一。那么债券价值如何计算呢?下面我们分两种情况来介绍。

①一次还本付息债券价值的计算

一次还本付息债券是指到期时一次性收到本金和按单利计算的利息之和，平时没有现金流入的债券。下面举例说明。

【例 7-1】 某企业拟购买另一家企业发行的利随本清(一次还本付息)的企业债券，该债券面值为 1 000 元，期限 5 年，票面利率为 10%，单利计息，当前的市场利率为 8%，该债券发行价格为多少时，企业才能购买？

根据题意，我们可以用图 7-1 表示如下：

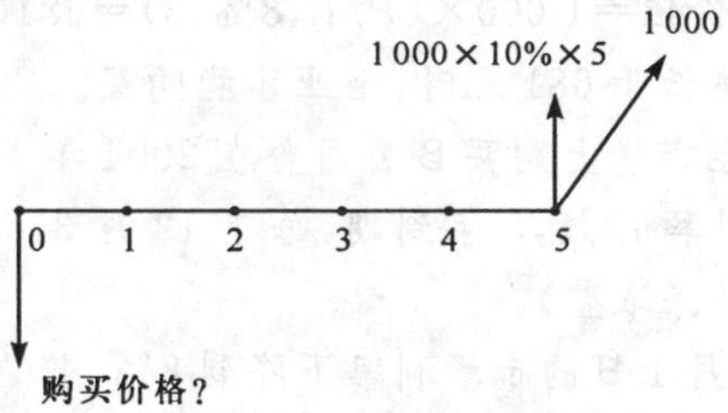

图 7-1　一次还本付息债券现金流入

通过图 7-1 我们可以分析得知：如果持有该债券至到期，平时没有现金流入，只有在到期时才会得到 5 年的利息(单利计息：1 000×10%×5)和本金(1 000 元)的现金流入，债券的价值即为到期时现金流入的现值。这是一个复利现值的求值问题，我们可以得到如下计算公式：

$$债券价值=(面值+到期利息)×复利现值系数$$

即：

$$V=(M+M\cdot i\cdot n)(P/F,k,n)$$

式中　V——债券价值；

M——面值；

n——期数；

i——票面利率；

k——必要报酬率(或市场利率)；

$(P/F,k,n)$——复利现值系数。

所以，本例题求解为：

$$债券价值=(1\ 000+1\ 000×10\%×5)×(P/F,8\%,5)=1\ 020(元)$$

所以，只有当债券价格低于 1 020 元时，企业才能购买。

一次还本付息债券有一种特殊形式，即零票面利率债券，也叫折现发行债券，那么这种债券的价值如何计算呢？

【例 7-2】 某债券面值为 1 000 元，期限为 5 年，以折现方式发行，期内不计利息，到期按面值偿还，当时市场利率为 8%，其价格为多少时，企业才能购买？

根据题意，我们可以用图 7-2 表示如下：

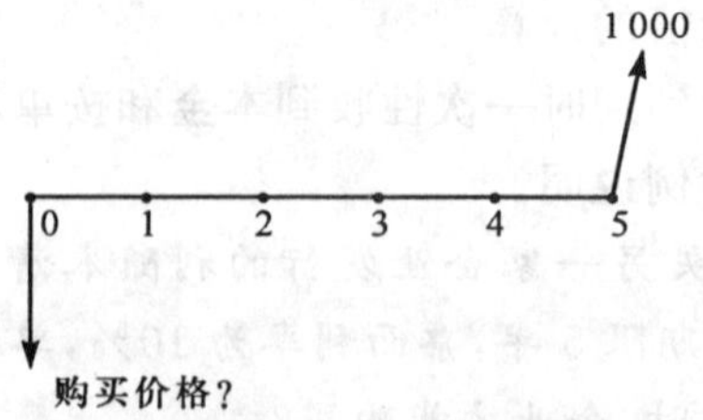

图 7-2 折现发行债券现金流入

$$债券价值=1\,000\times(P/F,8\%,5)=681(元)$$

所以，只有当债券价格低于 681 元时，企业才能购买。

自测题：1. A 公司欲在市场上购买 B 公司曾在 2004 年 1 月 1 日平价发行的债券，每张面值 1 000 元，票面利率 10%，5 年到期，每年 12 月 31 日付息(计算过程中至少保留小数点后 4 位，计算结果取整)。

要求：假定 2009 年 1 月 1 日的市场利率下降到 8%，若 A 公司在此时欲购买 B 公司债券，则债券的价格为多少时才可购买?

②分期付息、到期还本债券价值的计算

分期付息、到期还本债券是指到期时一次性收到本金，平时按期收到利息的债券。下面举例说明。

【例 7-3】 某企业拟购买另一家企业发行的分期付息、到期还本债券，该债券面值为 1 000 元，期限为 5 年，票面利率为 10%，当前的市场利率为 8%，该债券发行价格为多少时，企业才能购买?

根据题意，我们可以用图 7-3 表示如下：

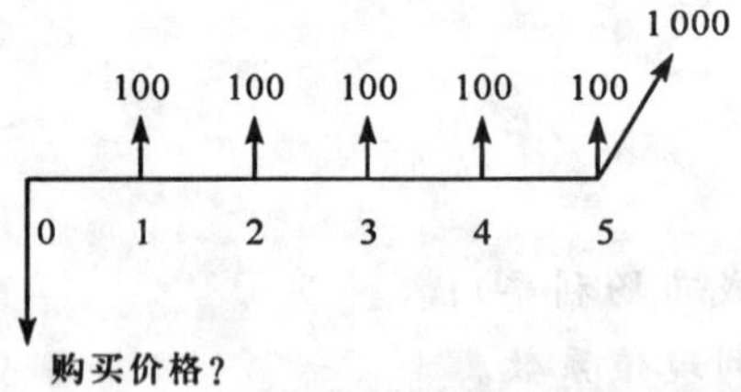

图 7-3 分期付息、到期还本债券现金流入

通过图 7-3 我们可以分析得知：如果持有该债券至到期，每期末可以得到利息为 100 元(1 000×10%)的现金流入，到期时会得到归还的本金为 1 000 元的现金流入，债券的价值即为现金流入的现值之和。这是一个普通年金现值和复利现值综合计算的求值问题，我们可以得到如下计算公式：

债券价值=利息×年金现值系数 + 面值×复利现值系数

即：
$$V=I(P/A,k,n)+M(P/F,k,n)$$

式中　V——债券价值；

M——面值；

n——期数；

I——利息；

k——必要报酬率(或市场利率)；

$(P/A,k,n)$——年金现值系数；

$(P/F,k,n)$——复利现值系数。

所以，本例题求解为：

$$债券价值=(1\ 000\times 10\%)(P/A,\ 8\%,5)+1\ 000(P/F,8\%,5)=1\ 080(元)$$

所以，只有当债券价格低于 1 080 元时，企业才能购买。

自测题：2. 某投资者今年年初拟购买一张面值为 1 000 元，票面利率为 8%，每年年末计息并付息的债券。该债券于 5 年后到期，今年年初时的市场利率为 10%，债券的市价为 900 元，请为该投资者做出决策。

阅读材料

不支付利息的债券还是债券吗？

答案是肯定的，这种债券被称为零息债券。

设想某种债券以非常低的票面利率发行，如果票面利率为市场利率的一半，债券将以很大的折价出售，这样投资者从该债券所能获得的利息收入要比从其他债券得到的少得多。但是撇开这些较低的利息来说，投资者在到期日能够获得的面值远比他们当初支付的要多。换句话说，选择这种债券的投资者是用目前的收入换取未来的资本收益，但是这种资本收益不同于其他。因为它们不是来自于不断变化的市场价值，而是在到期日才获得的在整个期限中所产生的利息收入。

将以上的想法进一步推广，将票息率定义得越来越小直至最终消失，我们就得到了零息债券。实质上零息债券就是承诺未来获得债券的面值，而现在按照面值金额的现值出售的债券。

“零”对利息税产生了一些影响。你可能认为投资者在到期前不用支付任何利息税，因为期间没有获得利息收入，但实际并不是如此。事实上利息在整个债券期限内延迟支付直到到期日为止，而最终根据一个收入假象来纳税。

我们对一种零息债券很熟悉，那就是美国储蓄债券。这种债券的运作方式与零息债券是相同的。我们按照到期日所获面值的现值购买该债券。这种债券非常便宜，＄100 的债券售价只有＄60。和零息债券还有一点很大的不同之处就是政府为这种债券的购买者提供特殊优惠——在到期日不征收利息税。

(2)债券投资收益率分析

企业进行债券投资,一般每年能获得固定的利息,并在债券到期时收回本金或在中途出售而收回资金,所以债券的收益主要包括两方面的内容:一是债券的利息收入;二是资本损益,即债券买入价与卖出价(或到期偿还额)之间的差额。在考虑货币时间价值的情况下,债券投资收益率是指按复利计算的收益率,它是能使未来现金流入现值等于债券购入价格的贴现率。其基本计算公式为:

$$P_0=I(P/A,k,n)+M(P/F,k,n)$$

式中 k——债券投资的收益率;

P_0——债券的购买价格;

I——每年获得的固定利息;

F——债券到期收回的本金或中途出售收回的资金;

n——投资期限。

由于我们无法直接计算收益率,因此必须先用试误法测算出收益率的范围,再用内插法求出收益率。

【例 7-4】 双龙公司于 2007 年 5 月 10 日以 912.50 元购入某公司当天发行的面值为 1 000 元一张的公司债券,其票面利率为 6%,期限为 6 年,每年 5 月 1 日计算并支付利息。则该债券到期收益率是多少?

根据到期收益率的基本计算公式得:

$$912.50=1\,000\times6\%\times(P/A,k,6)+1\,000\times(P/F,k,6)$$

①先用试误法测试

当 $k=7\%$ 时:

$$\begin{aligned}P&=1\,000\times6\%\times(P/A,7\%,6)+1\,000\times(P/F,7\%,6)\\&=60\times4.7665+1\,000\times0.6663\\&=952.29(\text{元})\end{aligned}$$

由于 952.29 元大于 912.50 元,说明收益率应大于 7%。

再用 $k=8\%$ 试算:

$$\begin{aligned}P&=1\,000\times6\%\times(P/A,8\%,6)+1\,000\times(P/F,8\%,6)\\&=60\times4.6229+1\,000\times0.6302\\&=907.57(\text{元})\end{aligned}$$

由于 907.57 元小于 912.50 元,说明收益率应小于 8%,即应在 7% 和 8% 之间。

②用内插法计算收益率

$$\frac{7\%-k}{7\%-8\%}=\frac{952.29-912.50}{952.29-907.57}$$

$$k=7.89\%$$

因试误法计算比较麻烦，为简化计算，还可以用下面方法求得收益率的近似值：

$$k=\frac{I+(F-P_0)\div n}{(F+P_0)\div 2}$$

将上例数据代入得：

$$k=\frac{60+(1\,000-912.5)\div 6}{(1\,000+912.5)\div 2}$$

$$k=7.79\%$$

到期收益率是选购债券的标准，它反映债券投资按复利计算的真实收益率。一般来说当它高于投资者要求的报酬率（必要报酬率）时，就可以买进，否则就应放弃。

自测题：3. 某公司 2004 年 1 月 1 日平价发行债券，每张面值 1 000 元，票面利率为 10%，5 年到期，每年 12 月 31 日付息。

要求：

(1)2004 年 1 月 1 日的到期收益率是多少？

(2)假定 2008 年 1 月 1 日的市场利率下降到 8%，那么此时债券的价值是多少？

(3)假定 2008 年 1 月 1 日的市价为 900 元，此时购买该债券的到期收益率是多少？

(4)假定 2006 年 1 月 1 日的市场利率为 12%，债券市价为 950 元，你是否购买该债券？

2. 债券投资风险分析

(1)违约风险

违约风险是指债券发行人无法按期偿还债券利息和本金的风险。财政部发行的国库券因为有政府作担保，因此没有违约风险。除中央政府以外的地方政府和企业所发行的债券或多或少有违约风险。企业在选择债券投资时，必须对债券发行人的资信情况和偿债能力进行分析，信息来源可以是资信评级机构或公证机构。根据中国人民银行的有关规定，凡是向社会公开发行的企业债券，都必须由中国人民银行及其授权的分行指定资信评级机构或公证机构，对债券发行企业的财务状况、项目前景和偿债能力进行评分，以此评定信用级别。如有可能，企业进行债券投资时，也可以直接对债券发行企业的偿债能力进行分析，避免或减少违约风险。避免违约风险的最好方法是不买质量差的债券。

(2)利率风险

利率风险是指由于市场利率的变动而使债券持有者发生损失的风险。影响债券价格变动的基本因素是市场利率的变化。一般情况下，债券的价格与市场利率成反比，市场利率升高，债券的价格就下降；反之，市场利率降低，债券的价格就上升。如果市场利率高于债券的票面利率，债券的投资者将抛售债券，转向其他投资，债券的价格就会跌到债券的面值以下；反之会涨到债券的面值以上。一般来说，债券距到期日的时间越长，投资者所需承担的利率风险越大，这也是长期债券的票面利率比短期债券的票面利率高的原因。由于长短期债券的利率风险不一样，因此企业可以通过分散债券的到期日来分散利率风险。国库券的利率一般是固定的，其价格随着市场利率的变动而变动，因此国库券同样存在利率风险。

(3)购买力风险

购买力风险是指由于通货膨胀而使货币购买力下降的风险。债券是一种固定收益的投资，因而受通货膨胀的影响较大；而普通股、房地产等受通货膨胀的影响较小。

(4)变现力风险

变现力风险是指投资者无法在短期内以合理的价格变卖掉债券的风险。也就是说，企业在购买债券以后又遇到一个报酬率更高的投资机会，想出售债券以便进行再投资，但是在短期内找不到愿意出合理价格的买主，而只能将价格降到很低或是要等很长时间才能找到合适的买主，这样企业不是蒙受损失，就是丧失新的投资机会。企业避免变现力风险的主要办法是尽量不购买冷门债券。

(5)再投资风险

再投资风险是指由于企业购买了短期债券，在债券到期时，由于市场利率下降，找不到获利较高的投资机会而产生的风险。

这种情况下，企业还不如当初就购买长期债券。当企业购买长期债券时，要承担市场利率上升时发生损失的利率风险；而当企业购买短期债券时，要承担市场利率下降时而发生的再投资风险。企业为了有效地防止或降低投资风险，要根据资金的状况正确选择所投资的债券的种类。如果企业有一笔下一年需使用的资金，最好选择一年内到期的短期债券，因为这时不会有再投资风险；如果企业有一笔长期不需使用的资金，最好选择长期债券，这样可以避免再投资风险。

练习题

1. 资料：A公司拟购买某公司债券作为长期投资(打算持有至到期日)，要求的必要报酬率为6%。现有三家公司同时发行5年期，面值均为1 000元的债券，其中：甲公司债券的票面利率为8%，每年付息一次，到期还本，债券发行价格为1 041元；乙公司债券的票面利率为8%，单利计息，到期一次还本付息，债券发行价格为1 050元；丙公司债券的票面利率为0，债券发行价格为750元，到期按面值还本。

部分资金的时间价值系数如下：

5年	5%	6%	7%	8%
$(P/F,i,5)$	0.7835	0.7473	0.7130	0.6806
$(P/A,i,5)$	4.3295	4.2124	4.1002	3.9927

要求:(1)计算 A 公司购入甲公司债券的价值和收益率。

(2)计算 A 公司购入乙公司债券的价值和收益率。

(3)计算 A 公司购入丙公司债券的价值和收益率。

(4)根据上述计算结果,评价甲、乙、丙三种公司债券是否具有投资价值,并为 A 公司做出购买何种债券的决策。

(5)若 A 公司购买并持有甲公司债券,1 年后将其以 1 050 元的价格出售,计算投资收益率。

2. 甲公司欲投资购买债券,目前有两家公司债券可供选择:

(1)A 公司债券,债券面值 1 000 元,5 年期,票面利率 8%,每年付息一次,到期还本,债券的发行价格为 1 105 元,若投资人要求的必要收益率为 6%,则 A 公司债券的内在价值是多少?应否购买?

(2)B 公司债券,债券面值 1 000 元,5 年期,票面利率 8%,单利计算,到期一次还本付息,债券的发行价格为 1 105 元,若投资人要求的必要收益率为 6%,则 B 公司债券的内在价值是多少?应否购买?

7.3 股票投资估价

7.3.1 股票投资概述

1. 股票投资的有关概念

(1)股票的含义与分类

股票是指股份公司发给股东的所有权凭证,是股东借以取得股利的一种有价证券。股票持有者即为公司的股东,对该公司的财产有要求权。从投资者的角度来看,股票只是一张有价证券,凭它可以分享股利,或者可以将其出售并期望售价高于买价。由于股利不是公司的合同义务,因此股票投资者更重视后者,即资本利得。

股票按股东承担风险和享有权益的大小分为普通股和优先股两种基本类型。普通股是股份公司发行的标准股票,也是公司资本结构中最基本、数量最多的股份。普通股没有到期日,不用偿还,与公司同时延续。普通股股利没有最高和最低限制,股利发放与否由股东大会投票表决。优先股是一种特别股票,它与普通股有许多相似之处,但又具有债券的某些特征。优先股相对于普通股主要有两方面的优先权:一是优先分配股利权;二是优先分配公司剩余财产权。

股票按票面有无记名分为记名股票和不记名股票。记名股票是股东名册和票面上注明持有者的姓名和地址,只有同时具备股票和股东名册,才能领取股息和红利。记名股票不得私自转让,股票所有权转移必须办理过户手续。无记名股票不记载股东姓名，在转让时也不需办理过户手续。

股票按票面有无表明金额分为面值股票和无面值股票。面值股票是股票票面上标明面值的股票。无面值股票是股票票面上不标明面值的股票，又称为份额股票。

(2)股票的价值

股票的价值是指预期的未来现金流入的现值，它既可称为内在价值、真实价值，也可称为理论价值。股票的未来现金流入包括两部分：每期预期股利和出售时得到的价格收入。

(3)股票的价格

股票的价格是指股票在转让时的价格。虽然股票仅是一种凭证，本身没有价值，但因为它能给持有者带来一定收益，所以有价格。股票价格除了受整个经济环境变化和投资者心理等复杂因素的影响之外，直接决定股票价格高低的因素是预期股利和当时的市场利率。

(4)股票的预期收益率

股票的预期收益率是预期股利收益率和预期资本利得收益率之和，即：

股票的预期收益率＝预期股利收益率＋预期资本利得收益率

股票的预期收益率是股票投资的一个重要指标。只有股票的预期收益率高于投资人要求的最低报酬率(即必要报酬率)时，投资人才肯投资。最低报酬率是该投资的机会成本，即用于其他投资机会可获得的报酬率，通常可用市场利率来代替。

2.股票投资的优缺点

股票投资和债券投资都属于证券投资，但是债券投资是一种债权性投资，而股票投资是一种权益性投资，所以相对于债券投资，股票投资又有其自身的优缺点。

(1)股票投资的优点

①投资收益高。股票的投资者也属于公司的所有者，公司所创造的税后利润全部属于股东。只要公司能够合理经营，就能不断地为股东创造利润，企业价值就会不断提高，股东就可以从股利和股票买卖差价两方面获得较高回报。股票收益率一般高于债券收益率。

②购买力风险低。普通股投资的收益率不固定，当通货膨胀率较高时，整个社会的物价水平较高，公司通常会相应提高股利发放额，从而起到降低购买力风险的作用。

③拥有经营控制权。股东可按所持股份多少对公司享有相应份额的投票权。当持有该公司股份所占比例达到一定程度时，就可以获得对该公司的控制权。企业正是利用股票投资的这一优点来实现一体化、多角化经营的战略目标。

(2)股票投资的缺点

①求偿权居后。普通股股东是公司真正的所有者，对公司的收益分配和资产清偿的权利都排在公司债权人和优先股股东之后。

②价格不稳定。股票价格既受发行公司经营状况的影响，又受股市投机、国家宏

观经济形势、公司所处行业特点等因素的影响，所以不稳定。

③收益不稳定。股票投资的收益主要是公司发放的股利和股票转让的价差收益，相对于债券而言，其收益的稳定性较差。

④风险较大。投资者购买股票后，不能要求股份公司偿还本金，只能在证券市场上转让。因此股票投资者至少面临两方面的风险：一是股票发行公司经营不善所形成的风险；二是股票市场价格变动所形成的价差损失风险。

自测题：4. 债券投资与股票投资有什么不同？

7.3.2 股票投资决策

1. 股票投资收益分析

股票投资收益分析是指如果投资者以某一价格购入股票，那么投资者可获得多少回报的分析。股票投资的回报主要是未来的股利和转让时的价款。股票投资收益分析主要包括股票投资价值分析和股票投资收益率分析两方面内容。

(1)股票投资价值分析

股票的价值是指股票未来现金流入的现值。股票作为一种投资，未来现金流入是指永久持有股票的每年的股利收入或是股票出售的价格收入和持有期每年的股利收入之和；现金流出是指现在购买的价格。只有当未来现金流入现值大于现金流出现值时，即只有股票的价值大于股票购买价格时，才值得购买，投资才有意义。股票的价值是股票投资决策时使用的主要指标之一。下面我们分三种情况来介绍如何计算股票的价值。

①非永久持有且股利不固定时股票价值计算

当投资者不是永久持有而且股利不固定时，对于投资者而言所获得的现金流入包括两部分：即持有期内每一期的股利收入和出售时的价格收入。那么股票的价值即为这两部分收入的现值之和，可以用图7-4表示。

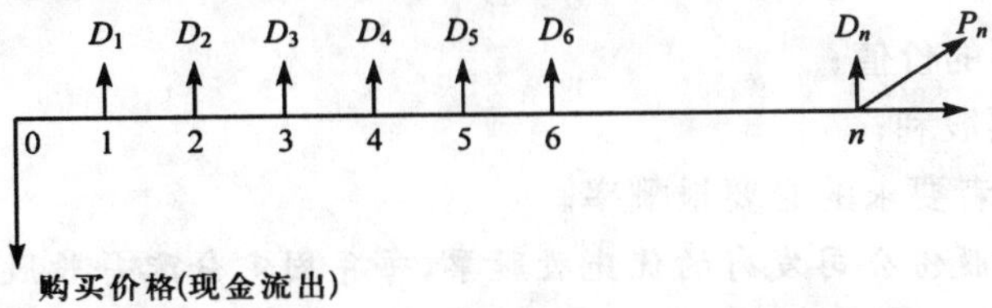

图 7-4 非永久持有且股利不固定时股票现金流入

通过图7-4我们可以分析得知：如果短期持有该股票，就会在持有期内获得股利收入和出售时的价格收入，股票的价值即为每一期股利收入的现值之和再加上出售时的收入现值。这是复利现值求和的问题，我们可以得到股票价值的计算公式如下：

$$V=\sum_{t=1}^{n}\frac{D_t}{(1+k)^t}+\frac{P_n}{(1+k)^n}$$

式中 V—— 股票的价值；

D_t—— 第 t 期的预计股利；

k—— 投资者要求的必要报酬率；

P_n—— 第 n 期出售股票时的价格收入。

该公式没有假设未来现金股利的任何特定形式，及有关何时出售这一股票的任何假设。但在实际应用时，必须确定如何预计未来每年的股利，并掌握如何确定贴现率。由于该公式要求无限期地预计股利，实际上不可能做到，因而实际应用公式时都采用简化方式，如假定每年股利相同或按固定比率增长等。贴现率应当是投资者所要求的必要报酬率，因为投资者要求的必要报酬率一般不低于市场利率，是投资者投资于股票的机会成本，所以通常可以将市场利率作为贴现率。因此，该公式只是股票价值计算的基本模型。下面就具体假设情况来研究股票价值的计算。

②永久持有且未来股利固定不变时（一般为优先股）股票价值计算

若假设投资股票的未来股利固定不变，且永久持有，可用图 7-5 表示。

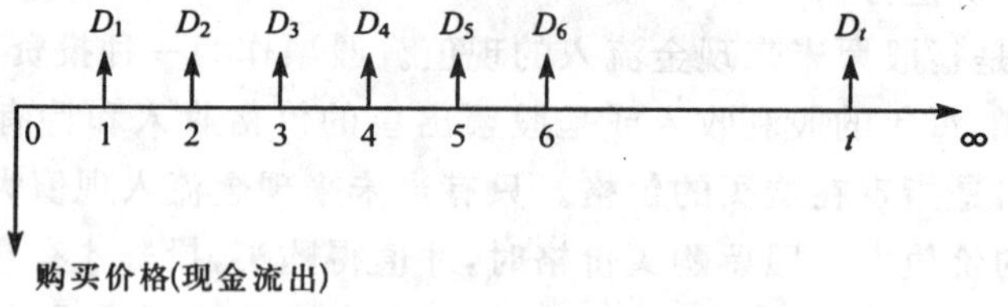

图 7-5 永久持有且未来股利固定不变时股票现金流入

已知 $D_1=D_2=D_3=D_4=\cdots=D_t$，$t$ 趋向于无穷大。

通过图 7-5 我们可以分析得知：如果永久持有该股票，就会定期等额地获得股利收入，股票的价值即为股利收入的现值之和。这是一个永续年金现值的求值问题，我们可以得到股票价值的计算公式如下：

$$V=D/k$$

式中 V——股票的价值；

D——股票股利；

k——投资者要求的必要报酬率。

【例 7-5】 某股份公司发行的优先股股票，每年固定分配每股股利 1 元，投资者要求的必要报酬率为 10%，则股票的价值为多少？当股票的价格为多少时可以购买？

解： $V=1/10\%=10$（元）

若该股票的市场价格低于 10 元，该股票可以购买。

自测题：5. 某公司发行优先股股票，每年分配股利 2 元，若投资者要求的必要报酬率为 16%，该股票的价值是多少？

③长期持有且未来股利固定增长的股票价值计算

假设投资股票的股利以固定的速度增长，年增长率为 g，根据①可以求出股票的价值，计算过程为：

$$V=\frac{D_1}{1+k}+\frac{D_1\times(1+g)}{(1+k)^2}+\cdots+\frac{D_1\times(1+g)^{n-1}}{(1+k)^n}$$
$$=D_1/(k-g)$$
$$=D_0(1+g)/(k-g)$$

式中　V——股票的价值；

D_0——最近一年刚支付的股利；

D_1——下一年即将支付的股利；

k——投资者要求的必要报酬率；

g——股利年固定增长率。

【例 7-6】 某股份公司最近一年分配的股利为 2 元，投资者要求的必要报酬率为 9%，预期股利固定增长率为 3%，则该股票的价值为多少？市场价格为多少时可以购买？

解　　　$V=2\ (1+3\%)/(9\%-3\%)=34.33$(元)

当股票的市场价格低于 34.33 元时，可以考虑购买。

自测题：6. 甲企业计划利用一笔长期资金投资购买股票。现有 A 公司股票和 B 公司股票可供选择，甲企业只准备投资一家公司股票。已知 A 公司股票现行市价为每股 9 元，上年每股股利为 0.15 元，预计以后每年以 6% 的增长率固定增长；B 公司股票现行市价为每股 7 元，上年每股股利为 0.60 元，股利分配将一贯坚持固定股利政策。甲企业所要求的投资必要报酬率为 8%。

要求：(1)利用股票价值计算公式，分别计算 A、B 公司股票价值。

(2)代甲企业作出股票投资决策。

以上股票的价值计算都是在对股票未来的收益情况进行估计的基础上进行的，可能和股票的实际发展有较大的差别。但是，由于未来影响股票市价波动的因素会影响所有的股票，因此不会影响现在采用股票价值进行决策的优先次序，以上指标的计算仍然有助于股票投资选择决策。

(2)股票投资收益率分析

企业进行股票投资，每年获得的股利是经常变动的，当企业出售股票时，也可收回一定资金。在考虑货币时间价值的情况下，股票投资收益率就是能使未来现金流入量的现值(即股票价值)等于目前购买价格的贴现率。我们分两种情况来讨论。

①永久持有且未来股利固定不变时股票投资收益率的计算

永久持有股票时，未来的股利收入即股票投资的收益。若股利不稳定，在计算时只能采用估计的方法；若股利固定不变，每年的股利均为 D，永久持有该股票的投资收益率分析计算如下：

因为 $$P=V$$

$$V=D/k$$

所以 $$P=D/k$$

$$k=D/P$$

式中 P——股票的价格；

V——股票的价值；

D——股票股利；

k——股票投资收益率。

【例 7-7】 投资者以每股 20 元的价格购买了某种股票，预计每年的股利固定为每股 2 元，永久持有该股票时，预期投资收益率为多少？

解 $$k=2/20=10\%$$

该股票的预期投资收益率为 10%。

②长期持有且未来股利固定增长时股票投资收益率的计算

若未来的股利以一定的速度稳定增长，永久持有该股票时的投资收益率分析计算如下：

因为 $$P=V$$

$$V=D_1/(k-g)$$

所以 $$P=D_1/(k-g)$$

$$k=D_1/P+g$$

式中 D_1——预计第一年的股利；

P——股票的购买价格；

g——股利的年增长率。

【例 7-8】 投资者以每股 25 元的价格购买了某种股票，预计第一年的股利收入为 2 元，以后每年的股利以 4% 的增长率固定增长，长期持有该股票的投资收益率为多少？

解 $$k=2/25+4\%=12\%$$

自测题：7. 某公司股票的价格为 20 元，预计下一年的股利为 1 元，该股利将以 10% 的速度持续增长，则该股票的投资收益率为多少？

股票的预期收益率可用于股票投资决策，只有股票的预期收益率高于投资者要求的必要报酬率，该股票才值得投资。投资者要求的必要报酬率一般以市场利率来衡量。

2. 股票投资市盈率分析

对于股票的价值和股票的预期收益率的计算，在理论上比较完善，但实际操作起来却有相当的难度，主要有两方面的原因：一是股票发行公司预测未来一两年内的资料还比较准确，而预测未来相当长甚至无限长时间的收益却相当困难，因为不确定的因素太多；二是实际公司未来的股利收入不一定是固定或固定增长的，这就使分析变得相当复杂。因此，在实务中，股票投资者往往运用市盈率来估计股票的价值和风险。

(1)市盈率的概念

市盈率是股票市价与每股收益之比，反映股票市价相对于每股收益的倍数。其计算公式为：

市盈率＝每股市价 / 每股收益

其中，股票市价可以从证券市场获得，每股收益一般用最近一个会计年度公布的每股收益反映。市盈率可以粗略反映股价的高低，表示投资者愿意用收益的多少倍货币来购买这种股票，是市场对该股票的评价。

(2)影响市盈率的因素

①公司的发展前景及利润的长期成长能力

购买一个公司的股票在很大程度上是购买公司的未来，所以公司的发展前景及利润的长期成长能力直接关系着股价的走势，也是影响市盈率的首要因素。公司的行业特征及所处的发展阶段对公司未来的成长也有很大的影响，不同行业的市盈率往往是不同的。一般而言，公用事业股票和商业股票因其所处行业发展缓慢而具有较低的市盈率，而高科技股票则因行业发展前景良好而具有较高的市盈率。另外，处在高速发展的公司，因其销售收入、净利润等财务指标增长较快而有较高的市盈率，进入衰退阶段的公司市盈率则较低。

②宏观环境

宏观环境也是影响市盈率的重要因素，如利率水平、国家经济发展速度、所处经济周期的阶段等。例如，利率下调时，一方面可以降低公司的财务费用与融资成本，增加收益；另一方面又会促使社会资金向股票市场分流，增加股市的资金来源。在这两方面的作用下，市盈率将明显攀升。而利率上调时，情形正好相反。

③上市公司的规模

上市公司的规模对股票市盈率的影响也不容忽视。规模小的公司市盈率一般较高，因为小规模公司在管理上比较灵活，若经营得当，小规模公司常有在短期内业绩大增的可能，股价也会成倍地增长。大规模的公司股本相对较大，其股份一般不易为庄家所控制，市盈率一般较低。

另外，公司的股利政策、税率及各种突发事件等消极因素也会在短期内影响个股的市盈率。

(3)市盈率的作用

市盈率是衡量个股和市场整体投资价值的一项重要指标，也是投资者衡量股票潜力，借以投资入市的重要依据。

①用市盈率估计股票价值

因为 $$市盈率=每股市价/每股收益$$

所以 $$每股市价=市盈率\times每股收益$$

$$股票价值=行业平均市盈率\times每股收益$$

由行业平均的市盈率，可粗略计算股票的价值，与该股票当前的市场价格比较，可以看出是否值得投资。

【例 7-9】 某公司股票每股收益为 3 元，市价为每股 30 元，行业类似股票的平均市盈率为 11，则：

$$股票价值=11\times3=33(元)$$

股票价值高于其市场价格，值得投资。

自测题：8. 如果某上市公司的股票每股收益是 0.6 元，该行业的平均市盈率为 20，则股票价值为多少？该股票的价格为多少时可以考虑买进？

②用市盈率估计股票风险

一般来说，股票的市盈率较高，说明投资者对公司的未来充满信心，愿意为每一元盈利多付买价。这种股票的风险较小。但是，当股票的价格被不恰当地哄抬到很高时，市盈率也会很高，这种过高的市盈率是不正常的，很可能预示着股票价格将要下跌，风险很大。另一方面，当市盈率较低时，说明投资者对公司的未来缺乏信心，不愿意为每一元盈利多付买价。这种股票的风险也较大。通常认为，市盈率在 5～20 之间是比较正常的，过高或者过低都不是好现象。投资者可根据某种股票的市盈率变化情况估计股票的风险，决定是否投资。

3. 股票投资风险分析

股票投资的风险主要是指投资者未来不能获得收益甚至蒙受损失的可能性。股票投资的收益较高，但风险也较大。股票投资的风险主要来自股票发行公司、股票市场和投资者自身的投资偏好。在进行股票投资时，风险无法完全回避，但可以通过投资组合尽可能降低，即投资者将资金分散投资于不同的股票，通过不同股票风险和收益的互补关系，达到分散、降低风险，稳定收益的目的。下面我们就着重介绍股票投资组合的风险分析。

(1)股票投资组合的风险种类

股票投资组合的风险可以分为两种性质完全不同的风险，即非系统风险和系统风险。非系统风险又称可分散风险或公司特有风险，是指某些因素对单个股票造成经济损失的可能性，如企业新产品开发失败、诉讼失败、经营管理不善、经营决策失误等因素造成的风险。这类风险涉及的是企业所处的微观环境，并非所有企业都会发生，是企业能够控制的因素，可通过股票投资组合来削减，随投资组合中股票数量的增加而逐渐减少。

系统性风险又称不可分散风险或市场风险，是指由于某些因素给市场上所有股票都带来经济损失的可能性，如通货膨胀、金融危机、经济衰退、国家政变、战争等因素造成的风险。这类风险涉及的是企业所处的宏观环境，所有企业都受其影响，是企业无法控制的因素，它由市场变动所产生，对所有股票都有影响，不能通过投资组合来消除。因为系统风险是不可分散的，所以我们只研究如何分散非系统风险。

(2)非系统风险的分散

通过股票投资的组合，非系统风险能得到一定程度的分散，投资组合中的股票种类越多，风险越小。如果投资组合中包括全部股票，则理论上来说非系统风险能全部被分散，只需承担市场风险。下面举例说明为什么投资组合能分散风险。

【例7-10】 假设资金总额为100万元，投资方案有三种：一是全部投资于股票A；二是全部投资于股票B；三是股票A和股票B各投资50万元。表7-1给出了股票A和股票B连续8年投资收益率的资料，通过计算可以得出各投资方案投资收益率的平均数和标准差。

表7-1　　三种投资方案的对比(1)

方案 / 年度	股票A		股票B		股票A、B组合	
	收益(元)	收益率(%)	收益(元)	收益率(%)	收益(元)	收益率(%)
2001	30	30	−10	−10	10	10
2002	10	10	10	10	10	10
2003	−10	−10	30	30	10	10
2004	−5	−5	25	25	10	10
2005	5	5	15	15	10	10
2006	10	10	10	10	10	10
2007	15	15	5	5	10	10
2008	25	25	−5	−5	10	10
平均数	10	10	10	10	10	10
标准差	13.63	13.63	13.63	13.63	0	0

由表7-1计算结果可以看出，股票A和股票B组合后的平均数是它们的加权平均数，但组合后的标准差却为0。股票A和股票B的投资收益率完全负相关(即相关系数为−1)，因此等额投资组合就可以使标准差降为0，即组合后的风险完全抵消。

假设股票A和股票B各年投资收益率的资料见表7-2，通过计算可以得出三种方案投资收益率的平均数和标准差。

表 7-2 三种投资方案的对比(2)

年度 \ 方案	股票 A		股票 B		股票 A、B组合	
	收益(元)	收益率(%)	收益(元)	收益率(%)	收益(元)	收益率(%)
2001	30	30	30	30	30	30
2002	10	10	10	10	10	10
2003	−10	−10	−10	−10	−10	−10
2004	−5	−5	−5	−5	−5	−5
2005	5	5	5	5	5	5
2006	10	10	10	10	10	10
2007	15	15	15	15	15	15
2008	25	25	25	25	25	25
平均数	10	10	10	10	10	10
标准差	13.63	13.63	13.63	13.63	13.63	13.63

由表 7-2 的计算结果可以看出,股票 A 和股票 B 的投资收益率完全正相关(即相关系数为 1),因此等额投资组合后的平均数是它们的加权平均数,标准差也是它们的加权平均数,即组合后的风险既没有减少,也没有增加。

再假设股票 A 和股票 B 各年投资收益率的资料见表 7-3,通过计算可以得出三种投资方案投资收益率的平均数和标准差。

由表 7-3 的计算结果可以看出,股票 A 和股票 B 的投资收益率既非完全负相关,也非完全正相关,经计算得出它们的相关系数为 0.6。因此,等额投资组合后的平均数是它们的加权平均数,但组合后的标准差却小于它们的加权平均数,即投资组合能降低风险。

表 7-3 三种投资方案的对比(3)

年度 \ 方案	股票 A		股票 B		股票 A、B组合	
	收益(元)	收益率(%)	收益(元)	收益率(%)	收益(元)	收益率(%)
2001	30	30	10	10	20	20
2002	10	10	15	15	12.5	12.5
2003	−10	−10	−5	−5	−7.5	−7.5
2004	−5	−5	−10	−10	−7.5	−7.5
2005	5	5	10	10	7.5	7.5
2006	10	10	25	25	17.5	17.5
2007	15	15	30	30	22.5	22.5
2008	25	25	5	5	15	15
平均数	10	10	10	10	10	10
标准差	13.63	13.63	13.63	13.63	11.37	11.37

实际上,各股票之间不可能完全正相关,也不可能完全负相关,大部分股票间的相

关系数为0.5～0.7。由表7-3的计算结果可以看出，不同股票的投资组合可以降低风险，但又不能完全消除风险，相关系数为－1～1，因此投资组合中各股票的相关系数越接近于－1，组合后的风险降低得越大；而投资组合中各股票的相关系数越接近于1，组合后的风险降低得越小。无论如何，组合后的风险不会比组合前的风险大。

(3)股票投资组合的风险收益

对于非系统风险，可以在分析各种股票相关程度的基础上，通过有效的投资组合加以分散。但对于市场风险，由于所有股票都受市场变动的影响，不能通过投资组合来分散，因此市场风险应该是投资分析考虑的重点。虽然所有股票都受市场变动的影响，但市场变动时，对不同的股票影响程度不同，即个别股票的市场风险程度不同。

市场风险程度通常用β系数来计量。β系数反映的是个别股票相对于市场上全部股票的平均风险的变动程度。某种股票的β系数等于1，则它的市场风险与整个市场的平均风险相同，当市场收益率上涨1%时，该股票的收益率也上升1%；某种股票的β系数大于1，则该种股票的市场风险大于整个市场的平均风险，当市场收益率上涨1%时，该股票的收益率上升幅度大于1%；某种股票的β系数小于1，则该种股票的市场风险小于整个市场的平均风险，当市场收益率上涨1%时，该股票的收益率上升幅度小于1%。

股票投资组合的风险收益，是投资者因承担不可分散风险而要求的超过时间价值部分的额外收益。股票投资组合的风险收益率可以用下列公式计算：

$$R_p=\beta_p\cdot(R_m-R_f)$$

式中 R_p——股票投资组合的风险收益率；

β_p——股票投资组合的风险系数；

R_m——所有股票的平均收益率；

R_f——无风险收益率，一般用国库券的收益率来衡量。

那么，股票投资组合的必要收益率为：

$$R_i=R_f+\beta_i\cdot(R_m-R_f)$$

式中 R_i——第i种股票的必要收益率；

R_f——无风险收益率；

β_i——第i种股票的风险系数；

R_m——所有股票的平均收益率。

这一公式也叫资本资产定价模型，是反映收益率与风险之间关系的模型。应当注意的是，β系数不是股票的全部风险，而只是风险中的市场风险。由于β系数反映的市场风险不能被相互抵消，因此投资组合的市场风险即β系数是个别股票的β系数的加权平均数，它反映特定投资组合的风险，即该组合的收益率相对于整个市场组合收益率的变动程度，而该投资组合的收益率也是各股票收益率的加权平均数。

【例7-11】 某投资者共持有100万元的4种股票：A股票15万元、B股票25万元、C股票30万元、D股票30万元。β系数分别为1.2、1.3、1.8、0.7，现行国库券的收益率为8%，股票的平均必要收益率为14%，计算该投资组合的β系数及收益率。

解　$\beta=15\%\times1.2+25\%\times1.3+30\%\times1.8+30\%\times0.7=1.255$

$$R=8\%+1.255\times(14\%-8\%)=8\%+7.53\%=15.53\%$$

或者

$$R_A=8\%+1.2\times(14\%-8\%)=15.2\%$$

$$R_B=8\%+1.3\times(14\%-8\%)=15.8\%$$

$$R_C=8\%+1.8\times(14\%-8\%)=18.8\%$$

$$R_D=8\%+0.7\times(14\%-8\%)=12.2\%$$

$$R=15\%\times15.2\%+25\%\times15.8\%+30\%\times18.8\%+30\%\times12.2\%$$

$$=2.28\%+3.95\%+5.64\%+3.66\%=15.53\%$$

投资者可通过投资组合选择自己能接受的风险水平。在确定风险水平后，应通过选择不同种类股票，尽可能在不提高风险的条件下，使收益率最高。

自测题：9. 某投资人共持有100万元的3种股票，该组合中A股票30万元、B股票30万元、C股票40万元，β系数均为1.5，则ABC组合的β系数为多少？若他将其中的C股票出售并买进同样金额的D债券，其β系数为0.1，则ABD组合的β系数为多少？并分析β系数与投资组合风险的关系。

阅读材料

实际中的β系数

β系数作为风险度量的一种概念，广泛应用于现代的股票市场理论中。融资咨询服务机构会公布所有大量交易过的股票的β系数，从事证券业的人们也一直都在谈论着β系数。

然而，大多数应用该术语的人们却不了解它的含义。“β系数度量风险的大小，风险意味着报酬率的变动性，它们是同向的。”大多数人可能只知道这些。然而，β系数度量的是与市场相关的报酬率的变动性，而不是某种股票整个报酬率的变动性，这通常是大多数人所疏忽的。

β系数度量的只是市场风险，只有投资者投资组合中的股票是足够多样化的，在投资组合风险的度量上，β系数才是有效的。假如你是一个中小投资者，β系数只能作为你在投资决策过程中参考的一部分，而如果你要完全依赖β系数，那么可能就会遭受相当大的损失。

练习题

3. 甲企业计划利用一笔长期资金投资购买股票。现有M公司股票和N公司股票可供选择，甲企业只准备投资一家公司股票。已知M公司股票现行市价为每股9

元，上年每股股利为0.15元，预计以后每年以6%的增长率增长。N公司股票现行市价为每股7元，上年每股股利为0.60元，股利分配将一贯坚持固定股利政策。甲企业所要求的投资必要报酬率为8%。

要求：计算长期持有M、N公司股票的投资收益率。

4. 万通公司在2008年4月1日投资510万元购买某种股票100万股，在2009年、2010年和2011年3月31日每股各分现金股利0.5元、0.6元和0.8元，并于2011年3月31日以每股6元的价格将股票全部出售，试计算该项投资的投资收益率。

5. 大华公司持有X、Y、Z三种股票构成的证券组合，其β系数分别是1.5、1.7和1.9，在证券投资组合中所占比重分别为30%、40%、30%，股票的市场收益率为9%，无风险收益率为7%。

要求：(1) 计算该证券组合的β系数；

(2) 计算该证券组合的风险收益率；

(3) 计算该证券组合的必要投资收益率。

本章小结

证券投资是企业投资管理的重要组成部分，本章主要阐述了证券投资的基本理论和方法，具体包括证券投资的基本概念和分类、证券投资的目的和基本原则、不同证券投资的特点、债券和股票的投资决策方法，并结合上述分析方法介绍不同证券投资估价模型，目的是帮助投资者分析、判断投资客体的价值，获得合理收益。

思考题

1. 掌握下列专业术语

证券投资　债券　债券价值　股票

股票价值　系统风险　非系统风险　市盈率

2. 证券投资的种类有哪些？

3. 证券投资的目的和基本原则是什么？

4. 股票投资和债券投资的区别是什么？

5. 债券的价值和投资收益率如何计算？

6. 债券投资的风险因素有哪些？

7. 股票的价值和投资收益率如何计算？

8. 在股票投资分析中，市盈率有哪些作用？

9. 股票投资组合的收益率如何计算？

10. 案例分析题

(1) 华威公司欲投资购买债券，目前有三家公司的债券可供挑选。

①A公司债券，债券面值为1 000元，5年期，票面利率为8%，每年付息一次，到

期还本，债券的发行价格为1 105元，若投资人要求的必要报酬率为6%，则A公司债券的价值为多少？若华威公司欲投资A公司债券，并一直持有至到期日，其投资收益率为多少？应否购买？

②B公司债券，债券面值为1 000元，5年期，票面利率为8%，单利计息，到期一次还本付息，债券的发行价格为1 105元，若投资人要求的必要报酬率为6%，则B公司债券的价值为多少？若华威公司欲投资B公司债券，并一直持有至到期日，其投资收益率为多少？应否购买？

③C公司债券，债券面值为1 000元，5年期，票面利率为8%，C公司采用贴现法付息，发行价格为600元，期内不付息，到期还本，若投资人要求的必要报酬率为6%，则C公司债券的价值为多少？若华威公司欲投资C公司债券，并一直持有至到期日，其投资收益率是多少？应否购买？

④若华威公司持有B公司债券2年后，将其以1 200元的价格出售，则投资收益率为多少？

(2)甲公司持有A、B、C三种股票，在由上述股票组成的证券投资组合中，各股票所占的比重分别为50%、30%和20%，其β系数分别为2.0、1.0和0.5，市场收益率为15%，无风险收益率为10%。

A股票当前每股市价为12元，刚收到上一年度派发的每股1.2元的现金股利，预计股利以后每年将增长8%。

要求：①计算以下指标：

a. 甲公司证券组合的β系数；

b. 甲公司证券组合的风险收益率(R_p)；

c. 甲公司证券组合的必要投资收益率(R_i)；

d. 投资A股票的必要投资收益率。

②利用股票估价模型分析当前出售A股票是否对甲公司有利。

第8章 项目投资

本章框架体系

- 项目投资
  - 项目投资概述
    - 项目投资的含义与特点
    - 项目投资的种类
    - 项目计算期的构成和资金投入方式
  - 项目投资现金流量分析
    - 现金流量的概念
    - 现金流量的构成
    - 现金流量的估算
    - 现金净流量的确定
      - 现金净流量的含义
      - 现金净流量的计算
    - 所得税和折旧对现金流量的影响
  - 项目投资评估
    - 项目投资评估的程序
    - 项目投资评估的方法
      - 非贴现法
        - 投资回收期
        - 年平均报酬率
      - 贴现法
        - 净现值
        - 现值指数
        - 内部报酬率
    - 项目投资评估典型案例分析
      - 新建(购)设备评估
      - 设备更新评估
      - 设备大修理与更新评估
      - 项目投资组合评估

导 读

F公司是国内一家家电生产企业，已经在上海证券交易所上市多年，该公司正在考虑在北京建立一个工厂，生产某一新型产品。目前情况是这样的：F公司在两年前曾在北京以500万元购买了一块土地，原打算建立北方地区配送中心，后来由于收购了一个物流企业，解决了北方地区产品配送问题，便取消了配送中心的建设项目。公司现计划在这块土地上兴建新的工厂，目前该土地的评估价为800万元。

预计建设工厂的固定资产投资成本为1 000万元。该工程将承包给另外一家公司，工程款在完工投产时一次付清，即可以将建设期视为零。另外，工厂投产时需要营运资本750万元。

该工厂投入运营后，每年生产和销售30万台产品，售价为200元每台，单位产品变动成本160元，预计每年发生固定成本(含制造费用、销售费用和管理费用)400万元。

由于该项目的风险比目前公司的平均风险高，管理层要求项目的报酬率比公司当前的加权平均税后成本高出2个百分点。

该公司目前的资本来源状况如下：负债的主要项目是公司债券，该债券的票面利率是6%，每年付息，5年后到期，每张面值1 000元，共100万张，每张债券的当前市价是959元，所有者权益的主要项目是普通股，流通在外的普通股共10 000万股，市价每股22.38元，β系数是0.875。其他资本来源可以忽略不计。

当前的无风险收益率为5%，预期市场风险溢价为8%。该项目所需资金按公司当前的资本结构筹集，并可以忽略债券和股票的发行费用。公司平均所得税税率为25%。

该工厂(包括土地)在运营5年后将整体出售，预计出售价格为600万元。假设投入的营运资本在工厂出售时可全部收回。

假设你是该公司的财务顾问，公司管理层要求你为此项目投资进行评估。

从此案例中我们可以看到，这是一个关于项目投资的评估问题，我们已经学过关于证券投资的评估，项目投资的评估与证券投资的评估方法是否一样呢？如果不一样，那么项目投资又是如何评估的呢？这是我们接下来要学习的内容。

学习目标

- 了解项目投资评估的相关概念
- 理解现金流量的相关基础知识
- 熟悉项目投资评估典型案例的分析
- 掌握项目投资现金流量的构成
- 掌握项目投资现金净流量的计算
- 重点掌握项目投资评估的方法

8.1　项目投资概述

8.1.1　项目投资的含义与特点

1.项目投资的含义

企业投资按照内容不同可以分为项目投资、证券投资和其他投资等类型。项目投资是实体投资的一种,它是指以特定项目为对象的企业内部长期投资。

2.项目投资的特点

项目投资是对企业内部各种生产经营资产的长期投资。与短期投资和对企业外部的长期投资比较,项目投资具有以下特点:

(1)投资数额大,投资次数少。项目投资一般需要较多的资金,小到几千元的设备,大到几十万、几百万、几千万甚至数亿元的建设项目,一般对企业现金流量和财务状况有很大的影响。项目投资发生的次数不太频繁,特别是大规模的项目投资,一般要几年、几十年才发生一次。

(2)回收时间长,变现能力差,资金占用相对稳定。一般的项目投资都需要几年、十几年甚至几十年才能收回。项目投资一经完成,在资金营运数量上保持相对稳定,不像流动资产那样经常变动,而且其实物营运能力也被确定。

(3)投资风险大。投资项目交付使用后的收益情况受企业内、外部各种因素的制约,这些因素之间相互联系而又错综复杂,而且投资项目寿命长,影响企业盈亏的时间也长,因此在投资中无法对未来各因素的发展变化做出完全准确的预测,投资风险自然较大。

8.1.2 项目投资的种类

项目投资通常可按以下标准分类：

1. 按照投资在再生产过程中的作用分类

按照投资在再生产过程中的作用，项目投资可分为新建项目投资和更新改造项目投资两大类。前者以新增生产能力为目的，属于外延式扩大再生产的类型；后者以恢复或改善生产能力为目的，属于简单再生产或内涵式扩大再生产的类型。

新建项目按其涉及内容还可进一步细分为单纯固定资产投资项目和完整工业投资项目。单纯固定资产投资项目简称固定资产投资，其主要特点是：投资支出只包括取得固定资产发生的购置成本，而不涉及周转性的流动资金投入，如为改进产品工艺而购置的专属设备等。完整工业投资项目则不仅包括固定资产投资，还涉及流动资金投资，甚至包括其他长期资产项目（如无形资产）的投资，如投资设立公司。因此，不能将项目投资简单地等同于固定资产投资。

2. 按照投资对企业前途的影响分类

按照投资对企业前途的影响，项目投资可分为战术性投资与战略性投资两大类。前者是指不影响整个企业前途的投资项目，如为提高劳动生产率进行的投资、为改善工作环境进行的投资等；后者则是指影响整个企业前途的投资项目，如企业转产投资、增加新品种投资、对外联营等。战略性投资一般需要资金多，回收时间长，风险大。

3. 按照投资项目之间的关系分类

按照投资项目之间的关系，项目投资可分为相关性投资和非相关性投资两大类。如果采纳或放弃某一项目并不显著影响另一项目，则这两个项目在经济上是不相关的，也可以说是相互独立的，如一家制造公司在专用机床上的投资和它在某些办公设施上的投资，就是非相关性投资。如果采纳或放弃某一项目可以显著影响另一项目，则可以说这两个项目在经济上是相关的，也可以说是相互排斥的，如对生产设备的选择投资就属于相关性投资。

4. 按照增加利润的途径分类

按照增加利润的途径，项目投资可分为扩大收入投资与降低成本投资两大类。前者是指通过扩大企业生产经营规模，以增加利润的投资；后者则是指通过降低营业支出，以增加利润的投资。

8.1.3 项目计算期的构成和资金投入方式

1. 项目计算期的构成

项目计算期，是指投资项目从投资建设开始到最终清理结束整个过程的全部时间，即该项目的有效持续时间。完整的项目计算期包括建设期和生产经营期，如图8-1所示。其中建设期（记作 s，$s>0$）的第一年初（记作第 0 年）称为建设起点，建设期的最后一年末（第 s 年）称为投产日。项目计算期的最后一年末（记作第 n 年）称为终结点，从投产日到终结点之间的时间间隔称为生产经营期（记作 p）。

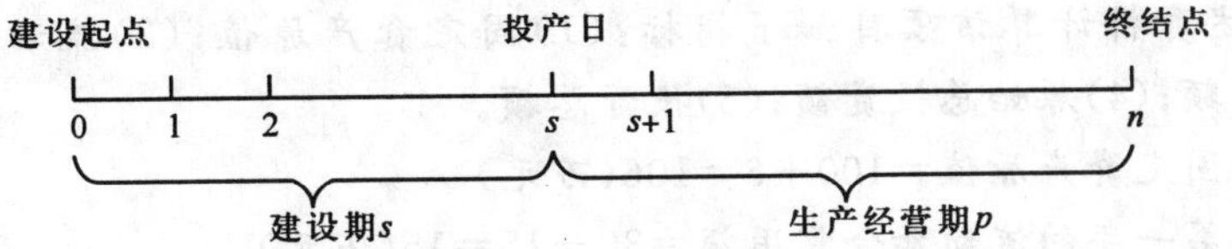

图 8-1　项目计算期

项目计算期、建设期和生产经营期之间的关系如下：

$$n=s+p$$

式中　n——项目计算期；

s——建设期；

p——生产经营期。

【例 8-1】　某企业拟购建一项固定资产，预计使用寿命为 10 年。请就以下各种不相关情况分别确定该项目的项目计算期。

(1)在建设起点投资并投产。

(2)建设期为 1 年。

解　(1)项目计算期＝0＋10＝10(年)

(2)项目计算期＝1＋10＝11(年)

2. 资金投入方式

原始总投资是反映投资项目所需现实资金的价值指标。从项目投资的角度看，原始总投资等于企业为使项目完全达到设计生产能力、开展正常经营而投入的全部现实资金。它包括建设投资和流动资金投资两项内容。其中建设投资包括固定资产投资、无形资产投资、开办费投资。流动资金投资是指为了项目投资而垫付的流动资金，也称营运资金，即流动资产减去流动负债的余额。

投资总额是反映项目投资总体规模的价值指标，它强调为投资项目而付出的全部代价。它等于原始总投资与建设期资本化利息之和。其中，建设期资本化利息是指在建设期发生的与构建项目所需的固定资产、无形资产等长期资产有关的借款利息费用。

从时间特征上看，投资主体将原始总投资注入具体投资项目的方式包括一次投入和分次投入两种。一次投入方式是指投资行为集中一次发生在项目计算期第一个年度的年初或年末；如果投资行为涉及两个或两个以上年度，或者虽只涉及一个年度，但同时在该年的年初和年末发生，则属于分次投入方式。

【例 8-2】 企业拟新建一条生产线，需要在建设起点一次进行固定资产投资 100 万元，无形资产投资 10 万元。建设期为 1 年，建设期资本化利息为 6 万元，全部计入固定资产原值。投产第一年预计流动资金需用额为 30 万元，流动负债需用额为 15 万元；投产第二年预计流动资金需用额为 40 万元，流动负债需用额为 20 万元。

根据上述资料计算该项目如下指标：(1)固定资产原值；(2)流动资金投资额；(3)建设投资额；(4)原始总投资额；(5)投资总额。

解 (1)固定资产原值＝100＋6＝106(万元)

(2)投产第一年的流动资金需用额＝30－15＝15(万元)

首次流动资金投资额＝15－0＝15(万元)

投产第二年的流动资金需用额＝40－20＝20(万元)

投产第二年的流动资金投资额＝20－15＝5(万元)

流动资金投资额合计＝15＋5＝20(万元)

(3)建设投资额＝100＋10＝110(万元)

(4)原始总投资额＝110＋20＝130(万元)

(5)投资总额＝130＋6＝136(万元)

自测题：1. 某项目经营期为 5 年，预计投产第一年年初流动资金需用额为 50 万元，预计第一年年初流动负债为 15 万元；投产第二年年初流动资金需用额为 80 万元，预计第二年流动负债为 30 万元；预计以后每年的流动资金需用额均为 80 万元，流动负债均为 30 万元，则该项目终结点一次回收的流动资金为多少？

8.2 项目投资现金流量分析

8.2.1 现金流量的概念

现金流量，是指由一个投资项目引起的，在项目计算期内所发生的现金支出与现金收入的数量。它是按照收付实现制计算的反映项目有关收入、支出及净收益的指标，是项目投资评估分析的基础性指标。其中的现金是指广义的现金，包括货币资金和非货币资金的变现价值，例如，土地使用权的变现价值就是评价在原有土地上建厂房这一项目时应考虑的一项现金流出。现金流量是评价投资项目是否可行时必须事先估算的一个基础性指标，在分析时必须注意的是现金流入与流出应是投资项目所引起的，要与企业原有的现金流量加以区别。

8.2.2 现金流量的构成

1. 初始现金流量

初始现金流量,即初始投资时发生的现金流量,一般包括如下内容:

(1)固定资产投资,包括购建费、运输货、安装费等,是一种现金流出。企业利用现有的固定资产进行投资活功,虽然不会有实际的支付,但由于机会成本的存在,也应该以其评估确认价值作为投资额的构成部分,作为现金流出处理;而对于该投资项目引起的原有固定资产的变价收入,则可作为现金流入处理,也可以作为现金流出的减项。

(2)流动资金垫支。固定资产投资往往伴随着流动资产投资,因为固定资产投资扩大了企业的生产经营能力,为了维持正常的生产经营活动,必须相应地增加一部分流动资金参与生产周转,包括需要增加的原材料、在产品、产成品、应收账款、货币资金等。流动资产投资是一种周转资金,虽然在项目使用期满时可以收回,但由于资金的时间价值,在分析时必须考虑初始投资时的现金流出。

(3)其他投资费用,包括无形资产投资、筹建费用和职工培训费用等,也应作为现金流出处理。

2. 营业现金流量

营业现金流量,是指投资项目的整个寿命期内正常生产经营活动所带来的现金流量,一般按年度可以分别确定,主要包括以下内容:

(1)营业现金收入。一般来说,企业当期实现的收入并不能在当期全部收到现金。因为营业收入的确认依据是权责发生制,现金流量的确认依据是收付实现制。由于营业收入中现金收入的确认较为复杂,一般把营业收入全部直接看成现金收入。

(2)营业现金支出。同样原因,营业成本中不完全是现金支出,较为简便的计算方法是从营业成本中扣除折旧,因为折旧是数目较大的不属于现金支出但作为费用的项目。

(3)所得税。所得税不作为营业费用核算,但是一项实实在在的现金流出,必须加以考虑。

3. 终结现金流量

终结现金流量主要包括以下两项内容:

(1)固定资产残值的收回或中途变价收入,指固定资产残值或中途变卖价格扣除清理费用后的净收入。

(2)收回垫支的流动资金。流动资金作为周转资金,通常以成本的形式从当期的销售收入中全部得到补偿,但是又要不断地重新投入,使生产过程得以周转进行,当该项投资项目结束时,流动资金就可以全部收回,作为现金流入处理。

总结上述现金流量的构成,一般情况下项目投资的现金流量如图 8-2 所示。

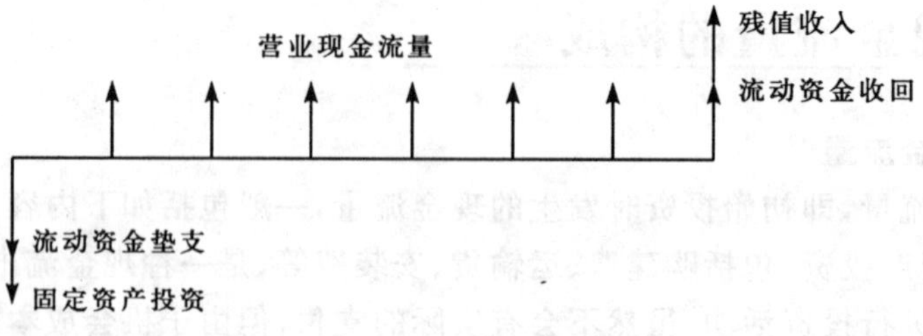

图 8-2 项目投资的现金流量

现金流量的测算与确定，是进行项目投资评估的一个重要前提，其数额估计的准确性直接关系到投资项目评估的客观性。而与此相关的现金流量都在将来发生，因此，财务人员在测算时要充分估计到未来的市场情况，做到尽可能合理地预期。

8.2.3 现金流量的估算

1. 现金流量估算的假设

(1)全投资假设

假设在确定项目的现金流量时，不具体区分自有资金和借入资金等具体形式，即使实际存在借入资金也将其作为自有资金对待。

(2)建设期投入全部资金假设

不论项目的原始总投资是一次投入还是分次投入，均假设在建设期内投入。

(3)经营期与折旧年限一致假设

假设项目主要固定资产的折旧年限或使用年限与经营期相同。

(4)时点指标假设

为便于利用资金时间价值形式，不论现金流量具体内容所涉及的价值指标实际上是时点指标还是时期指标，均假设按照年初或年末的时点指标处理。其中，原始投资在建设期内有关年度的年初或年末发生，流动资金投资则在经营期期初(年初)发生；经营期内各年的收入、成本、折旧、利润、税金等项目的确认均在年末发生；项目最终报废或清理均发生在终结点(但更新改造项目除外)。

(5)确定性假设

假设与项目现金流量有关的价格、产销量、成本水平、企业所得税税率等因素均为已知常数。

2. 现金流量估算的原则

在确定投资方案的相关现金流量时，应遵循的最基本原则是：只有增量现金流量才是与项目相关的现金流量。所谓增量现金流量，是指接受或拒绝某个投资方案后，企业总现金流量因此发生的变动量。只有那些因采纳某个项目所引起的现金流入增加额，才是该项目的现金流入；只有那些因采纳某个项目所引起的现金流出增加额，才是该项目的现金流出。投资项目现金流量估算应注意区分相关成本和非相关成本，并考虑机会成本、投资方案对公司其他部门以及对净营运资金的影响。

8.2.4　现金净流量的确定

1. 现金净流量的含义

现金净流量又称净现金流量（Net Cash Flow，缩写为 NCF），是指在项目计算期内每年现金流入量与同年现金流出量之间的差额。各年现金净流量所形成的时间序列，是计算项目投资评估评价指标的重要依据。

现金净流量具有以下两个特征：第一，无论是经营期内还是在建设期内都存在现金净流量。第二，由于项目计算期不同阶段上的现金流入和现金流出发生的可能性不同，使得各阶段上的现金净流量在数值上表现出不同的特点——建设期内的现金净流量一般小于或等于零；在经营期内的现金净流量则多为正值。

2. 现金净流量的计算

如果现金流入量大于现金流出量，现金净流量大于零，用“＋”表示现金净流量为流入量；如果现金流入量小于现金流出量，现金净流量小于零，用“－”表示现金净流量为流出量。现金净流量的计算公式为：

某年现金净流量(NCF)＝该年现金流入量－该年现金流出量

为了简化现金净流量的计算，可以根据项目计算期内不同时期的现金流入量和现金流出量的具体内容，直接计算各时期的现金净流量。所以现金净流量可分为建设期的现金净流量、生产经营期的现金净流量和生产经营期终结点的现金净流量。

(1)建设期现金净流量的简化计算公式

在建设期内，由于没有现金流入量，只有现金流出量，所以建设期的现金净流量总为负值。即：

建设期某年现金净流量(NCF)＝－该年发生的原始投资额

(2)生产经营期现金净流量的简化计算公式

在生产经营期内，既有现金流入量，也有现金流出量，所以生产经营期内的现金净流量可以为正值，也可以为负值，通常情况下为正值。即：

生产经营期某年现金净流量(NCF)

＝该年营业收入－该年付现成本－该年所得税

＝该年营业收入－(该年营运总成本－该年折旧额)－该年所得税

＝该年税后利润＋该年折旧额

(3)生产经营期终结点现金净流量的简化计算公式

在生产经营期终结点，通常只有现金流入量，所以现金净流量总为正值。即：

生产经营期终结点现金净流量(NCF)＝经营期最后一年现金净流入量＋回收额

【例 8-3】 三环集团进行一项固定资产投资，在建设起点一次投入 2 000 万元，无建设期。该项目的生产经营期为 10 年，该固定资产报废时预计残值为 200 万元。生产经营期每年预计获得税后利润 470 万元。固定资产按直线法计提折旧。

要求：计算该项投资在项目计算期内各年的现金净流量。

解 固定资产年折旧额＝(2 000－200)/10＝180(万元)

项目计算期＝建设期＋生产经营期＝0＋10＝10(年)

NCF_0＝－2 000(万元)

$NCF_{1\sim9}$＝470＋180＝650(万元)

NCF_{10}＝650＋200＝850(万元)

【例 8-4】 东风企业投资新建一个分厂，投资均为贷款，固定资产总投资 500 万元，建设期为 2 年，第一年年初投入 300 万元，第一年应计贷款利息 30 万元；第二年年初投入 200 万元，第二年应计贷款利息 55 万元。第二年年末投入流动资产 92 万元，该项目的生产经营期为 10 年，预计期满报废时有残值收入 45 万元。固定资产按直线法计提折旧。生产经营期各年实现的税后利润分别为 21 万元、23 万元、38 万元、45 万元、50 万元、59 万元、62 万元、54 万元、40 万元、24 万元。

要求：计算该项目投资在项目计算期内各年的现金净流量。

根据题意可以画图 8-3 如下：

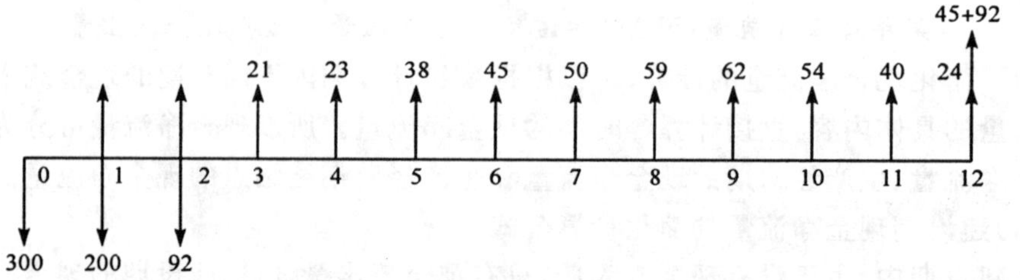

图 8-3 项目计算期内各年的现金流量

解 固定资产原值＝(300＋200)＋(30＋55)＝585(万元)

固定资产年折旧额＝(585－45)/10＝54(万元)

项目计算期＝建设期＋生产经营期＝2＋10＝12(年)

NCF_0＝－300(万元)

NCF_1＝－200(万元)

NCF_2＝－92(万元)

NCF_3＝21＋54＝75(万元)

NCF_4＝23＋54＝77(万元)

NCF_5＝38＋54＝92(万元)

NCF_6＝45＋54＝99(万元)

$NCF_7=50+54=104$(万元)

$NCF_8=59+54=113$(万元)

$NCF_9=62+54=116$(万元)

$NCF_{10}=54+54=108$(万元)

$NCF_{11}=40+54=94$(万元)

$NCF_{12}=24+54+45+92=215$(万元)

【例 8-5】 华商公司购置一台现代化设备，价值 530 万元，建设期一年，第一年年末投入流动资产 80 万元。该项目生产经营期为 10 年，固定资产按直线法计提折旧，期末有残值收入 30 万元。预计投产后，公司前 5 年每年发生 600 万元的营业收入，并发生付现成本 400 万元；后 5 年每年发生 900 万元的营业收入，并发生付现成本 600 万元。所得税率为 25%。

要求：计算该项目投资在项目计算期内各年的现金净流量。

解　生产经营期前 5 年每年应交所得税$=[600-(400+50)]\times 25\%$

$=37.5$(万元)

生产经营期后 5 年每年应交所得税$=[900-(600+50)]\times 25\%$

$=62.5$(万元)

$NCF_0=-530$(万元)

$NCF_1=-80$(万元)

$NCF_{2\sim 6}=600-400-37.5=162.5$(万元)

$NCF_{7\sim 10}=900-600-62.5=237.5$(万元)

$NCF_{11}=237.5+30+80=347.5$(万元)

自测题：2. 某工业项目需要原始投资 1 250 万元，其中固定资产投资 1 000 万元，开办费投资 50 万元，流动资金投资 200 万元。建设期为 1 年，建设期发生与购建固定资产有关的资本化利息 100 万元。固定资产投资和开办费投资于建设起点投入，流动资金于完工时，即第 1 年末投入。该项目寿命期 10 年，固定资产按直线法折旧，期满有 100 万元净残值；开办费于投产当年一次摊销完毕。从经营期第 1 年起连续 4 年每年归还借款利息 110 万元；流动资金于终结点一次回收。投产后每年获净利润分别为 10 万元、110 万元、160 万元、210 万元、260 万元、300 万元、350 万元、400 万元、450 万元和 500 万元。

要求：按简化公式计算该项目投资在项目计算期内各年现金净流量。

练习题

1. 大华公司准备购入一台设备以扩充生产能力。现有甲、乙两个方案可供选择：甲方案需投资 200 000 元，使用寿命为 5 年，采用直线法计提折旧，5 年后设备无残值。5 年中每年销售收入为 120 000 元，每年的付现成本为 40 000 元。乙方案需投资

240 000元，另外在第一年初垫支营运资金 48 000 元，采用直线法计提折旧，使用寿命也为 5 年，5 年后有残值收入 40 000 元。5 年中每年的销售收入为 160 000 元，付现成本第一年为 60 000 元，以后随着设备陈旧，逐年将增加修理费8 000元。假设甲、乙两方案的建设期均为 0 年，所得税率为 25%，试计算两个方案的现金净流量。

2. 大华公司某固定资产投资项目需要一次投入价款 200 万元，资金来源是银行借款，年利率为 10%，建设期为 1 年。该固定资产可使用 10 年，按直线法计提折旧，期满有净残值 20 万元。投入使用以后，经营期第 1～7 年每年可获营业收入（不含增值税）160 万元，第 8～10 年每年可获营业收入（不含增值税）140 万元，经营期第 1～10 年的经营成本（付现成本）为 76 万元。该企业的所得税率为 25%。投产后前 7 年每年需支付银行借款利息 22 万元。

要求：根据上述资料计算该项目投资在项目计算期内各年的现金净流量。

8.2.5 所得税和折旧对现金流量的影响

所得税是企业的一种现金流出，它的大小必然取决于企业利润大小和税率高低，而企业利润大小受折旧方法的影响，因此，在讨论所得税问题时必然会涉及折旧问题。折旧对项目投资评估产生的影响，实际上是由于所得税的存在引起的。因此，这两个问题应放在一起讨论。

1. 税后成本和税后收入

税后成本是指扣除了所得税影响以后的费用净额。凡是可以减免税负的项目，实际支付额并不是真实的成本，而应将减少的所得税考虑进去。企业在生产经营活动中发生的费用支出，如果属于准予扣除的项目，必然会导致应纳税所得额减少，降低所得税费用。税后成本就是根据实际支出金额及其所降低的所得税费用计算得出的。税后成本的一般公式为：

$$税后成本=支出金额\times(1-税率)$$

【例 8-6】 某公司目前的损益状况见表 8-1，该公司正考虑新增一项广告计划，每月支付 2 000 元，所得税率为 25%，该项广告的税后成本是多少？

表 8-1　某公司的损益状况表　单位：元

项目	目前方案（不做广告）	新方案（做广告）
销售收入	15 000	15 000
成本费用	5 000	5 000
新增广告	0	2 000
税前净利	10 000	8 000
所得税（25%）	2 500	2 000
税后净利	7 500	6 000
新增广告税后成本	1 500	

解　从表 8-1 可以看出，该项新增广告的税后成本为每月 1 500 元。两个方案的差别就是广告费 2 000 元，对净利润的影响为 1 500 元。

根据上述公式可以计算出新增广告的税后成本为：

$$税后成本=2\,000\times(1-25\%)=1\,500(元)$$

与税后成本相对应的概念是税后收入。由于所得税的作用，企业营业收入的金额有一部分会流出企业，企业实际得到的现金流入是税后收入。税后收入的一般公式为：

$$税后收入=收入金额\times(1-税率)$$

这里所说的"收入金额"，是指根据税法规定需要纳税的收入，不包括项目结束时收回垫支资金等现金流入。

2. 折旧的抵税作用

企业加大成本就会减少利润，从而使所得税减少。如果不计提折旧，企业的所得税将会增加许多。折旧可以起到减少税负的作用，这种作用被称为"折旧抵税"或"税收挡板"。

【例 8-7】　假设甲公司和乙公司的全年销售收入、付现成本均相同，所得税率均为 25%。两者的区别是甲公司有一项可以计提折旧的固定资产，每年的折旧额相同。试计算两家公司的现金流量情况，并作以比较。

解　根据题意，可以用表 8-2 表示两家公司的现金流量情况。

表 8-2　甲、乙两公司的现金流量　单位：元

项目	甲公司	乙公司
销售收入	20 000	20 000
费用：		
付现成本	10 000	10 000
折旧费用	3 000	0
费用合计	13 000	10 000
税前净利	7 000	10 000
所得税(25%)	1 750	2 500
税后净利	5 250	7 500
营业现金流入：		
净利	5 250	7 500
折旧	3 000	0
营业现金流量合计	8 250	7 500
甲公司比乙公司多拥有的现金	750	

甲公司税后净利虽然比乙公司少 2 250 元，但现金净流入却多出 750 元，其原因在于甲公司有 3 000 元的折旧费计入成本，使应税所得减少 3 000 元，从而少纳税 750 元(3 000×25%)。这笔现金保留在企业里，不必缴出。从增量分析的观点来看，由于增加了一笔金额为 3 000 元的折旧费，企业获得 750 元的现金流入。折旧对税负的影

响可按下列公式计算：

$$税负减少=折旧额\times税率=3\ 000\times25\%=750(元)$$

3.税后现金流量

在加入所得税因素后，现金流量的计算有三种方法。

(1)根据现金流量的定义计算

根据现金流量的定义，所得税是一种现金支付，应当作为每年营业现金流量的一个减项，即：

营业现金流量＝营业收入－付现成本－所得税 (1)

(2)根据年末营业结果计算

企业每年现金增加主要来自两个方面：一是当年的净利；二是计提的折旧，它以现金的形式从销售收入中扣回，留在企业里。所以计算公式为：

营业现金流量＝税后净利＋折旧 (2)

式(2)与式(1)是一致的，可以从式(1)中直接推导出来：

营业现金流量＝营业收入－付现成本－所得税
＝营业收入－(营业成本－折旧)－所得税
＝营业利润＋折旧－所得税
＝税后净利＋折旧

(3)根据所得税对收入和折旧的影响计算

根据税后成本、税后收入和折旧抵税等相关概念可知，由于所得税的影响，现金流量并不等于项目实际的收支金额。

税后成本＝付现成本×(1－税率)
税后收入＝收入金额×(1－税率)
税负减少＝折旧×税率

因此，营业现金流量应当按下式计算：

营业现金流量＝税后收入－税后成本＋税负减少
＝收入金额×(1－税率)－付现成本×(1－税率)＋折旧×税率 (3)

式(3)也可以根据式(2)直接推导出来：

营业现金流量＝税后净利＋折旧
＝(收入金额－销货成本)×(1－税率)＋折旧
＝(收入金额－付现成本－折旧)×(1－税率)＋折旧
＝收入金额×(1－税率)－付现成本×(1－税率)
－折旧×(1－税率)＋折旧
＝收入金额×(1－税率)－付现成本×(1－税率)－折旧
＋折旧×税率＋折旧
＝收入金额×(1－税率)－付现成本×(1－税率)＋折旧×税率

自测题:3. 用公式(3)解答例 8-5。

练习题

3. 某企业拟购建一项固定资产,需投资 1 000 万元,按直线法计提折旧,使用寿命为 10 年,期末有 100 万元净残值。在建设起点一次投入借入资金 1 000 万元,建设期为一年,发生建设期资本化利息 100 万元。预计投产后每年可获营业利润 100 万元。在经营期的前 3 年,每年归还借款利息 110 万元(假定营业利润不变,不考虑所得税因素)。

要求:用简化方法计算该项目的现金净流量。

上述 3 个公式中最常用的是式(3),因为企业的所得税是根据企业总利润计算的。在决定是否投资某个项目时,我们并不知道整个企业的总利润及与此相关的所得税,此时往往使用差额分析法确定现金流量,这就妨碍了式(1)和式(2)的使用。式(3)则不需要知道企业的总利润是多少,使用起来比较方便。

8.3 项目投资评估

8.3.1 项目投资评估的程序

项目投资不能在缺乏调查研究的情况下轻率拍板,而必须按特定的程序,运用科学的方法,进行可行性分析,以保证评估的正确有效。项目投资评估的程序一般包括如下几个步骤:

1. 估计投资项目的现金流量

项目投资的现金流量是指由该投资项目引起的在一定期间内发生的现金流出量、现金流入量和现金净流量。

(1)现金流出量。项目投资引起的现金流出量包括:①项目的原始投资(包括固定资产的购置费、运输费、保险费、包装费、安装调试费等),以及固定资产投产后的修理费等支出;②因投资项目使企业的规模扩大了而追加的流动资金;③投资项目所利用的企业现有的非货币资源,如房屋、设备、土地等,也应视同现金流出。

(2)现金流入量。项目投资引起的现金流入量包括:①营业现金流入,它是企业的营业收入减去付现成本之差,或者可以理解为企业的营业利润与折旧之和;②投资项目终了时,固定资产报废的残值收入或出售固定资产的变价收入;③投资项目终了时,企业收回的流动资金。

(3)现金净流量。项目投资的现金净流量为现金流入量与现金流出量的差额。企业要作出正确的项目投资评估,必须首先科学地估计投资项目的预期现金流量。

2. 估计预期现金流量的风险

由于项目投资涉及的时间较长，涉及企业生产经营的各个方面，因此面临着许多不确定因素。企业在估计预期现金流量时，必须充分地考虑现金流量的不确定性，并对其做出合理的估计。

3. 确定投资项目资本成本的一般水平

项目投资需要投入大量的资金，而资金是不能无偿使用的，使用资金必须付出代价，也就是说要负担成本。因此，资本成本就是取得和使用资金应负担的成本，通常用百分率来表示(见第 5 章)。资本成本在长期投资评估中非常重要，因为它是一个投资项目能够被接受的最低报酬率。也就是说，任何投资项目，如果它的预期获利水平不能达到这个报酬率便将被舍弃；反之，如果它的预期获利水平超过这个报酬率，就可以被采纳。

4. 确定投资项目的现金流量现值

根据以上步骤所估计的投资项目的预期现金流量和所确定的资本成本，计算投资项目的现金流入量现值、现金流出量现值，并计算出现金净流量现值。

5. 决定投资项目的取舍

将投资项目的现金流入量现值和现金流出量现值进行比较，如果现金流入量现值大于现金流出量现值，可以接受该投资项目；如果现金流入量现值小于现金流出量现值，则拒绝该投资项目。

8.3.2 项目投资评估的方法

项目投资评估的方法很多，按是否考虑货币时间价值，可以分为非贴现法和贴现法两大类。所谓非贴现法，是指没有考虑货币时间价值因素的评估方法，又称静态分析法。该方法计算简单，便于理解，主要包括投资回收期法和平均报酬率法。所谓贴现法，是指考虑了货币时间价值因素的评估方法，又称动态分析法。该方法计算较复杂，但更贴近实际，更为科学合理，主要包括净现值法、现值指数法和内部报酬率法。

1. 非贴现法

(1)投资回收期(Payback Period，PP)

投资回收期是指收回全部原始投资所需要的时间，一般以年为单位，包括建设期的投资回收期用PP来表示，不包括建设期的投资回收期用PP′来表示，$PP=PP'+s$。采用投资回收期法对投资项目进行分析评价时，需要事先确定企业所希望达到的期望回收期，以便与项目的投资回收期进行比较，从而决定取舍。

对相互独立的备选方案进行决策时，如果投资回收期小于或等于期望回收期，则方案可行；如果投资回收期大于期望回收期，则方案不可行。对相互排斥的备选方案进行决策时，如果有两个或两个以上方案的投资回收期都小于或等于期望回收期，应选择投资回收期最短的方案。

阅读材料

独立项目与互斥项目

所谓的"独立项目",就是对其作出接受或者放弃的投资决策都不会受其他项目投资决策的影响。举个例子,假设麦当劳打算在一个偏远的小岛上开设一家汉堡包餐厅。这个方案是否采取都不会受到其他开设新餐厅的投资决策的影响,它们是互相独立的。由于该餐厅位置偏远,与其他餐厅的经营就互不干扰。

现在我们看看与其相对应的"互斥项目"。假设有项目 A 与项目 B,怎样才能称这两个项目互相排斥呢?比如,项目 A 是在你拥有的一块地皮上建一栋公寓楼,而项目 B 是决定在同样的一块地上建一座电影院。

在计算投资项目的投资回收期时,因各年现金净流量的分布不同而有以下两种方法:

①当建设期为零,全部投资在建设期开始一次性投入,经营期各期的现金净流量都相等时,我们可以用下面方法计算投资回收期:

投资回收期＝原始投资额 / 年现金净流量

【例 8-8】 东方公司准备购建一项固定资产,需投资 1 100 万元,按直线法计提折旧,生产经营期为 10 年,期末无固定资产残值。预计投产后每年税后利润为 100 万元。假定企业期望投资回收期为 6 年。该投资项目各年的现金净流量见表 8-3。

要求:计算该方案的投资回收期,并分析该方案的可行性。

表 8-3　**投资项目现金净流量**　单位:万元

年份	原始投资额	税后利润	年折旧	回收残值	年现金净流量(NCF)
0	－1 100				－1 100
1		100	110		210
2		100	110		210
3		100	110		210
4		100	110		210
5		100	110		210
6		100	110		210
7		100	110		210
8		100	110		210
9		100	110		210
10		100	110	0	210

解　该投资项目生产经营期内各年现金净流量为 210 万元,因此,可用公式计算:

投资回收期＝原始投资额/年现金净流量 ＝1 100/210＝5.2(年)

因为该投资方案的投资回收期为5.2年，小于企业期望回收期6年，所以该投资方案可行。

②当项目的建设期不等于0，投资是分期投入的，或经营期各期的现金净流量不相等时，我们只能计算累计的现金净流量，去求项目的投资回收期。

首先，逐年计算累计现金净流量，当累计现金净流量正好为零时，此年限即为投资回收期；当累计现金净流量无法直接找到零时，用插值法计算投资回收期。用公式表示为：

投资回收期＝累计现金净流量最后一项负值对应的年限＋

累计现金净流量最后一项负值的绝对值/下年现金净流量

【例 8-9】 神州企业有A、B两个投资方案，它们的具体资料见表8-4。该企业期望的投资回收期为4.5年。要求：计算A、B两个投资方案的投资回收期，评价A、B方案的可行性。

表 8-4　　投资项目现金净流量　　单位：万元

年份	0	1	2	3	4	5	6	7
A方案	−600	0	100	200	300	460	320	290
B方案	−700	180	230	240	300	420	350	310

解　列表计算A、B两个方案的累计现金净流量，见表8-5。

表 8-5　　投资项目累计现金净流量　　单位：万元

年份	A方案		B方案	
	现金净流量	累计现金净流量	现金净流量	累计现金净流量
0	−600	−600	−700	−700
1	0	−600	180	−520
2	100	−500	230	−290
3	200	−300	240	−50
4	300	0	300	250
5	460	460	420	670
6	320	780	350	1 020
7	290	1 070	310	1 330

从表8-5中可知，A方案的投资回收期为4年，而B方案在表中无法直接找到累计现金净流量为零。可知，投资回收期在第3年至第4年之间。采用插值法计算：

B方案投资回收期＝3＋50÷300＝3.17(年)

由于A、B两个方案的投资回收期分别为4年和3.17年，都小于该企业期望的投资回收期 4.5 年，因此两个方案都可行。但 B 方案的投资回收期较短，所以应选择 B 方案。

自测题：4. A 项目的原始投资和经营期现金净流量见表 8-6。

要求：计算该项目的静态回收期。

表 8-6 A 项目的原始投资和经营期现金净流量 单位：万元

年份	0	1	2	3	4	5
现金净流量	−288 000	80 200	74 840	69 480	64 120	146 760
累计现金净流量	−288 000	−207 800	−132 960	−63 480	640	147 400

回收期法的优缺点：回收期法的优点是通俗易懂，大致反映投资回收速度，而且计算简便。但是这种方法也存在缺陷：没有考虑资金的时间价值，夸大了回收速度，而且没考虑回收期满后的收益情况，容易造成严重的退缩不前。因为许多对企业的长期生存至关重要的较大型投资项目，并非在开始几年内就能带来收益，实际上，资本投资的主要目的在于创造利润，而不只是为了保本。如果决策者以回收期作参数，往往会导致企业优先考虑急功近利的项目，而放弃长期成功的方案。

练习题

4. 某公司有一项投资计划，预计需要一次性投入 120 万元。在其寿命期内，每年能带来 40 万元的现金净流量，该投资项目多少年能收回投资额？

5. 有一个投资项目原始投资额为 10 万元，每年的现金净流量分别为 2 万元、3 万元、3 万元、5 万元，该投资项目多少年能收回投资额？

(2)年平均报酬率（Average Rate of Return，ARR）

年平均报酬率是指投资项目的年平均利润与原始投资额的百分比。采用年平均报酬率法对投资项目进行分析评价时，需要事先确定企业所希望达到的期望报酬率，以便与项目的年平均报酬率进行比较，从而决定取舍。

对相互独立的备选方案进行决策时，如果年平均报酬率大于或等于期望报酬率，则方案可行；如果年平均报酬率小于期望报酬率，则方案不可行。对相互排斥的备选方案进行决策时，如果有两个或两个以上方案的年平均报酬率都大于或等于期望报酬率，应选择年平均报酬率最大的方案。

年平均报酬率的计算公式如下：

$$\text{年平均报酬率}=\text{年平均利润额}/\text{原始投资额}\times 100\%$$

【例 8-10】 商科企业有一个投资方案，投资总额为 100 万元，当年投产当年开始盈利，生产经营期为 8 年，该企业希望达到的期望报酬率为 8%，每年预测利润见表 8-7。

要求：计算该投资方案的平均报酬率，并分析该方案的可行性。

表 8-7 预测每年利润表 单位:元

年份	1	2	3	4	5	6	7	8	合计
利润额	85 000	107 000	110 000	133 000	165 000	136 000	114 000	110 000	960 000

解 年平均报酬率＝年平均利润额/原始投资额×100%

＝(960 000÷8)/1 000 000×100%＝12%

该方案年平均报酬率为12%,大于该企业的期望报酬率8%,所以该方案可行。

自测题:5.兴业集团准备新投资一个项目,有A、B两个备选方案,A方案投资总额为106 250元,B方案投资总额为130 000元。该企业的期望报酬率为11%,其他资料见表8-8。

要求:计算A方案和B方案的年平均报酬率,并评价A方案和B方案的可行性。

表 8-8 A方案和B方案现金流量表 单位:元

年份	A方案		B方案	
	固定资产投资	利润	固定资产投资	利润
0	106 250		130 000	
1		17 000		11 000
2		17 000		15 000
3		17 000		20 000
4		17 000		34 000
5		17 000		40 000
合计		85 000		120 000

年平均报酬率法的优缺点:年平均报酬率法在计算时,使用会计报表上的数据以及普通会计收益和成本观念,易于理解,便于计算,说明投资项目的利润水平。这种方法要求企业事先确定要达到的必要年平均报酬率。在进行决策时,高于必要年平均报酬率的方案可以入选。在多个互斥方案中则选用年平均报酬率最高者。年平均报酬率的缺陷在于未考虑资金的时间价值,夸大了项目的盈利水平。对于独立方案,不能确定项目的优先次序。投资额不等的各项投资,年平均报酬率高的项目不一定实现企业利润最大化。

2.贴现法

(1)净现值(Net Present Value,NPV)

净现值是指投资项目未来现金流入量现值与其现金流出量现值之间的差额,即投资项目从投资开始到项目寿命终结时,所有的现金流量按预定的贴现率折算成项目开始时的价值(即现值)的代数和。预定贴现率通常是企业所要求的最低投资报酬率。

净现值的基本计算公式为:

$$NPV=\sum_{t=0}^{n}\frac{NCF_t}{(1+i)^t}$$

式中　NPV—— 净现值；

n—— 项目计算期；

i—— 贴现率(或企业要求的最低投资报酬率)；

NCF_t—— 第 t 年的现金净流量。

净现值法是根据某一投资项目的净现值是正数还是负数来确定该项目是否可行的决策分析方法。净现值法判断的一般规则是：

只有一个备选方案时，净现值为正则采纳，净现值为负则不采纳；有多个备选方案时，净现值越大，投资项目越优，选用净现值为正值中的最大者，此时不考虑融资是否存在困难。

净现值的经济意义是投资方案贴现后的净收益。按照净现值法的思路，净现值大于或等于零，则说明投资项目的收益率不低于企业所要求的最低投资报酬率，方案可行；净现值若小于零，则说明投资项目的收益率低于企业所要求的最低投资报酬率，方案不可行。

【例 8-11】 某企业有一投资项目，原始投资额为 60 000 元，预计使用 6 年，残值 3 000元，流动资产投资 20 000 元，估计每年的营业现金净流量为 20 000 元，投资者要求的最低投资报酬率为 12%，用净现值法评价该投资项目的可行性。

解 根据题意，可以得出该投资项目的现金流量图如下：

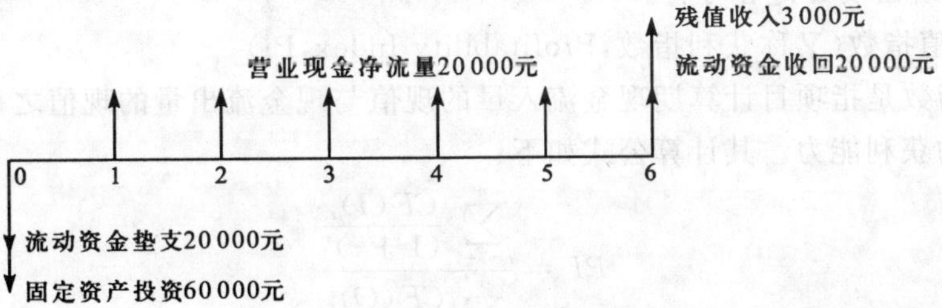

图 8-4　项目投资的现金流量图

计算投资项目的现金净流量：

$$\begin{aligned}NPV&=20\,000\times(P/A,12\%,6)+(20\,000+3\,000)\times(P/F,12\%,6)-\\&\quad(20\,000+60\,000)\\&=20\,000\times4.111+23\,000\times0.507-80\,000\\&=82\,220+11\,661-80\,000\\&=13\,881(\text{元})\end{aligned}$$

因为该项目的 $NPV=13\,881$ 元 >0，所以该项目可行。

自测题:6. 假设贴现率为 10%,有三个投资项目,有关数据如下表:

三个投资项目现金净流量 单位:元

期间	A 项目		B 项目		C 项目	
	净收益	NCF	净收益	NCF	净收益	NCF
0		−20 000		−9 000		−12 000
1	1 800	11 800	−1 800	1 200	600	4 600
2	3 240	13 240	3 000	6 000	600	4 600
3			3 000	6 000	600	4 600
合计	5 040	5 040	4 200	4 200	1 800	1 800

要求:请选择最优投资项目。

净现值法的优缺点:净现值法的主要优点是考虑了货币的时间价值,使不同时点发生的现金流量具有可比性;同时,也考虑了投资的风险因素,贴现率的高低可根据投资项目的风险程度进行调整。其缺点是不能从动态角度直接反映投资项目的实际收益率水平,不便于直接评价原始投资额不同的独立方案。

练习题

6. 某企业有一个投资项目,需要投入 100 万元,预计能使用 5 年,不考虑残值,采用平均年限法计提折旧,在项目寿命期内各年的营业利润额分别为 10 万元、12 万元、13 万元、15 万元、10 万元。试计算该项目的年平均报酬率,若企业要求的投资报酬率为 12%,判断该项目是否可行。

(2)现值指数(又称获利指数,Profitability Index,PI)

现值指数是指项目计算期现金流入量的现值与现金流出量的现值之比,表明项目单位投资的获利能力。其计算公式如下:

$$PI=\frac{\sum_{t=s+1}^{n}\frac{CF(I)_t}{(1+i)^t}}{\sum_{t=0}^{s}\frac{CF(O)_t}{(1+i)^t}}$$

式中 PI—— 现值指数;

s—— 建设期;

$CF(I)_t$—— 第 t 年现金流入量;

$CF(O)_t$—— 第 t 年现金流出量;

n—— 项目计算期;

i—— 贴现率(或企业要求的最低报酬率)。

现值指数法是根据某一投资方案的现值指数是否大于 1 来确定该方案是否可行的决策分析方法。现值指数法判断的一般规则是:

只有一个备选方案时,当现值指数大于 1 时,说明投资项目实施后的投资报酬率大于企业所要求的最低投资报酬率，项目可行，否则不可行；在有多个备选方案的互斥选择决策中，在现值指数大于 1 的备选方案中选择现值指数最大的投资方案。

【例 8-12】 续上例，用现值指数法评价该投资项目的可行性。

解 $PI = [20\ 000 \times (P/A, 12\%, 6) + (20\ 000 + 3\ 000) \times (P/F, 12\%, 6)] \div (20\ 000 + 60\ 000)$

$= (82\ 220 + 11\ 661) \div 80\ 000 = 1.17$

该项目的现值指数大于 1，说明其投资报酬率超过企业所要求的最低投资报酬率，投资项目可行。

自测题：7. 续自测题 6，用现值指数法评价三个投资项目。

净现值是投资项目现金流入现值补偿其现金流出现值以后的差额，它实质上是投资项目在整个投资有效期内剩余收益的现值。现值指数是现金流入现值与其现金流出现值之间的比值。在一般情况下，两种指标的评价结论一致。但在评价原始投资额不同的互斥型项目时，两种指标可能得出相互矛盾的结论。如果企业的资金较充裕，而且资金没有更好的用途时，一般乐于接受净现值较大的方案。因为现值指数反映投资回收的速度，不反映投资回收额的多少，而净现值反映投资回收的数额，净现值越大，说明投资方案提供剩余收益的现值越大，符合企业的最大利益原则。那么，当结论不一致时应该如何抉择呢？下面我们通过一个例题来解释这个问题。

【例 8-13】 设有两个备选方案甲和乙，它们的现金流量情况见表 8-9。

表 8-9　　**甲方案和乙方案现值指数和净现值表**　　单位：万元

备选方案	期初投资 (NCF_0)	第一期现金流入量 (NCF_1)	第一期现金流入量现值 ($NCF_1/(1+10\%)$)	现值指数	净现值 ($i=10\%$)
甲方案	−600	1 320	1 200	2.0	600
乙方案	−1 000	1 980	1 800	1.8	800

如果甲方案和乙方案是二择一项目，根据现值指数法应选择甲方案，但根据净现值法应选择乙方案。对此还应该使用增量现金流量来进行进一步的分析，以判断各个备选方案的优劣。现进一步假设，企业融资限额在 600 万元以内时，资本成本为 10%，如果超过 600 万元，超过部分的资本成本为 15%。则进一步分析的结果见表 8-10。

表 8-10　　**甲方案和乙方案现金流量增量分析表**　　单位：万元

备选方案	现金流出增量	现金流入增量	现金流入增量现值 ($NCF_1/(1+15\%)$)	现值指数	净现值 ($i=15\%$)
乙－甲	−400	660	574	1.43	174

由表 8-10 可见，现金流量增量的现值指数仍然大于 1，净现值也大于 0，所以选择乙方案才是正确的。由此可见，现值指数法虽然与净现值法非常接近，但由于现值指

数不具有可加性，因此，在多选一的决策中经常会放弃能够使企业价值达到最大化的方案，造成决策失误。

现值指数法的优缺点：现值指数法的优缺点与净现值法基本相同。其区别在于现值指数是相对数指标，可以从动态角度反映投资项目的投入与产出关系，有利于评价原始投资额不同的投资项目的经济效果。现值指数反映投资效率，而净现值反映投资效益。然而，贴现率的高低影响方案的优先次序，选择时应慎重。

练习题

7. 某企业借入 520 000 元，年利率 10%，期限 5 年，5 年内每年付息一次，到期一次还本。该款用于购入一套设备，该设备可使用 10 年，预计残值 20 000 元。该设备投产后，每年可新增销售收入 300 000 元，采用直线法计提折旧，除折旧外，该设备使用的前 5 年每年总成本费用 232 000 元，后 5 年每年总成本费用 180 000 元，所得税率为 25%。求该项目净现值、获利指数。

(3)内部报酬率(Internal Rate of Return，IRR)

内部报酬率又称内含报酬率，是指能使投资项目未来现金流入量现值等于其现金流出量现值，即净现值等于零时的贴现率。内部报酬率就是投资项目的实际投资报酬率，反映了投资项目的实际获利水平。

由于
$$NPV = \sum_{t=0}^{n} \frac{NCF_t}{(1+IRR)^t} = 0$$

因此，IRR 为未知时，解上述方程即得投资项目的内部报酬率。通过公式我们可以得知 NPV 与 IRR 成反比。

根据投资项目各年现金净流量的特点不同，内部报酬率的求解方法可以分为以下几种：

①当项目的全部投资额均为建设起点一次投入，建设期为零，经营期每年现金净流量相等时，则需要按下列步骤计算：

首先，因为经营期每年相等的现金净流量可以看成是年金，所以我们可以把投资项目未来现金流入量现值作为年金现值来求，即：

$$营业现金净流量 \times (P/A, IRR, n) - 投资总额 = 0$$

可以得出：$(P/A, IRR, n) = 投资总额 / 营业现金净流量$

其次，用插值法就可以求出内部报酬率。

【例 8-14】 某投资项目在建设起点一次性投资 254 580 元，当年完工并投产，投产后每年可获现金净流量 50 000 元，经营期为 15 年。要求：计算内部报酬率。

解 因为 $NCF_0 = -254\ 580$(元)　　$NCF_{1\sim15} = 50\ 000$(元)

所以 $-254\ 580 + 50\ 000 \times (P/A, IRR, 15) = 0$

所以 $(P/A, IRR, 15) = 254\ 580/50\ 000 = 5.0916$

查 15 年的年金现值系数表得：

$$(P/A,18\%,15)=5.0916$$

所以　$IRR=18\%$

②如果每年的现金净流量不相等，则需要按下列步骤计算：

首先，估计一个贴现率，用它来计算净现值。如果净现值为正数，说明方案的实际内部报酬率大于预计的贴现率，应提高贴现率再进一步测试；如果净现值为负数，说明方案本身的内部报酬率小于预计的贴现率，应降低贴现率再进行进一步测算。如此反复测试，寻找出使净现值由正到负或由负到正且接近 0 的两个贴现率。

其次，用插值法就可以求出内部报酬率。

【例 8-15】　某企业拟投资一项目，在建设起点需投资 1 000 万元，建设期为一年，投产后 1～7 年可获现金净流量 360 万元，第 8 年和第 9 年获现金净流量 250 万元，最后一年获现金净流量 350 万元，试计算该项目的内部报酬率。

解　根据题意，可以用图 8-5 表示如下（单位：万元）：

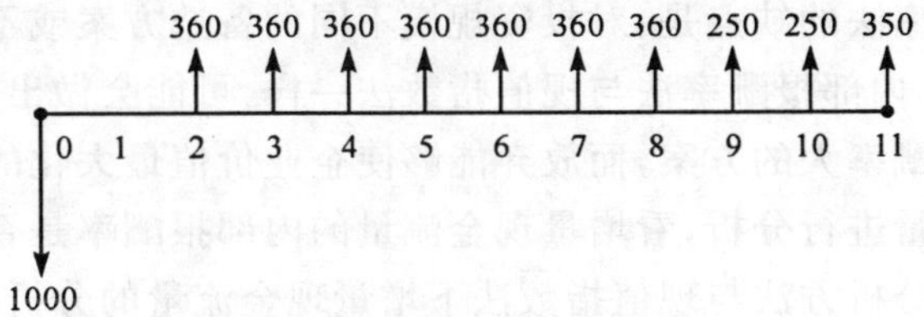

图 8-5　投资项目现金流量图

根据图 8-5 我们可以分析得知：

$$NPV=-1\,000+360\times[(P/A,IRR,8)-(P/A,IRR,1)]+250\times(P/F,IRR,9)+250\times(P/F,IRR,10)+350\times(P/F,IRR,11)=0$$

逐步测试：

测试次数	设定的折现率(%)	净现值
1	10	918.3839
2	30	−192.7991
3	20	217.3128
4	24	39.3177
5	26	−30.1907

利用插值法：

利率	净现值
24%	39.3177
IRR	0
26%	−30.1907

$(IRR-24\%)/(26\%-24\%)=(0-39.3177)/(-30.1907-39.3177)$

$IRR\approx 25.13\%$

对相互独立的备选方案进行决策时，如果内部报酬率大于或等于企业要求的最低报酬率，则方案可行；否则，方案不可行。对相互排斥的备选方案进行决策时，如果有两个或两个以上方案的内部报酬率都大于或等于企业要求的最低报酬率，应选择内部报酬率最大的方案。

一般情况下，采用净现值法和内部报酬率法的评价结论应相同。但在评价原始投资额不同的互斥型投资项目时，两种方法的评价结论可能会产生矛盾。其原因是：两种方法假定用中期产生的现金流入量再投资时，会产生不同的报酬率。净现值法假定中期产生的现金流入量重新投资时会产生相当于预定贴现率的报酬率，而内部报酬率却假定现金流入量重新投资时产生的报酬率与该方案的内部报酬率相同。

内部报酬率法的优缺点：内部报酬率法考虑了货币的时间价值，因此，在多数情况下，可以得出与净现值法和现值指数法相同的结论。因此，内部报酬率法得到了广泛的应用。内部报酬率法的缺点是：对投资规模不同的备选方案或不同现金流量模式进行多选一的决策时，内部报酬率法与现值指数法一样，可能会做出错误的选择，即企业可能会选择内部报酬率大的方案，而放弃能够使企业价值最大化的项目。这时需要进一步对增量现金流量进行分析，看增量现金流量的内部报酬率是否仍大于企业所要求的最低报酬率。其分析方法与现值指数法下增量现金流量的分析方法相同，这里不再举例说明。

自测题：

8. 续自测题 7，用内部报酬率法评价三个投资项目。

9. 用内部报酬率法评价例 8-11。

阅读材料

公司更偏向于哪种方法？

大公司 几乎所有的大公司都使用复杂的、基于时间价值的方法进行资本预算。然而，虽然净现值法在理论上是最好的方法，公司却经常使用内部报酬率法。这可能是因为比起使用货币价值总和，人们使用比率更舒服一些。我们从孩童时代都在存款中熟悉了利息率。在我们年轻的时候我们就学会了股票投资的报酬率。商人们总是在谈论着销售、资产和股票的报酬率。

而在另一方面，净现值就有点抽象。大多数人直到大学才学到它，而且你不能将一元钱的现值握在手里。经理人员懂得净现值，但这个名词还是有一点点陌生，因而重心移向内部报酬率。这种偏好在可预见的未来是不太可能改变的。

小公司 在小公司里情况非常不同。一些年以前所做的一个调研表明：80%以上的公司把回收期法作为资本运用的基础或者根本就不做任何正式的分析。

这种发现大概有两种原因。第一，可能大多数小公司的经理们没有受过财务方面的教育，不知道如何应用更复杂的方法。第二，小公司总是把焦点放在非常短期的现金流量上。从非常短期的观点来看，回收期法的确效果不错，所以企业家们也许感到他们不需要任何其他方法。

练习题

8. 将 50 000 元投入一台设备，可用 5 年，每年现金净流量为 12 000 元，求内部报酬率。

8.3.3 项目投资评估典型案例分析

1. 新建(购)设备评估

新建(购)设备评估通常包括增加现有产品产量或扩大现有销售渠道所作的投资评估，以及生产新产品或打入新市场等所作的投资评估。

【例 8-16】 假设某公司准备在计划年度添置一台大型设备，以增加产量，扩大现有销售量。预计该设备购置成本为 400 000 元，运输、安装、调试等方面的费用共计 30 000元。该设备寿命期为 5 年，期满有残值 30 000 元，按直线法计提折旧。使用该设备可使公司每年增加销售收入 380 000 元，每年增加的营业付现成本为 220 000 元，所得税率为 25%。若该公司的资本成本为 14%，试用净现值法作出该项投资方案是否可行的评估分析。

解 首先计算各年的现金净流量：

设备原值＝400 000＋30 000＝430 000(元)

即：$NCF_0=-430\ 000$(元)

年折旧额＝(430 000－30 000)/5＝80 000(元)

年税前利润＝380 000－(220 000＋80 000)＝80 000(元)

年税后利润＝80 000×(1－25%)＝60 000(元)

每年营业现金净流量＝60 000＋80 000＝140 000(元)

$NCF_{1\sim4}=140\ 000$(元)

$NCF_5-140\ 000+30\ 000-170\ 000$(元)

其次计算净现值：

$$NPV=140\ 000\times(P/A,14\%,4)+170\ 000\times(P/F,14\%,5)-430\ 000$$
$$=140\ 000\times2.914+170\ 000\times0.519-430\ 000$$
$$=66\ 190(\text{元})$$

因为该投资项目的净现值 66 190＞0，所以该方案可行。

2. 设备更新评估

在企业的实践中,固定资产的预计使用年限常常不准确,因为设备的经济寿命与其自然寿命常常不一致,在一个快速发展的宏观经济环境中,常常是固定资产的经济寿命短于其自然寿命。特别是现代科学技术发展突飞猛进,尽管旧设备还能使用,但如果不更新就会出现材料及能源消耗大、精密度低、维修费用高、生产效率低等问题。企业为了在激烈的市场竞争中立于不败之地,迫切需要采用最新的科技成果,不断研制和推出新产品,以满足市场竞争的需要。于是生产设备的更新问题就成为企业经常遇到的评估问题。

(1)旧设备剩余使用年限与新设备的使用年限相同

如果旧设备剩余使用年限与新设备的使用年限相同,可以使用净现值法并结合差量分析法进行分析,来确定旧设备的更新是否有利。

【例 8-17】 甲公司一台旧设备原价为 40 万元,估计还可以使用 6 年,假设期满报废时无残值。公司按直线法计提折旧,该设备已计提折旧 16 万元,账面净值为 24 万元。如果继续使用该设备每年可以获得营业收入 60 万元,每年用现金支付的营业成本为 45 万元。现公司准备购置一台新设备以提高产品的性能。购买该新设备需要 60 万元,预计可使用 6 年。期满有残值 3 万元。如果使用新设备,旧设备可作价 14 万元。采用新设备后,每年可以增加销售收入 10 万元,同时可以节约付现营业成本 5 万元。公司所要求的最低投资报酬率为 12%。公司经理要求财务人员对固定资产是否需要更新作出评估。

解 为了便于分析,现将新旧两台设备的有关资料进行整理,见表 8-11。

表 8-11　　新旧两台设备的有关资料　　单位:万元

摘要	旧设备	新设备
购入成本	40	60
尚可使用年限	6	6
账面净值	24	60
期满残值	0	3
年折旧额	4	9.5
可作价	14	0
年营业收入	60	70
年付现营业成本	45	40

首先,计算新旧设备每年的营业现金净流量及其差量:

旧设备每年的营业现金净流量=60−45=15(万元)

新设备每年的营业现金净流量=70−40=30(万元)

使用新设备每年增加的营业现金净流量＝30－15＝15(万元)

其次，计算使用新设备增加的现金净流量的净现值：

使用新设备增加的现金净流量的净现值＝每年增加的现金净流量的现值＋

新设备残值的现值－购置新设备需要增加的投资额

$=15\times(P/A,12\%,6)+3\times(P/F,12\%,6)-(60-14)$

$=15\times4.111+3\times0.507-46$

＝17.186(万元)

结论：更新旧设备使用新设备能给公司增加17.186万元的净现值，所以使用新设备在经济上是合理的。

(2)旧设备剩余使用年限与新设备的使用年限不同

如果旧设备剩余使用年限与新设备的使用年限不同，而新旧设备的生产能力和产品质量完全相同，可以使用年成本法进行分析，来确定旧设备的更新是否有利。

【例8-18】 甲公司一台旧设备原价为40万元，估计还可以使6年，假设期满报废时残值为4万元。公司按直线法计提折旧，该设备已计提折旧16万元，账面净值为24万元。如果继续使用该设备，每年用现金支付的营业成本为50万元。现公司准备购置一台新设备以降低操作成本，购买该新设备需要60万元，预计可使用10年，期满无残值。新旧设备的年生产能力相同，生产的产品质量也相同，但使用新设备每年用现金支付的营业成本仅为35万元。如果使用新设备，旧设备可作价14万元。假设公司的该种产品会永远生产下去。公司所要求的最低投资报酬率为12%。公司经理要求财务人员对固定资产是否需要更新做出评估。

由于新旧设备的生产能力相同，所生产的产品质量也相同，因此这两种方案能够给企业带来的年现金收入也相同；所不同的是有关操作成本和设备的取得成本。因此，可以使用年成本分析法。习惯上，我们将固定资产使用1年的成本称为固定资产的年平均成本，它是指某资产引起的现金流出的年平均值。如果不考虑货币的时间价值，它是资产未来使用年限内的现金流出总额与使用年限的比值。如果考虑货币的时间价值，它是资产未来使用年限内的现金流出总现值与年金现值系数的比值，即平均每年的现金流出。

解 首先，计算新旧设备的成本现值：

继续使用旧设备的成本现值$=50\times(P/A,12\%,6)-4\times(P/F,12\%,6)$

$=50\times4.111-4\times0.507$

＝203.522(万元)

使用新设备的成本现值$=35\times(P/A,12\%,10)+(60-14)$

$=35\times5.650+46$

＝243.75(万元)

其次，计算新旧设备的年成本：

使用旧设备的成本现值为203.522万元，而使用新设备的成本现值为243.75万元。但是，新设备可以使用10年，而旧设备只能使用6年，两者不能直接比较，只能对成本进行年金分摊后才能比较。

$$继续使用旧设备的年成本=203.522\div(P/A,12\%,6)=203.522\div4.111=49.5067(万元)$$

$$使用新设备的年成本=243.75\div(P/A,12\%,10)=243.75\div5.650=43.142(万元)$$

结论：从以上计算可以看出，使用新设备的年成本比继续使用旧设备的年成本低，所以进行设备的更新，在经济上是合算的。

自测题：10. 大华公司考虑用一台全自动化的新设备来代替半自动化的旧设备，以提高效率，减少成本，增加收益。旧设备原购置成本为30 000元，已使用5年，估计还可使用5年，已计提折旧15 000元，假定使用期满后无残值。如果现在销售可得价款15 000元。使用该设备每年可获收入37 500元，每年的付现成本为22 500元。该公司现准备用一台新设备来代替原有的旧设备，新设备的购置成本为45 000元，估计可使用5年，期满有残值7 500元。使用新设备后，每年收入可达60 000元，每年付现成本为30 000元。假设所得税率为25%，新、旧设备均用直线折旧法计提折旧，企业所要求的最低投资报酬率为15%。试分析评价该公司是否该用全自动化的新设备代替半自动化的旧设备。

3. 设备大修理与更新评估

【例8-19】 某企业有一台旧设备，需要大修理后才能继续使用，工程技术人员经过分析后提出两个方案，一是进行大修理；二是不修理，购买一台新设备替换旧设备。假设该企业采用直线法计提折旧，适用的所得税率为25%，要求的最低投资报酬率为10%，设备大修理支出的摊销年限为4年。试做出对设备进行大修理还是更新的评估。

两个方案的有关数据资料见表8-12。

表8-12　　大修理与更新的有关资料　　单位：元

项目	旧设备	新设备
原始价值	27 500	32 000
预计使用年限	10	8
已使用年限	6	0
尚可使用年限	4	8
大修理支出	6 000	0
最终残值	2 500	2 000
目前变现价值	12 500	32 000
年运行成本	8 500	5 000

解 首先计算两个方案的营业现金净流量：

$$NCF(\text{大修理})=-8\,500\times(1-25\%)+[(27\,500-2\,500)/10+6\,000/4]\times25\%$$
$$=-6\,375+1\,000=-5\,375(\text{元})$$

$$NCF(\text{更新})=-5\,000\times(1-25\%)+(32\,000-2\,000)/8\times25\%$$
$$=-3\,750+937.5$$
$$=-2\,812.5(\text{元})$$

由此，可编制投资方案的现金流量表，见表8-13。

表8-13 大修理与更新的现金流量 单位：元

年限	0	1	2	3	4	5～7	8
大修理：							
初始投资	−18 500						
营业现金流量		−5 375	−5 375	−5 375	−5 375		
终结现金流量					2 500		
现金流量合计	−18 500	−5 375	−5 375	−5 375	−2 875		
更新：							
初始投资	−32 000						
营业现金流量		−2 812.5	−2 812.5	−2 812.5	−2 812.5	−2 812.5	−2 812.5
终结现金流量							2 000
现金流量合计	−32 000	−2 812.5	−2 812.5	−2 812.5	−2 812.5	−2 812.5	−812.5

由表8-13可以看出，上述投资方案的现金流量主要是现金流出，即使有少量的残值变现收入，也属于支出抵减，而非实质上的流入增加。由于没有适当的现金流入，无论哪个方案都不能计算其净现值和内部报酬率。通常，在收入相同时，成本较低的方案是好方案。那么，是否可以通过比较两个方案的总成本来判别方案的优劣呢？仍然不妥，因为旧设备尚可使用4年，而新设备可使用8年，两个方案取得的“产出”并不相同。因此，我们可以通过年均成本（考虑货币的时间价值）判断方案的优劣。

大修方案：

$$\text{现金流出的总现值}=5\,375\times(P/A,10\%,3)+2\,875\times(P/F,10\%,4)+18\,500$$
$$=5\,375\times2.4869+2\,875\times0.6830+18\,500$$
$$=33\,830.71(\text{元})$$

$$\text{平均年成本}=33\,830.71/(P/A,10\%,4)$$
$$=33\,830.71/3.1699=10\,672.49(\text{元})$$

更新方案：

现金流出的总现值＝2 812.5×(P/A,10%,7)＋812.5×(P/F,10%,8)＋32 000

＝2 812.5×4.8684＋812.5×0.4665＋32 000

＝4 6071.41(元)

平均年成本＝46 071.41/(P/A,10%,8)＝46 071.41/5.3349＝8 635.85(元)

通过以上计算可知，更新旧设备的平均年成本较低，不宜对旧设备进行大修。

4. 项目投资组合评估

项目投资组合评估涉及多个可行性投资方案，由于企业资本总量受到限制的原因，需要在多个备选方案中找出最佳投资组合，使得有限的资金得到充分利用。一般采用现值指数法和内部报酬率法结合净现值法来判断。

【例 8-20】 A、B、C、D 四个投资项目为相互排斥方案，具体资料见表 8-14，假定企业现在只有 2 500 万元可用于投资。

要求：作出投资组合评估。

表 8-14　A、B、C、D 四个投资项目相关资料　单位：万元

项目	原始投资	净现值	现值指数
A	550	97.89	1.178
B	690	70.24	1.102
C	1 136	217.26	1.191
D	1 550	182.87	1.118

解　按 A、B、C、D 的现值指数从小到大排序，见表 8-15。

表 8-15　A、B、C、D 的现值指数从小到大排序　单位：万元

序号	项目	现值指数	净现值	原始投资
1	C	1.191	217.26	1 136
2	A	1.178	97.89	550
3	D	1.118	182.87	1 550
4	B	1.102	70.24	690

企业在 2 500 万元原始投资额的限制下，可以选择的投资组合有：

①C＋A＋B；　②C＋A；　③C＋B；　④A＋D；　⑤A＋B；

⑥D＋B。

最优组合为：C＋A＋B，此时累计投资总额为

1 136＋550＋690＝2 376 万元＜2 500 万元，但实现的净现值比所有其他组合都多。

阅读材料

不要因资产价值下降而陷入困境

在评估一家公司的价值时，要仔细查看资产负债表中所反映出来的固定资产及其累计折旧之间的关系。如果累计折旧占固定资产总值的比例较大并且可以被注销的金额已经所剩无几，则可能暗示公司在短期内会为置换无法继续使用的老化设备而支出较多费用。在一个受技术影响较大的行业中（如汽车制造业），这种情况可能会更令企业担忧。例如，继续使用老化的设备可能会导致更高的维护和维修成本。无论如何，这都可能暗示企业为置换设备，未来可能会有现金流出或者需要贷款。

企业应为使用寿命较长的设备制定维护计划，以避免不必要地缩短设备的使用寿命。当设备必须置换时，利用投资回报率计算公式找出为设备置换进行融资的最佳方式。

本章小结

项目投资是实体投资的一种，它是指以特定项目为对象的企业内部长期投资。本章主要阐述项目投资的含义、特点和种类，以及项目投资评估的方法。完整的项目计算期包括建设期和生产经营期。项目投资现金流量主要包括初始现金流量、营业现金流量和终结现金流量。项目投资评估的方法，按是否考虑货币时间价值，可以分为非贴现法和贴现法两大类。非贴现法是指没有考虑货币时间价值因素的评估方法，又称静态分析法，主要包括投资回收期法和平均报酬率法；贴现法是指考虑了货币时间价值因素的评估方法，又称动态分析法，主要包括净现值法、现值指数法和内部报酬率法。

思考题

1. 掌握下列专业术语

项目投资　项目计算期　现金流量　现金净流量　投资回收期

年平均报酬率　净现值　现值指数　内含报酬率

2. 什么是项目投资？项目投资有哪些特点？

3. 项目计算期如何计算？资金的投入方式有哪些？

4. 原始总投资和投资总额有什么不同？

5. 什么是现金流量？现金流量的内容有哪些？

6. 什么是现金净流量？现金净流量如何计算？

7. 所得税和折旧对现金净流量的计算有什么影响？

8. 项目投资评估的方法有哪些?

9. 简述贴现法和非贴现法各自的优缺点。

10. 简述净现值、现值指数和内部报酬率的区别。

11. 案例分析题

(1)某企业用3万元的优惠价格购进一台设备,在8年使用期中,该设备每年的现金净流量为1 000元,第8年末卖出时可得4万元。若购买设备时借款利率为8%,问是否应该购买此设备?

(2)购买某台设备需8 000元,投入运营后每年的现金净流量为1 260元。设备报废后无残值。

①若设备使用8年后报废,其IRR值为多少?

②若希望IRR为10%,则该设备至少应使用多少年才值得购买?

第9章
股利政策

本章框架体系

- 股利政策
  - 股利概述
    - 股利与股利支付率
    - 股利支付形式
      - 现金股利
      - 股票股利
      - 财产股利
      - 负债股利
      - 特殊方式
  - 股利分配程序
    - 股利分配政策与支付程序
      - 股利分配政策
      - 股利支付程序
  - 股利分配理论
    - 股利政策理论
      - 股利政策无关论
      - 股利政策相关论
    - 影响股利政策的因素
      - 法律因素
      - 契约约束
      - 通货膨胀影响
      - 企业内部因素影响
    - 实务中股利政策的类型
      - 剩余股利政策
      - 低正常股利加额外股利政策
      - 稳定（增长）股利政策
      - 固定支付率股利政策

导 读

经过一年的经营，小李所在的企业税前盈余比上一年增加 140%。经过董事会与股东大会的决议，在股利分配上，配发 1.5 元的股票股利(即每股配发 0.15 股)。这种低股利分配政策令许多投资者感到疑惑不解，因为同行业的 B 企业，虽然税前盈余只比上一年增加 100%，却仍配发 3 元的股票股利(即每股配发 0.3 股)。那么，两家企业为什么会采取不同的股利分配政策呢？这种不同的政策对于企业的价值会产生怎样的影响呢？实务中在制定股利政策时需要考虑哪些因素呢？下面就请带着上述这些问题来阅读本章内容。

股利政策是企业财务活动的核心内容之一，是企业融资决策、投资决策的自然延伸，是企业财务管理行为的必然结果。恰当的股利政策可以树立企业在资本市场上的良好形象，亦可更好地实现企业的价值。

学习目标

- 了解股利政策的基本内容
- 了解股利支付程序
- 明确影响股利政策的因素
- 掌握股利分配的程序
- 掌握各种股利政策的特点与适用情况

9.1 股利概述

投资者购买股票的目的是为了获得投资收益。这种收益除了包括股票价格上涨因素外，还包括股利。

9.1.1 股利与股利支付率

股利亦称股息、红利。股份制企业在年终结算后，将盈利的一部分作为股利，按股东的持股额分配给股东。这部分盈利既可以是现在的，也可以是过去的，一般采用股利支付率来反映。

股利支付率，是指净收益中股利所占的比重。它反映的是企业股利分配政策和股利支付能力。其计算公式为：

股利支付率＝每股股利/每股净收益

例如，股利支付率为 3%时，代表企业每赚取 1 元的收益，就要支付 0.03 元的股利。该比率指标说明了企业现金股利的发放能力，是企业现金管理和回报股东意愿的代表。在实务中设置的标准经验值为 0.03。

9.1.2 股利支付形式

股利的主要支付形式有现金股利、股票股利、财产股利、负债股利、特殊方式。

1. 现金股利

现金股利，是以现金支付的股利，它是股利支付的主要方式。现金股利侧重于反映近期利益，对于看重近期利益的股东很有吸引力。企业在支付现金股利时，除了要有不需使用的累计盈余外，还要有足够的现金。因此，该支付方式一方面容易被投资者所接受，可以增强投资者的投资信心；另一方面增加了企业的现金流出量与支付压力。

2. 股票股利①

股票股利，是以股票的形式来支付股利，如导读中提到的分配方式。在我国，股票股利通常称为红股。股票股利侧重于反映长远利益，对看重企业的潜在发展能力，而不太计较即期分红多少的股东更具有吸引力。发放股票股利对于企业来讲，没有现金的流出，只是增加了企业在外流通股的数量，不会影响企业原有股东的权益，企业价值也不会发生变化。

【例 9-1】 A 企业发放股票股利前后，其资产负债表的股东权益发生变动。

发放股票股利前股东权益情况见表 9-1。

表 9-1　发放股票股利前股东权益情况表

普通股(面额 1 元，发行 100 000 股)	100 000 元
资本公积	300 000 元
留存盈余	1 000 000 元
股东权益合计	1 400 000 元

发放 10%的股票股利，股票价格为 25 元/股，股东权益情况见表 9-2。

① 结合股票分割内容学习。

表 9-2 发放股票股利后股东权益情况表

普通股(面额 1 元，发行 110 000 股)	110 000 元
资本公积	300 000 元
留存盈余	990 000 元
股东权益合计	1 400 000 元

企业管理部门选择股票股利的动机如下：

(1)在盈利和现金股利不会增加的情况下，股票股利的发放可以有效降低股票价格，有助于增加投资者的投资兴趣。

(2)股票股利的发放是为了让股东分享企业的盈利而无须分配现金，由此可以留存更多的现金以供发展之用，有利于企业长期健康稳定发展。

(3)实务中股票股利被视为传递企业未来经营绩效的信号，可以增强经营者对企业未来的信心。

就我国上市公司而言，还包含“扩大总股本以便于今后配股筹集更多资金和刺激股价”两个特殊的动机。

阅读材料

我国上市公司会计业务处理主要由《股份有限公司会计制度》来规范，而该制度并未明确股票股利应按何种价值(股票面值、股票市价等)计算。实务中，公司发放股票股利时，股票股利的价格都是按照面值 1 元来确定的，会计账务处理上表现为未分配利润账户的减少额等于股本账户的增加额。美国纽约证券交易所规定：当公司向股东发放股票股利时，其价格应按公正的价格来计算，一般采取该公司股票的市场价格为公正价格。以例 9-1 为例，变动情况见下表：

普通股(面额 1 元，发行 110 000 股)	110 000 元
资本公积	540 000 元
留存盈余	750 000 元
股东权益合计	1 400 000 元

自测题：1. 企业发放股票股利的好处是什么？

3. 财产股利

财产股利，是以现金以外的资产支付的股利，主要是以企业所拥有的其他企业的有价证券，如债券、股票等作为股利支付给股东。

4. 负债股利

负债股利，是企业以负债支付的股利，通常以企业的应付票据支付给股东，不得已情况下也有发行债券抵付股利的。

财产股利和负债股利实际上是现金股利的替代。这两种股利方式目前在我国公司实务中很少使用，但并非法律所禁止。

自测题：2. 企业发放股利所需资金的来源包括哪些？

5. 特殊方式

(1)股票分割

股票分割又称拆股，是指企业管理部门将某一特定数额的新股，按一定比例交换一定数量流通在外的普通股的行为。例如，某企业以 2∶1 的方式发行新股，这样所有股东手中的股票都翻了两倍。

股票分割对企业的资本结构和股东权益不会产生任何影响，一般只会使发行在外的流通股数量增加，每股面值与盈余下降，并由此引起每股市价下跌，而资产负债表中股东权益各账户的余额都保持不变，股东权益的总额也维持不变，企业总价值不变。

【例 9-2】 A 企业按 2∶1 的股票分割计划代替股票股利。股票分割前股东权益情况见表 9-3。

表 9-3　股票分割前股东权益情况表

普通股(面额 1 元，发行 100 000 股)	100 000 元
资本公积	300 000 元
留存盈余	1 000 000 元
股东权益合计	1 400 000 元

股票分割后股东权益情况见表 9-4。

表 9-4　股票分割后股东权益情况表

普通股(面额 0.5 元，发行 200 000 股)	100 000 元
资本公积	300 000 元
留存盈余	1 000 000 元
股东权益合计	1 400 000 元

企业管理部门选择股票分割的动机如下：

①股票分割可以降低企业的股票价格，促进股票流通和交易。在投资界中人们普遍认为，在股票投资中存在一个“最佳交易区”[①]，在此交易(价格)区域内，能够创造出最大的交易额。而股票分割可以保证股票价格正好处于这段区域。

②股票分割有助于企业并购政策的实施。例如，A、B 两个企业，A 企业股票每股

---

①　至今还没有证据来证明此观点，但是查询美国股票交易价格，确实很少有超过 100 美元/股的股票。

市价为 50 元，B 企业股票每股市价为 5 元，A 企业准备通过股票交换的方式对 B 企业实施并购。按目前市价，A 企业的 1 股股票应换取 B 企业的 10 股股票，这样可能会使 B 企业的股东在心理上难以承受；相反，如果先将 A 企业股票进行分割，将原来 1 股分拆为 5 股，然后再以 1∶2 的比例换取 B 企业股票，则 B 企业的股东在心理上可能会容易接受些。通过股票分割的办法，改变被并购企业股东的心理差异，更有利于企业并购方案的实施。

③股票分割可以向股票市场和广大投资者传递企业业绩好、利润高、增长潜力大的信息，从而增强投资者对企业的信心。

阅读材料

股票分割与股票股利

股票分割和股票股利并无本质区别，最终结果相近。股票分割对企业的价值不会产生影响，一般只会使企业发行在外的股票总数增加。在国外，一般由证券监管部门对此做出专门规定，如美国纽约证券交易所规定，发行 25%以上的股票股利被认为是股票分割，发行 25%以下被认为是股票股利。

股票分割的反运用

有时，企业认为股价太低而采取股票反分割的做法。例如，某企业股价为每股 5 元，为提高其股票市价，决定采取 2 股旧股换 1 股新股的反分割行动，反分割的结果将使原来的每股 5 元提高到每股 10 元。

(2)股票回购

股票回购，是指股份制企业出资将其发行流通在外的股票以一定价格购回予以注销，或作为库存股的一种资本运作方式。近几年来，在国际资本市场上，股票回购已成为企业向股东进行利润分配的主要形式。但是，在实务中，对于是否允许企业回购本企业股票，各国的法律规定不同，我国法律在原则上禁止股票回购行为①。但在 2005 年 6 月，中国证监会公布《上市公司回购社会公众股份管理办法(试行)》(征求意见稿)。这一举措实际就是允许上市公司回购股票。所以，这里我将简要介绍一下股票回购管理实务。

阅读材料

库存股份

在西方国家，公司已发行的股票，其中有一部分可能由于公司重新购回或其他原

① 为减少公司资本、与持有本公司股票的其他公司合并、将股票奖励给本公司职工等情况除外。

因而由公司持有，这种不是为了注销的目的而由公司重新取得并持有的股票，称为公司的库存股票。而我国《公司法》规定，我国上市公司回购公司的股票不允许作为库存股票保留。

①股票回购的动机

企业为什么要选择回购的方式来代替股利的发放呢？下面我们通过一个例子来解释这个问题。

【例 9-3】 A 企业流通在外的普通股数量为 10 000 股，面值 1 元，市场价格 27 元/股。企业目前持有 30 000 元的额外现金，决定将这笔现金发放给股东。方式一，发放 30 000 元现金股利，每股支付 3 元股利；方式二，以目标价格30 元/股，在市场上回购企业 1 000 股流通股，回购后股票的市场价格为 30 元/股。相关情况见表 9-5 与表 9-6。

方式一

表 9-5　　发放现金股利表

项目	数量
流通股	10 000 股
计划发放的股利	30 000 元
计划每股发放的股利	3 元/股
发放股利后的年度净利润	45 000 元
发放股利后的每股收益	4.5 元
发放股利后的企业价值	270 000 元

方式二

表 9-6　　股票回购表

项目	数量
流通股	9 000 股
股票回购后的年度净利润	45 000 元
股票回购后的每股收益	5 元
股票回购后的企业价值	270 000 元

A. 维护（提高）企业的价值。通过上述情况对比，一方面，股票回购可以减少企业在外流通股的数量，在目标利润一定的情况下，企业的股票价格与每股收益都有所提高；另一方面，当企业宣布回购股票时常会被理解为：企业认为自己股票的价值被市场低估，通过回购将充斥在市场上的低价股一扫而空，市场常会做出积极反应，从而提高企业的价值。

B. 所得税影响。在税法影响下，股东更倾向于股票回购。原因一，股东在获得现金股利时要缴税。原因二，上例说明，通过回购方式股价提高 3 元/股，但这种增值是资本利得，我国没有资本利得税。原因三，即使缴纳资本利得税，但只有在出售股票时才需纳税，并且税率较低。

C. 处理企业的“超额”现金。当企业持有(暂时)多余现金，且又无相应投资机会时，基于股东利益考虑，可能以手持现金购回自身的股票。此方式的优点明显，即有效地将钱分配给股东，降低企业的资本成本[①]，又不会对未来收益政策产生影响。

D. 企业收购兼并。股权交换是企业收购兼并的重要方式之一，企业拥有较多的股票，才可以用股票与对方进行置换。

E. 改善资本额结构。当企业认为股权与债务权益之比失衡时，可以利用现有资金或对外举债所得资金回购自身的股票，从而实现资本结构的合理化调整。

②股票回购对企业的负面影响

A. 股票回购需要大量资金支付回购的成本，易造成资金紧缺，资产流动性变差，影响企业发展后劲。

B. 股票回购可能使企业的发起人或股东更注重创业利润的兑现，而忽视企业长远的发展，损害企业的根本利益。

C. 股票回购容易导致内幕操纵股价。企业的管理者拥有本企业最准确、最及时的信息，如果允许企业回购股票，易导致其利用内幕消息进行炒作，操纵股价，使大批中小投资者蒙受损失。

D. 从法律观点来看，股票回购可能被税务机关视为逃避股利征税的行为，导致税务机关的惩罚[②]。

③股票回购的方法

A. 场内公开回购

按照股票目前市场价格回购企业股票。这种方法的透明度比较高，但仍然存在价格操纵和内幕交易嫌疑。因此，监管部门会对回购的时间、价格和数量等进行严格的监管。

B. 场外协议回购

这是股票发行方通过协议价格向一个或几个大股东回购股票的一种方法。协商的内容包括价格和数量及回购时间等，一般协议价格低于股票的市价。显然，这种方法的缺陷在于缺乏透明度，有违股市“三公开”原则。

C. 要约回购

以一个高于股票目前市场价格的价格，回购一定数量的股票。这种方法的缺陷在于：一方面，溢价的存在使得回购成本较高；另一方面，必须使得其他股东相信在这一过程中不存在利益输送嫌疑。

---

① 参考第6章中的留存收益资本成本计算。

② 一次性回购通常会避免税务机关的调查。

9.2　股利分配程序

股利分配程序，是指企业根据法律的规定，对本企业一定时期内的净利润进行分配的先后步骤。

(1)弥补以前年度的亏损

(2)计算可供分配的利润

可供分配利润＝本年利润＋年初未分配利润

即将本年度净利润与前期未分配利润或未弥补亏损合并，计算出本年累计盈利或累计亏损。如为累计亏损，则不能进行后续的分配。

(3)计提法定盈余公积金

经计算有本年累计盈利的，按抵减年初累计亏损后的本年净利润计提法定盈余公积金。

①提取法定盈余公积金的基数，不是可供分配的利润，也不一定是本年的税后利润。因为只有不存在年初累计亏损时，才能按本年税后利润计算应提取数。这种"补亏"是按账面数字进行的，与按所得税法计算的亏损无关。

②计提比例。企业应该按 10％的比例计提法定盈余公积金，当法定盈余公积金累计金额达到注册资本的 50％时，可不再计提。

(4)计提任意盈余公积金

由股东大会决定。

(5)向股东(投资者)支付股利(分配利润)

可供股东分配的利润＝可供分配利润－提取的公积金

作为上市企业，在经营中应该按照上述程序选择合适的方式向股东分配企业的收益。但是，这需要一个前提:企业向股东支付股利。企业的收益可以以股利的方式支付给股东，也可以留存到企业的内部。根据第 7 章，普通股定价模型 $V=D_1/(k-g)$，当股利(D_1)增加时，股票的价格(V)也会提高；但是，股利过多发放将影响留存收益的增加，企业未来用于投资的盈余将减少，企业的预期增长率(g)将下降，从而抑制股票价值的增长。因此，是否发放股利将会对企业的价值产生两种相反的结果。在实务中，我们必须正确对待是否发放股利(股利分配)的问题。

当公司的股东会或董事会违反上述利润分配程序时，即在提取公积金之前发放股利，必须将违规发放的利润退还给企业。

9.3 股利分配理论

9.3.1 股利分配政策与支付程序

1. 股利分配政策

股利分配政策，是指企业盈余是以股利的形式支付给股东，还是留存到企业内部的方针和政策。它主要包括是否发放股利、发放多少股利以及何时发放股利等方面的方针和政策。具体内容如图 9-1 所示。

选择股利政策 ⟶ 确定股利支付率 ⟶ 确定股利支付形式 ⟶ 确定股利发放日期

图 9-1 股利分配政策内容图

2. 股利支付程序

股利发放须遵循一定程序，即有关股利宣告、股权登记、除权及实际发放，如图9-2所示。

股利宣告日 —— 即公司董事会将股利支付情况予以公告的日期。
↓
股权登记日 —— 即有权领取股利的股东有资格登记的截止日期，过期未登记的股东不享受股利。
↓
除权日 —— 即股票权与股利分离的日期，除权日后购买股票的股东不享受股利，通常为登记日后的第一个工作日。
↓
股利发放日 —— 即向股东发放股利的日期。

图 9-2 股利支付程序图

为了便于大家理解，下面我们举例说明股利分配程序。

【例 9-4】 A 企业于 2012 年 1 月 21 日召开董事会，发布股利分配方案："于 2012 年 3 月 15 日向截至 2012 年 2 月 16 日登记在册的本企业股东支付每股 1 元的现金股利（含税，扣除个人所得税后为 0.8 元）"，如图 9-3 所示。

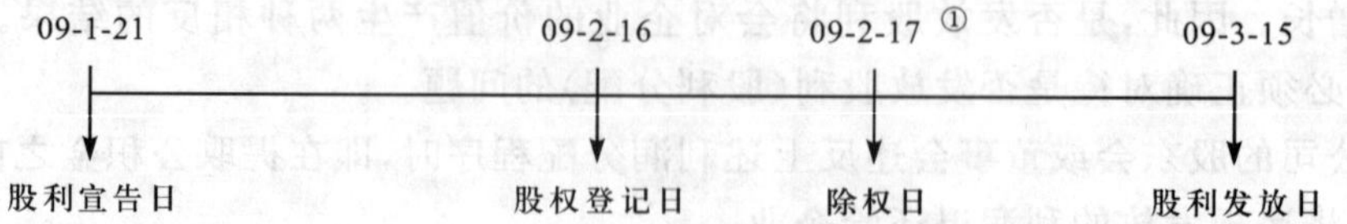

图 9-3 A 企业股利支付程序图

① 若 17 日为节假日，则顺次递延。

9.3.2 股利政策理论

股利政策理论的核心问题是,股利的支付是否对企业的价值产生影响。对于这个问题,我们可以根据股东的偏好来解释,就像前面我们所提到的那样,股东愿意接受的是当前收益还是递延收益呢?在理论界中存在两种截然不同的观点:股利政策无关论和股利政策相关论。

阅读材料

股利政策相关论与股利政策无关论

对股利政策的研究自20世纪50年代发展至今,未能取得一致见解,主要存在两大学术流派:股利政策相关论与股利政策无关论。股利政策相关论认为,采取不同的股利政策对股票市价会有不同的影响,风险理论、信号理论等属于该流派;而股利政策无关论则认为,企业的股利政策对股票的市价不会产生任何影响,典型代表是MM的股利政策无关论。学派之间争论的核心问题就在于,企业应该支付多少股利才算最合理,才最有利于实现股东财富最大化目标。

1.股利政策无关论

股利政策无关论是1961年由米勒(Miller)和莫迪格利尼(Modigliani)提出的。MM认为,在完善的资本市场条件下,股利政策不会影响企业价值,即企业价值是由企业投资决策所确定的资本获利能力和风险所决定的,而不是由企业盈余分配方式(即股利分配政策)所决定的。

MM理论建立在完善资本市场假设的基础之上。这包括:(1)完善的竞争假设,任何一位证券交易者都没有足够的力量通过其交易活动对股票的现行价格产生明显的影响;(2)信息完备假设,所有的投资者都可以平等地免费获取影响股票价格的任何信息;(3)交易成本为零假设,证券的发行和买卖等交易活动不存在经纪人费用、交易税和其他交易成本,在利润分配与不分配、资本利得与股利之间均不存在税负差异;(4)理性投资者假设,每个投资者都是财富最大化的追求者。但是,上述这些假设与现实世界是有一定差距的。

2.股利政策相关论

(1)"风险偏好"理论

与MM理论相反,以戈登为代表的财务学者认为,股东进行股票投资的期望收益由两部分组成:股利收入和资本利得收入。相对于资本利得收入而言,股利收入是确定的、已实现的,而企业留存收益用于再投资所产生的资本利得是不确定的,是有风险的。由于大部分投资者都属于风险厌恶型,他们自然偏好较高的现金股利支付率政策。这种观点被形象地称为“在手之鸟”理论，即“双鸟在林，不如一鸟在手”。

根据“风险偏好”理论，投资者对股利的偏好胜过资本利得，因此，在这种理论的指导下，企业要想追求股价最大化，必须保持高股利支付率政策。

“风险偏好”理论是股利理论的一种定性描述，是实务界普遍持有的观点。但是，这一理论无法确切地描述股利是如何影响股价的，很难解释投资者在收到现金股利后又购买企业新发行的普通股的现象，混淆了投资决策与股利决策对股票价值的影响。

(2)股利信号传递理论

鉴于资本市场的不完善，企业管理者与投资者之间存在着信息不对称现象。股利政策可以作为从企业内部管理者传递给外部投资者的信号。增加股利能向市场传递一种其他企业无法模仿的、明确的积极信号；而股利的削减则是一个消极的信号。

(3)差别税收理论

在现实世界中，影响现金股利和资本利得是否能完全替代的一个主要因素是税负。就股东而言，收取同样数额的现金股利和资本利得所承担的税负可能是不一样的。基于资本利得在税收上享受着比现金股利更多优惠这一事实，认为资本利得对股东而言更为有利。即使现金股利与资本利得按相同税率征税，由于现金股利和资本利得两者支付时间不一致，即现金股利收入纳税在收到现金股利的当期，而资本利得纳税是在未来股票出售时，考虑到货币时间价值，这种税收延期支付的特点使股东更加倾向资本利得收入。

根据上述的分析，我们无法得出真正的结论，因为我们无法明确地计算出发放多少股利会使股票价格上升或下降。但是实践经验告诉我们，股利对股价产生影响并且是正面影响，因为大多数企业会支付股利。在这一过程中，我们应该考虑客观因素与实际情况的影响。

阅读材料

现金分红是美国上市公司最主要的红利支付方式。相关数据显示，美国上市公司的现金红利占公司净收入的比例在 20 世纪 70 年代为 30%～40%；到 80 年代提高到 40%～50%。现在，不少上市公司税后利润的 50%～70%用于支付红利。

截至 2009 年 4 月 28 日，沪深两市共有 820 家企业向股东分红，共派发3 245.09 亿元，比 2007 年度同比增长 13.47%。

9.3.3 影响股利政策的因素

股利政策是企业融资决策与投资决策的延续，虽然在书中我们是分为三个内容分别介绍的，但是实务中的融资决策、投资决策与股利政策三者之间是相互联系的一个整体。在股利政策的选择中，要充分考虑相关的影响因素，以保证企业的持续发展与价值的实现。

1. 法律因素

法律为股利政策限定了一个范围，在这个范围内，决策者再根据其他因素决定其具体的股利政策，具体包括：资本保全，企业不能用资本（包括股本和资本公积）发放股利；资本充足性，《公司法》规定企业当年税后利润在弥补以前年度亏损后，应提取一定公积金，然后才能发放股利；偿债能力，企业具有充分偿债能力时才可发放股利。一方面，企业的年度累计净利润必须为正数；另一方面，在发放现金股利时，不会影响目前债务的偿还和偿债能力的下降。

2. 契约约束 ①

企业在制定债务融资契约时，通常包括股利发放的限制条款。因此，企业在制定股利政策时，必须要考虑目前的经营状况是否符合这些契约的要求，包括：

(1)只能以长期借款协议签订后所产生的收益支付股利，而不能动用在此之前的留存盈利。

(2)除非企业的盈利达到一定水平，否则不得发放现金股利。

(3)当净营运资金低于某一标准时不能支付股利。

(4)股利发放额限制在某一盈利额或盈利百分比上。

例如，A 企业在签订长期债务融资时，规定企业的流动比率只有在高于 3∶1 时，才可以发放现金股利。

3. 通货膨胀影响

通货膨胀导致企业资金购买力下降和融资成本提高。这时，将较多的税后利润留存于企业的内部，采取相对较低的股利发放率政策是必要的。因为这样可以采用较低的成本筹集资金维持现有的经营规模。

4. 企业内部因素影响

(1)融资决策影响

在投资既定的条件下，股利政策的选择，实际上是企业融资政策的选择。因为融资成本是影响融资决策的重要因素，与其他融资方式相比留存收益融资的成本较低，而股利的发放则影响到留存收益融资金额的大小，进而影响到企业融资的规模、结构和成本。

(2)投资决策影响

企业的投资规模与效益决定企业的收益水平与可发放股利的多少。当企业处于

---

① 参考第 5 章中的债务融资。

发展期时，投资机会多，资金需求量大，则应考虑采取低股利发放率政策，将盈余留存企业内部，以满足企业的投资需求。

(3)对企业的控制需求与股东意愿

如果企业股东和管理人员希望对企业保持较强的控制权，就不愿意发行新股，而是更多地利用企业的内部积累。这种企业的现金股利分配较少。

股东意愿，股东是企业真正的所有者，企业的重大事项要经过股东会的同意。因此，他们的意愿会影响股利政策的制定。在这一过程中，要考虑到以下因素：

①现金股利与资本利得在税负上的差异。由于现金股利的税率要高于资本利得的税率，因此在制定股利政策时，股东会倾向于资本利得而不是现金股利。[①]

②股东的风险意识。现金股利是稳定的收入，而资本利得具有较大的不确定性。如果股东是风险厌恶者，在制定股利政策时，宁愿选择相对可靠的现金股利而不是未来不确定的资本利得。

③股东投资目标。不同投资目标下股东选择股利的支付形式不同，如图 9-4 所示。

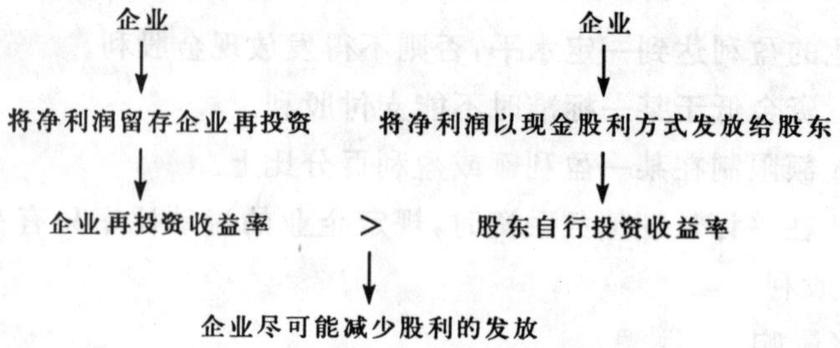

图 9-4　不同投资目标下股东的选择

(4)企业的财务状况

具体包括企业的现金流量、变现能力、盈余稳定性。

①现金流量。由于现金股利必须支付现金，当企业的现金流量增加时，可支付的现金股利增多；否则，现金股利减少。

②变现能力。一个企业的变现能力愈强，其持有的现金愈多，股利支付能力愈强；否则，股利支付能力减弱。

③盈余稳定性。对于大多数企业来讲，只有盈余保持在一个相当稳定的水平时，管理部门才对企业未来的前景有信心，才会支付较高的股利；否则，支付的股利减少。

(5)企业的发展阶段

---

① 注意：由于我国目前尚未开征资本利得税，股息收入按 20%的税率缴纳个人所得税，因此，此处论述仅供参考。

企业的发展阶段对股利政策的影响见表9-7。

表9-7　企业的发展阶段对股利政策的影响

发展阶段	面临的问题	股利政策
创业阶段	资金需求量大	剩余股利政策
高速发展阶段	产品走向成熟，销量急剧上升，需要进行大规模的投资	低正常股利加额外股利政策
稳定增长阶段	销售收入稳定增长，行业地位已经巩固，扩张的投资需求减少，净现金流入量稳步增长	稳定(增长)股利政策
成熟阶段	增长速度开始下降，但盈利水平稳定，企业已积累了相当的盈余和资金	固定股利政策
衰退阶段	企业投资机会已经枯竭，产品销售收入锐减，利润严重下降，股利支付能力下降	特殊政策

(6)股利政策的稳定性

股利政策是企业向外界传递的关于企业财务状况和未来前景的一条重要信息。企业在确定股利政策时，必须考虑外界对这一政策不稳定所产生的反应。股利政策不稳定，一方面，会给投资者带来企业经营不稳定的印象，从而导致股票价格下跌；另一方面，股利收入是股东收益的来源，所以他们不愿持有股利大幅波动的股票。因此，企业的股利政策要保持一定的稳定性和连续性。

以上只是影响股利政策因素的一部分，但却是最重要的一部分，见表9-8。这些因素之间往往是相互联系和相互制约的，其影响也不可能完全用定量方法来分析。所以，在制定股利政策时，主要依赖企业对所处环境具体问题的具体分析。

表9-8　股利政策与主要影响因素表

影响因素	具体项目	对股利政策的影响	
		高	低
法律因素	资本保全	√	
	资本充足性	√	
	偿债能力	√	
契约约束		√	
通货膨胀		√	
企业内部因素	融资决策	√	
	投资决策	√	
	对企业的控制需求与股东意愿	√	
	现金流量	少	
	变现能力	弱	
	盈余稳定性	不稳定	稳定

自测题:3.请发挥你的想象空间,在制定股利政策时是否还要考虑其他因素?

9.3.4 实务中股利政策的类型

1.剩余股利政策

剩余股利政策,是指企业在生产经营中所获得的净收益首先应满足企业生产经营的需求,如果还有剩余,则派发股利;如果没有剩余,则不派发股利。该政策一般采用以下步骤:确定企业的最佳资本结构;确定企业下一年度的资金需求量;按照最佳资本结构,确定所需增加的股东权益数额;企业的税后利润在满足下一年度股权融资需求后,如有剩余再用来发放现金股利。

【例 9-5】 A企业2012年的税后净利润为8 000 000元。在2013年企业计划投资一个项目,需要资金6 000 000元。目前企业确定的资本结构为:债券资本为70%,股权资本为30%。当企业采用剩余股利政策时,应当如何融资和分配股利?

解 首先,确定目标资本结构需要筹集的股权资本:

$$6\ 000\ 000\times 30\%=1\ 800\ 000(\text{元})$$

其次,确定应分配的股利总额:

$$8\ 000\ 000-1\ 800\ 000=6\ 200\ 000(\text{元})$$

A企业的股利支付率为77.5%(6 200 000÷8 000 000×100%)。

根据上述情况,税后净利润为8 000 000元,其中本年度发放6 200 000元的股利,剩余的1 800 000元的资金,用于2009年企业计划投资。

练习题

某企业的目标资本结构是:30%的债务资本,70%的股权资本。明年计划投资6 000 000元,今年实现净利润10 000 000元,按照剩余股利政策,今年年末向股东分配的股利是多少?

剩余股利政策的评价:剩余股利政策充分利用留存收益融资方式①来保持理想的资本结构,使综合资本成本最低,实现企业价值的长期最大化。但是,绝大多数企业都不太适用这个理论。一方面,剩余股利政策使得每年股利发放额随投资机会和盈利水平的波动而波动,表现不稳定,不利于树立企业的良好形象。另一方面,由于剩余股利政策的优点,企业会提出许多看起来收益率不错,但资金需求量很大的项目,因此一个采用剩余股利政策的企业一般不会分配股利,影响投资者的投资意愿。剩余股利政策一般适用于企业初创阶段。

① 参考第6章中的留存收益资本成本计算。

阅读材料

大部分上市公司都要维持股利政策的稳定，那是否表示剩余股利政策没有实际的参考价值呢？实务中可以采用下面的方式来稳定企业的股利支付率。

(1)增长型企业通常连续几年都有良好的投资机会，企业业绩持续增长，此时管理层可以选择高盈余保留率，这样可避免股利支付率的降低。

(2)成熟型企业若在某一年突然有很多投资机会，可以暂时考虑债务融资，利用债务资金来缓解资金紧张，以避免股利支付率的降低。日后，可通过每年盈余保留来调整负债比率使其回归正常状态。

2. 低正常股利加额外股利政策

低正常股利加额外股利政策，是指企业除每年按固定股利额向股东发放称为正常股利的现金股利外，在企业盈利较高、资金较为充裕的年度向股东发放高于一般年度正常股利额的现金股利，即为额外股利。

低正常股利加额外股利政策的评价：这种股利政策的优点是具有较大的灵活性，既可以维持股利的一定稳定性，又有利于企业的资本结构达到目标资本结构，使灵活性与稳定性较好地相结合，因而为许多企业所采用。但是，此政策的股利派发仍然缺乏稳定性。特别是额外股利随盈利的变化时有时无，给人漂浮不定的印象。如果企业较长时期一直发放额外股利，股东就会误认为这是“正常股利”，一旦取消，极易造成企业“财务状况”逆转的负面影响，股价下跌在所难免。低正常股利加额外股利政策一般适用于企业高速发展阶段。

3. 稳定(增长)股利政策

稳定(增长)股利政策，是指将每年发放的股利固定在某一水平上，并在较长时期内不变，只有当企业认为未来盈余会显著地、不可逆转地增长时，才提高年度的股利发放额。

稳定(增长)股利政策的评价：稳定的股利向市场传递着公司正常发展的信息，有利于树立企业良好形象，增强投资者对企业的信心，对那些对股利有着很高依赖性的股东，此政策有利于他们合理安排股利收入和支出。但是，该政策存在两个方面的缺陷：(1)公司股利支付与企业盈利相脱离，造成投资的风险与投资的收益不对称；(2)它可能会给企业造成较大的财务压力，侵蚀企业的留存利润和资本。因此，稳定(增长)股利政策一般适用于经营比较稳定的企业。

自测题：

4. 具有较大灵活性的股利政策是什么？

5. 依靠股利维持生活的股东最不赞成的股利政策是什么？

4. 固定支付率股利政策

固定支付率股利政策，是指企业根据每年税后利润，按固定的比例向股东支付股利。虽然此政策使股利和企业盈余紧密结合，但是由于企业盈余不稳定，将导致企业股利分配额的频繁变化，向外界传递一个不稳定的信息，所以很少有企业采用这一政策。

自测题：

6. 企业实施剩余股利政策意味着什么？

7. 企业在成熟阶段使用的股利政策是什么？

上述关于股利政策的观点都有其正确的一面，而且在某些方面的看法是一致的。现实中，在决定股利政策的时候我们应该充分考虑到各种影响因素。具体讲，根据企业自身特点，在股利发放产生的额外税负、做出股利支付承诺时的信号传递、现金流量和股利的其他替代形式之间做出权衡，选择最适合的股利政策。①

本章小结

通过本章的学习，我们明确了股利政策是企业融资决策与投资决策的延续，虽然在书中我们是分为三个内容分别介绍的，但是实务中的融资决策、投资决策与股利政策三者之间是相互联系的一个整体，在股利政策的选择中要充分考虑相关的影响因素，保证企业的持续发展与价值的实现。在本章中，我们重点阐述了股利支付形式、股利分配程序和股利分配理论，目的是帮助我们理解股利政策与企业价值之间的关系，使我们能够根据企业的财务状况和市场状态来制定合适的股利政策。

思考题

1. 掌握下列专业术语

股利	股利支付率	现金股利
股票股利	股票回购	股票分割
股利宣告日	股权登记日	除权日
股利发放日	剩余股利政策	低正常股利加额外股利政策
稳定(增长)股利政策		

2. A 企业本年初未分配利润为 500 000 元，本年净利润为 200 000 元。那么，本年是否应该计提法定盈余公积金？是否可以分配股利？

3. A 企业是一家增长迅速的企业，在过去两年内选择不发放股利政策；B 企业是一家成立很长时间的企业，其股利发放为每年税后利润的 30%。那么，这两家企业会吸引什么样的投资者？

4. 你认为股利政策是否对企业的价值产生影响？

5. 请讨论股利的发放是否能够增加企业股东的财富？

① 参考第 6 章中的留存收益资本成本计算。

6. 企业应该如何结合自身的特点，在制定股利政策时做出权衡？

7. 案例分析题

A 公司现有资产总额为 10 000 000 元，其中负债占资产总额的 50%，此时为最佳资本结构。公司的权益资本全部为普通股，账面价值为 10 元/股，负债的年利率为 10%。2008 年年初公司的未分配利润为 －2 000 000 元，当年公司的营业收入为 40 000 000元，固定成本为 3 000 000 元（不含利息），变动成本率为 60%，所得税税率为 33%。公司按 10%计提法定盈余公积金。如果下一年度投资需要 20 000 000 元，根据上述资料回答下面问题：

(1)A 公司采用剩余股利政策，当年利润是否能够满足下一年度投资中对权益资本的需要？

(2)如果不能满足，需要增发多少普通股？A 公司本年度能够发放股利吗？为什么？

(3)如果发行新股的价格为 10 元/股，预计息税前利润为 20 000 000 元时，每股收益是多少？

第 10 章 营运资金管理

本章框架体系

- 营运资金管理
  - 营运资金管理概述
    - 营运资金与现金周转期
      - 营运资金
      - 现金周转期
    - 营运资金管理的意义
    - 营运资金的来源方式
      - 短期贷款
      - 商业信用
    - 营运资金的管理模式
      - 理想模式
      - 冒险模式
      - 保守模式
  - 现金管理
    - 持有现金的动机和管理目标
      - 持有现金的动机
      - 现金管理的目标
    - 现金最佳持有量的确定
      - 鲍摩尔（BAT）模型法
      - 米勒-奥尔（MO）模型法
    - 现金收支管理
      - 现金浮差量管理
      - 加快现金回收的技术
      - 控制现金支出的技术
  - 应收账款管理
    - 信用政策
    - 客户信用
    - 应收账款监控
  - 存货管理
    - 与存货相关的收益与成本
    - 存货管理技术
    - 存货监控

导　读

经过几年的努力，小李设计出一种新产品。该产品的市场售价为 500 元/件，成本(费用)为 200 元/件，每销售一件会净赚 300 元。因此，小李兴奋地租场地、雇用工人、买机器和采购一年的原材料。经过两个月的生产经营，将第一批产品卖给第一个客户，客户承诺三个月后付款。但是，三个月后该客户却以各种理由拖延付款。通过调查发现，该客户在市场上，以使用各种理由拖延付款而出名，并且目前他们陷入财务危机中。

此时，小李发现损益表中虽然显示每销售一件产品会产生300元的收益，但是在资产负债表中却显示有一大笔应收账款和一大批存货，而没有一点现金。如果下个月还是这样，小李将无法支付租金和工人的工资，他只能选择破产。

为什么一家能够盈利的企业却出现这种失败的前景？如何来避免这些错误的发生呢？请带着上述问题来阅读本章内容。

学习目标

- 理解营运资金与现金周转期
- 掌握如何协调营运资金的需求矛盾
- 掌握营运资金管理模式
- 掌握现金管理方法
- 掌握信用政策制定要素与应收账款的管理方法
- 掌握存货管理方法

10.1　营运资金管理概述

企业的经营并非只是有了好的产品，花一笔钱租场地(盖个工厂)、买机器设备和原材料，再雇用几个工人就可以进行的生产活动。从经营角度来看，企业经营是一种连续的投资行为，而在这一行为中最重要的是营运资金管理。例如，在导读中，小李出现两个营运资金管理错误，一是购买太多的存货；二是没有对客户进行信誉评级。看似很小的失误，但却毁掉了他的一切。

10.1.1 营运资金与现金周转期

1. 营运资金

营运资金，是指在企业生产经营活动中占用在流动资产上的资金。营运资金管理是企业财务管理的重要组成部分。据调查，公司财务经理有60%的时间都用于营运资金管理。营运资金是企业生产经营中循环周转的资金，企业的营运资金越多，周转能力越强。实务中，它分为广义营运资金和狭义营运资金。

广义营运资金即毛营运资金，是指一个企业流动资产的总额，包括现金、应收账款、短期投资及存货等。狭义营运资金即净营运资金，是指流动资产减流动负债后的余额，如图10-1所示。

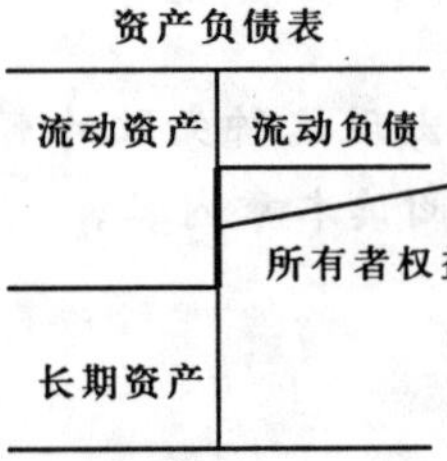

图10-1 资产负债表中的净营运资金

因此，营运资金的管理主要是对企业流动资产和流动负债的管理。这些项目都是短期项目，意味着短期持有，强调的是周转。这与营运资金的管理有什么关系呢？

自测题：1. 企业的营运资金由哪些要素组成？

2. 现金周转期

现金周转期，是指企业在经营中从付出现金到收到现金所需的平均时间，如图10-2所示。

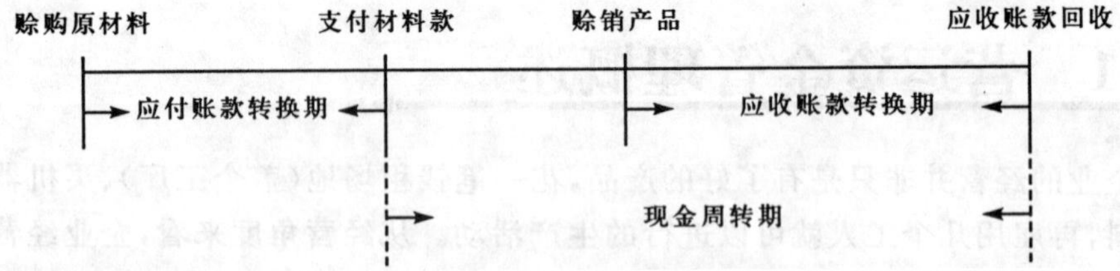

图10-2 现金周转期

企业管理部门应对现金周转期有正确认识。因为现金周转期的变化关系到所需营运资金的数额，影响企业运营资金成本及使用效益。

(1)当赊购材料增加时，企业应付账款金额也随着增加。如果到期尚未收回以前垫付款，企业就需要筹集新的资金，先行偿付此笔债务。这样将会增加企业的资金成本，引起收益下降。

(2)当产品以赊销方式出售时,随着销量的增加,企业的应收账款金额也在增加。如果到期的应收账款没有按时变现,将会影响下一期的生产经营活动。这时,企业也会产生筹集新资金的需求,这样也会增加企业的资金成本,引起收益下降。

因此,在营运资金管理中,有效地缩短企业的现金周转期,延长企业的付款期,将减少企业营运资金的需求额,提高企业营运资金的使用效率,降低企业成本。

阅读材料

戴尔公司成功地压缩经营周期中每个步骤所花费的时间,将销售时间(1 元钱的产品转化为 1 元钱的现金)压缩在 24 小时以内,而同时期的康柏则需要 35 天时间。2002 年康柏公司被惠普公司收购。

10.1.2 营运资金管理的意义

营运资金虽然不是一个企业是否能够成功的最主要因素,但要维持企业正常的运转就必须拥有适量的营运资金。实务中,不当的营运资金管理会导致企业高估市场需求,贮存过多的存货而占用大量资金,现金余额不足,陷入周转困境,危及企业的生存(如导读),或者是低估市场需求,在营业额不断创新纪录的同时,却没有充足的资金满足生产与销售的需要,影响企业获得商机,阻碍企业发展。

营运资金的管理,关系到企业的生存与发展,是财务管理人员的一项重要工作,其核心内容是确定营运资金的最佳数量和筹集方式。

10.1.3 营运资金的来源方式

营运资金是一个企业流动资产的总额。企业的流动资产可以通过短期负债来筹集,也可以通过长期负债或者所有者权益等长期资本来筹集。短期融资包括短期贷款、商业信用等多种方式。

1. 短期贷款

短期贷款是指企业向银行或其他金融机构等外单位借入的、还款期限在一年或一年以下的各种借款。具体分为无担保贷款,不以具体某项资产作为担保的贷款形式;担保贷款,以具体资产作为偿还担保的贷款形式。短期贷款是企业筹集营运资金最主要、最常用的方式。

(1)融资数量

企业在进行短期贷款时,除了要保持与贷款机构的良好关系,企业自身良好的信用和健康的财务状况更为重要。例如,某银行允诺在未来一年分 5 次向企业提供总额为 100 000 元的短期贷款。但是,这种允诺是没有法律效应的。当银行在提供了

80 000元的贷款后，认为企业的经营条件恶化，会拒绝提供剩余的贷款。实务中，贷款机构可以随时调整短期贷款的数量。因此，企业的信用等级和财务状况是决定企业短期贷款融资数量的重要因素。

(2)融资成本

企业短期贷款成本主要受以下因素影响：企业规模、财务状况、贷款资金数量、贷款时间、承诺费、补偿性存款余额。

承诺费，是指贷款人为获得贷款承诺而支付的费用。例如，某银行向企业出具承诺书，承诺在一定额度内提供贷款，如果企业日后并没有动用这笔资金，银行为弥补因承诺贷款而不能随意使用该笔资金的损失，会向企业收取一定的费用，即承诺费。

补偿性存款余额，是指贷款者必须在银行账户中存有相当于贷款额一定比例的存款。例如，企业按 10%的利率借款 200 000 元，银行要求企业保持 20 000 元的补偿性存款余额。因此，企业只能从 200 000 元贷款中取得 180 000 元。实际贷款成本将变为 11%(20 000/180 000)。补偿性存款余额有助于银行降低贷款风险，补偿其可能遭受的风险；对贷款企业来说，补偿性存款余额则提高了借款的实际利率，加重了企业的利息负担。

(3)短期贷款评价

短期贷款比较灵活，取得手续较为简便，但偿还期限短。

阅读材料

担保贷款与无担保贷款的成本比较

在进行短期贷款时，担保贷款成本可能高于无担保贷款成本。

原因一，短期无担保贷款者的信誉要高于短期担保贷款者。因此，短期无担保贷款的利率通常要低一些。

原因二，资金出借方会以收取更高利息的形式将附属担保品的监督管理成本转移给有担保贷款者，这会增加有担保贷款的短期贷款成本。

承诺费的计算

承诺费按未支用金额和实际未支用天数计算，每季、每半年支付一次，费率一般为 0.125%～0.25%。

2. 商业信用

商业信用是指企业之间相互提供的，与商品交易直接相联系的信用形式。现在大多数企业在交易时，是以信贷为基础的，买方在收到货物后要过一段时间才会向卖方支付货款。在这段时间里，卖方实际上是以零利率将货款借给买方。按照表现的形式不同，商业信用分为应付账款、应付费用和票据融资。

阅读材料

商业信用的提供

请记住，如果存在下列情况，销售方愿意向你提供商业信用：

1. 销售方与别的借款人相比更具成本优势。
2. 销售方能进行价格歧视。
3. 销售方能获得较少的税款支出。
4. 销售方的优质产品或优质服务还未树立。

(1)应付账款

应付账款，是指企业因赊购材料、商品或接受劳务供应等而发生的债务。信用条件，是指卖方要求买方偿还货款的天数，如果提前偿还给予一定的优惠。例如，A 企业在赊购交易中的应付账款为 10 000 元，销货方提供的信用条件为"2/10，n/30"，表示 30 天内付清款项，如果 A 企业在 10 天内偿还货款会享受 2%的折扣。实务中，企业是选择 10 天内、10～30 天内，还是超过 30 天偿还货款呢？

①融资数量

融资数量＝付款时支付的现金数量×融资天数/360

a. 10 天内还款的融资数量：

$$10\ 000\times(1-2\%)\times10\div360=272(\text{元})$$

b. 10～30 天内还款的融资数量：

$$10\ 000\times30\div360=833(\text{元})$$

c. 超过 30 天，60 天还款的融资数量：

$$10\ 000\times60\div360=1\ 667(\text{元})$$

②融资成本

融资成本＝损失的现金折扣/额外的融资金额

a. 10 天内还款的融资成本：

由于 10 天内还款，因此没有发生因现金折扣损失带来的成本。

b. 10～30 天内还款的融资成本：

$$10\ 000\times2\%\div(833-272)=35.7\%$$

c. 超过 30 天，60 天还款的融资成本：

$$10\ 000\times2\%\div(1\ 667-272)=14.3\%$$

③应付账款评价

通过上述计算，无论从融资数量还是融资成本考虑，似乎推迟应付账款的偿还是非常有利的。但是，这种行为会给企业带来一系列的负面影响。影响一，企业会被划分为信用不佳者，在下次购货时会被延期支付，直到以前欠款被偿还或者只有提前付款才能发货。影响二，推迟应付账款的偿还行为会导致企业信用级别下降，一个信用糟糕的企业在交易过程中不会得到任何商业信用。

(2)应付费用

应付费用是指已欠但尚未支付的工资、税款、利息和股利。

①融资数量

随着企业生产和销售规模的增加，应付费用的发生额也相应增大。应付费用从发生到支付的间隔时间越长，企业利用这部分资金的时间就越长，这时企业通过应付费用筹集的资金数量也就越多。

②融资成本

由于这些费用来源于服务者的无息贷款，它们的递延不会产生额外的利息，因此，应付费用的融资是不需要支付代价的融资方式。

③应付费用评价

在实务中很少有企业把这种方式作为企业营运资金筹集的主要方式。因为对应付费用项目的管理都有一定的习惯或惯例，例如，税款的推迟缴纳会受到惩罚；工资的延迟支付会影响职工士气与工作效率。因此，应付费用融资并非是企业真正可自由支配的融资方式。

(3)票据融资

票据融资也是营运资金的来源方式，按照票据承兑人的不同分为商业承兑汇票和银行承兑汇票。

①融资数量

由于企业对票据的发行金额和时间可以根据自身的实际需求做出随机调整。因此，对票据融资的数量可以进行有效控制。

②融资成本

由于票据融资的风险很低，因此票据融资的利率通常会比银行贷款利率低，同时再加上融资数量和时机的可随时调整性，因此，票据融资可以大大降低营运资金的使用成本。

③ 票据融资评价

监管部门对票据融资行为的监管非常严格和正式。因此，对于投资者来讲，投资的安全性很高。

10.1.4 营运资金的管理模式

根据企业对营运资金的需求，营运资金可分为临时性需求营运资金与永久性需求营运资金。如果是临时性需求的营运资金，例如，季节性存货、经营旺季的应收账款等，称为临时性流动资产；如果是用于满足企业长期稳定发展需要的营运资金，称为永久性流动资产。

在财务管理中，营运资金持有量的高低，影响着企业的收益和风险。较高的持有量，能够满足企业的各种支付需求，从而保证企业经营活动的平稳进行，风险性较小。但是，由于流动资产的收益性一般低于固定资产，较高营运资金的持有量会降低企业的收益。因此，营运资金的管理就是在收益和风险之间进行权衡，确定营运资金的持有量和营运资金的比例结构。实务中，营运资金的管理模式主要有以下三种。

1. 理想模式

根据图 10-3，在理想模式下，临时性流动资产由短期负债提供；永久性流动资产和固定资产由长期资本提供。这种模式下，企业资产与债务到期的时间相互配合，风险与成本形成“均衡”。

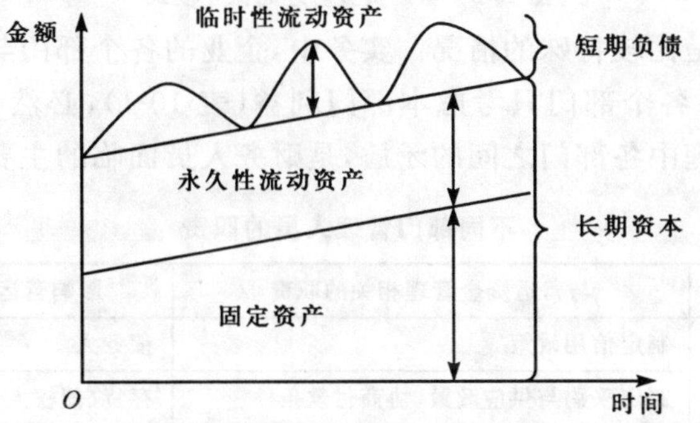

图 10-3　营运资金管理的理想模式

2. 冒险模式

根据图 10-4，在冒险模式下，临时性流动资产和部分永久性流动资产由短期负债提供；剩余的永久性流动资产和固定资产由长期资本提供。这种模式下，企业投入的资本较少，获利能力高，但偿债风险较大。

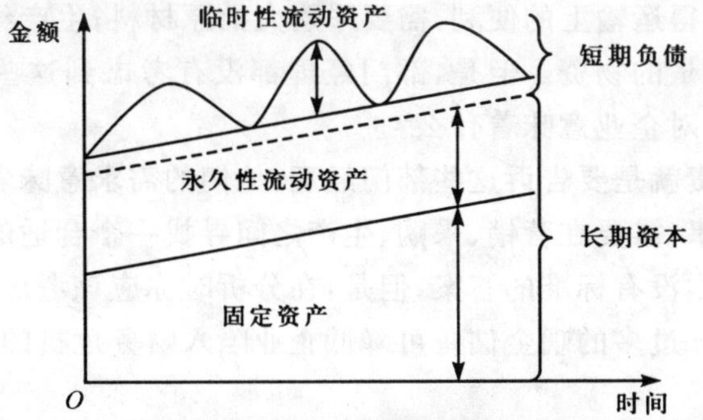

图 10-4　营运资金管理的冒险模式

3. 保守模式

根据图 10-5，在保守模式下，部分临时性流动资产由短期负债提供；剩余的临时性流动资产、永久性流动资产和固定资产由长期资本提供。这种模式下，企业投入的资本较多，获利能力低，但偿债风险较小。

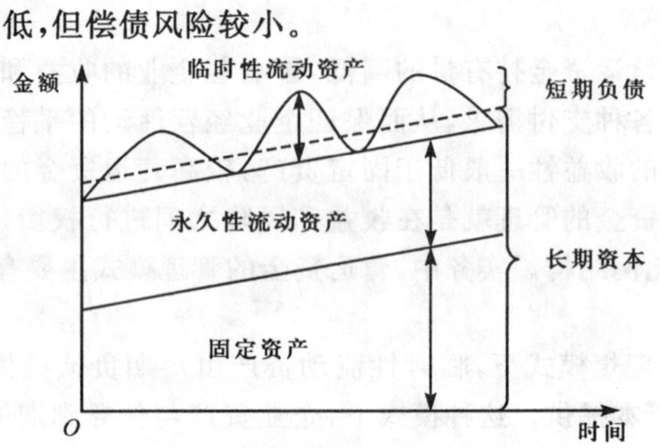

图 10-5　营运资金管理的保守模式

上述三种情况是比较特殊的情况。实务中，企业的各个部门与营运资金都存在各种各样的利益，如果各个部门只考虑本部门利益(表 10-1)，必然会存在矛盾，因此如何协调营运资金管理中各部门之间的矛盾，是财务人员面临的主要问题。

表 10-1　　不同部门管理人员的职责

管理人员	与营运资金管理相关的职责	影响营运资金的内容
营销经理	制定信用政策	债务人
采购经理	制定采购与供应政策、协商付款条件	存货、债权人
生产经理	制定生产政策、原材料需求	存货、债权人
财务经理	营运资金管理，协调各种矛盾	现金、存货、债务人、债权人

根据表 10-1，由于各个部门经理的职责的不同，考虑问题的出发点也不同。例如，营销经理为吸引客户，增加采购量，需要向顾客提供更优惠的信用条件；采购经理为降低采购成本，获得运输上的便利，需要采购大批原材料；生产经理为保证生产任务的完成，需要储备大量的物资。但是，部门经理都没有考虑到这些行为会增加企业营运资金的需求量，这对企业意味着什么？

财务经理的职责就是要告诉这些部门经理，他们的需求意味着什么。而这个过程是一件十分困难的事，需要在营销、采购、生产之间寻找一个合适的均衡点。如何找到这个均衡点？实务中没有标准的答案，但是，在分析时你应该考虑到以下因素：

①现金储备量。过多的现金储备可降低企业陷入财务危机的可能性，但现金的投资收益率是零。

②到期匹配，是指企业的融资期限、数量应当与投资期限、数量大致匹配。例如，有个投资项目需要 10 000 元资金，6 个月后需要偿还 12 000 元。根据到期匹配要求，应考虑当企业筹集到 10 000 元 6 个月的短期借款时，通过投资 6 个月是否能够收回 12 000 元？如果无法收回 12 000 元，就需要筹集新的资金，这会增加企业的资金成本。

③期限结构。同样情况下短期融资的利率要低于长期利率。

10.2 现金管理

企业的现金主要包括库存现金、银行存款、3个月内变现的有价证券等。现金管理虽然不能使一个企业由弱变强，但是，糟糕的现金管理却能使一个能够盈利的企业走向失败。因此，如何对现金进行有效的管理是企业经营中一个很重要的问题。

10.2.1 持有现金的动机和管理目标

1.持有现金的动机

在日常经营时，企业必须持有一定量现金以满足：

(1)交易需求，是指企业持有一定的现金以满足日常经营产生的现金支付的需求。例如，采购、工资与股利的发放、纳税等。

(2)投资需求，是指企业持有一定的现金以满足"意外"投资机会。例如，某有价证券价格突然下降，但预期不久会回升。如果此时持有现金，就能够及时把握住机会，赚一笔可观的收入。

(3)预防需求，是指企业持有一定的现金以应付紧急情况下的现金需求。例如，企业采购的材料在运输中突然损坏，为避免停产，企业必须动用现金进行临时性的采购。

(4)补偿需求，是指企业为配合与银行签订的补偿性存款余额的需求而需要持有一定数额的现金。

自测题：2.你认为企业为什么要持有现金？

2.现金管理的目标

现金管理的目标是在保证企业高效、高质开展生产经营的情况下，尽量降低企业现金的持有量，具体而言：

(1)现金持有量能满足企业各种业务往来的需要。

(2)现金持有量降到最低。

10.2.2 现金最佳持有量的确定

企业持有现金数量如果太少，就无法满足支付的需求，会陷入到财务危机中。但是，如果持有过多的现金，则意味着有多余的现金没有投入到生产经营中，成本增加，盈利下降。

现金最佳持有量，是指当企业持有这一数量现金时，对企业最有利，即成本最低、效益最好，如图10-6所示。

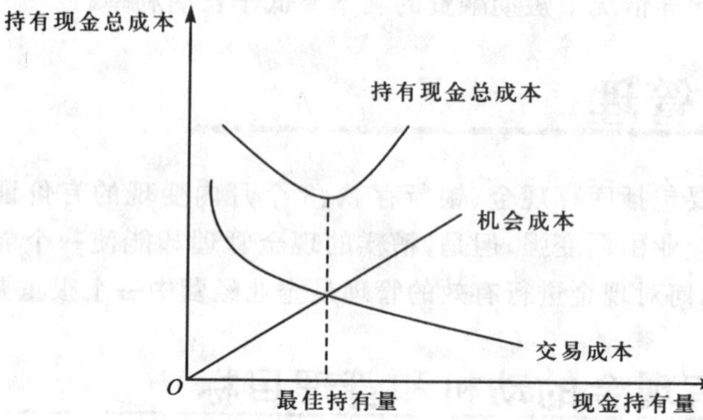

图 10-6 现金持有量与成本之间的关系

图 10-6 中，机会成本，是指由于将现金持有在手中，而放弃在其他投资项目上所获得的收益。企业持有现金数量越大，机会成本越高。交易成本，是指企业为解决现金短缺问题而进行不断融资所产生的成本。交易成本会随着现金持有量的增加而下降。企业持有现金的总成本等于机会成本和交易成本之和。现金最佳持有量就是在上述两项成本之和最小的时候。

自测题：3. 你认为企业持有现金包括哪些成本？

1. 鲍摩尔(BAT)模型法

根据现金持有量与成本之间的关系，现金持有量的总成本为：

$$TC = Q/2 \times K + T/C \times F$$

式中 Q——现金持有量($Q/2$：平均现金余额)；

K——持有现金的机会成本(有价证券的利息率)；

T——特定时期(1 年时间)企业现金的总需要量；

F——有价证券的每次转换(交易)成本；

TC——总成本。

根据图 11-6，在上述两项成本之和最小的时候，企业持有的现金量是最佳持有量。运用数学微积分求导，现金最佳持有量的公式为：

$$Q^* = \sqrt{2TF/K}$$

【例 10-1】 A 企业预计每月现金需要量为 100 000 元，每次转换有价证券的交易成本为 100 元，有价证券月利率为 1%，则现金最佳持有量是多少？每月有价证券交易次数为多少？

解 A 企业现金最佳持有量为：

$$Q^* = \sqrt{2TF/K} = \sqrt{2 \times 100\,000 \times 100 \div 1\%} = 44\,721(\text{元})$$

每月有价证券交易次数为：

$$100\,000/44\,721 = 2.2(\text{次})$$

鲍摩尔(BAT)模型法最大的优点在于计算简单,表达直观,只需要三个变量就可以计算出现金最佳持有量。但是,却存在巨大的缺陷[①],即现金流出量与流入量是确定的,这不符合现实条件,降低了该模型的实用性。

练习题

1. 某企业现金收支平稳,预计全年现金需要量为 250 000 元,现金与有价证券的转换成本为每次 500 元,有价证券年利率为 10%。请计算现金最佳持有量。

2. 米勒-奥尔(MO)模型法

鉴于鲍摩尔(BAT)模型法的缺陷,米勒与奥尔两位学者提出新的模型来计算现金最佳持有量。在这个模型中除了继续依赖机会成本和交易成本外,还考虑到现金需求随机波动的情况,提出了三个重要的指标:现金余额上限(U^*)、目标现金余额(Q^*)、现金余额下限(L^*)。如图 10-7 所示,若现金量在控制的上下限之内(U^* 和 L^* 之间),便不必进行现金与有价证券的转换,保持它们各自的现有持有量;当现金量达到上限(U^*)时,表示现金余额过高,将多余的现金(U^*-Q^*)投资于有价证券,使现金余额回落到 Q^* 线;当现金量触及下限(L^*)时,表示现金余额短缺,应出售"Q^*-L^*"的有价证券,以弥补短缺的现金量。

目标现金余额(Q^*)的确定,按现金总成本最低,即机会成本和交易成本之和最低的原理,并结合现金余额可能波动的幅度考虑。计算公式为:

$$Q^*=\sqrt[3]{3FQ^2/4K}+L^*$$

式中　F——有价证券的每次转换(交易)成本;

Q^2——日现金净流量的方差;

K——持有现金的机会成本(证券日利率)。

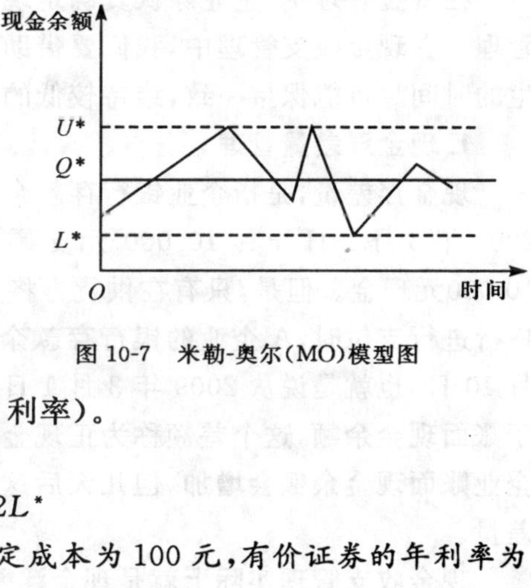

图 10-7　米勒-奥尔(MO)模型图

企业的现金持有量上限为:

$$U^*=3Q^*-2L^*$$

【例 10-2】　A 企业每次转换有价证券的固定成本为 100 元,有价证券的年利率为 9%,日现金净流量的标准差为 900 元,现金余额下限为 2 000 元。若一年以 360 天计算,求该企业的现金最佳持有量和上限量。

解

$$\begin{aligned}Q^*&=\sqrt[3]{3FQ^2/4K}+L^*\\&=\sqrt[3]{3\times100\times900^2\div(4\times9\%/360)}+2\,000\\&=8\,240(\text{元})\end{aligned}$$

---

① 但是此模型却透露出现金最佳持有量的决定因素,财务人员可根据此内容调整现金持有量。

$$U^* = 3Q^* - 2L^* = 3\times 8\ 240 - 2\times 2\ 000 = 20\ 720(\text{元})$$

A企业现金最佳持有量为8 240元，当现金余额上升到20 720元时，则可购进12 480元(20 720－8 240)的有价证券；而当现金余额下降到2 000元时，则可售出6 240元(8 240－2 000)的有价证券。

米勒-奥尔(MO)模型在使用中，关键是现金余额下限(L^*)的确定，这与企业调度资金的能力有关。企业调度资金的能力越强，则现金短缺的风险越小，企业的现金余额下限可以设定得低一点。

练习题

2.某企业每次转换有价证券的固定成本为72元，有价证券的年利率为10%，日现金净流量的标准差为900元，现金余额下限为5 000元。若一年以360天计算，求该企业的现金最佳持有量和上限量。

10.2.3 现金收支管理

在现金管理中，企业除认真确定现金最佳持有量外，还必须进行现金的日常收支管理。在现金收支管理中，我们要借助于相关的技术，使得现金的支出量与收入量发生的时间尽可能保持一致，维持较低的现金持有量，提高资金使用效率。

1.现金浮差量管理

现金浮差量，是指企业银行存款余额和企业账面现金余额的差额。例如，A企业2009年3月1日开具10 000元支票向供货方支付货款，企业账面上会显示减少10 000元现金。但是，只有在供货方将支票存入银行，并且供货方银行通知A企业开户行进行支付时，A企业的银行存款余额才会真正减少。如果支付时间是2009年3月10日，也就是说从2009年3月1日到3月10日，A企业实际可使用的资金一直高于账面现金余额，这个差额称为正现金浮差量；反之，当A企业收到支票时会先入账，企业账面现金余额会增加，但几天后这笔现金才会真正收到，这个差额称为负现金浮差量。

现金收支管理实际上就是现金浮差量的管理，即现金收入管理目标为增加正现金浮差量，现金支出管理目标为降低负现金浮差量。在这一过程中，企业应在自身、供应商和客户之间进行权衡①考虑。

2.加快现金回收的技术

(1)锁箱法

企业在各主要城市开设收取支票的专用邮箱，分设存款账户，客户将支票投寄入

① 正现金浮差量的增加会损害客户与供应商的利益。

邮箱，当地银行在被授权后定期开箱收取支票，进行结算处理，如图 10-8 所示。

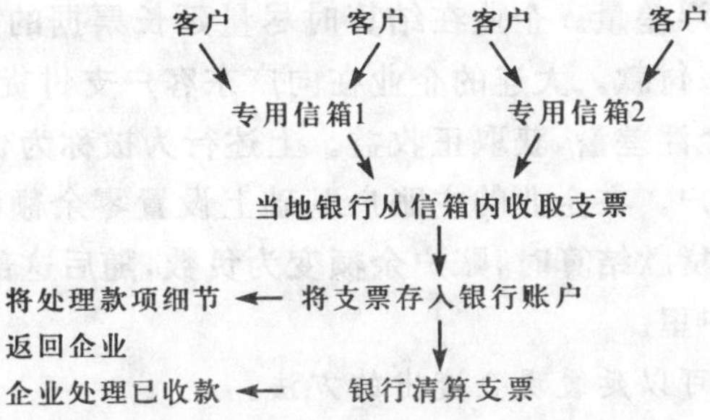

图 10-8　锁箱法流程图

锁箱法省去了账款回收中先将支票交给企业的程序，减少了支票邮寄的时间，银行可以直接从客户处获取支票进行处理。同前，邮箱建立的形式包括网络邮箱、非银行邮箱系统。但是，在建立过程中，应该明确以下问题：

①需要在银行保留一定的存款余额，还须支付一定的服务费。因此，需要在邮箱建立成本与支票邮寄成本中做出选择。

②需要建立多少个邮箱。

③邮箱建立的位置。

(2)银行业务集中法

除在总部外，企业在主要业务城市开立收款中心，指定一家开户行为中心银行，集中办理收款业务，如图 10-9 所示。

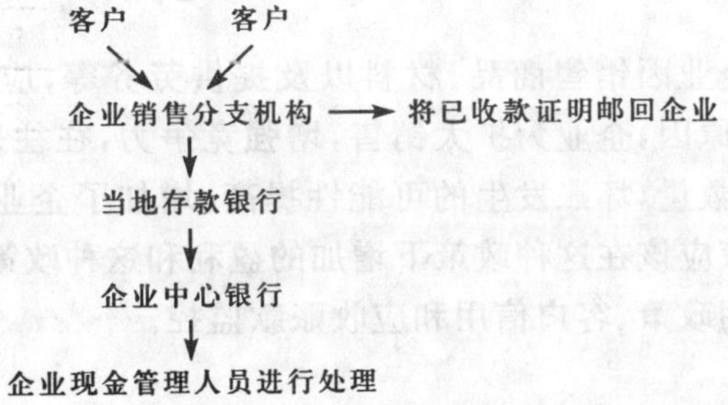

图 10-9　银行业务集中法流程图

这样，节省了客户支票到企业再到银行的中间周转时间，加速了收款过程。

(3)电子转账业务

利用科技进步，提高转账速度，加快现金的回收。例如，电汇、网上银行转账等。

自测题：4. 列举出可以加快现金流入的方法。

3. 控制现金支出的技术

如果企业想拥有更多可自由支配的现金，可在不影响自身信誉的前提下，推迟应付款的支付期；或者延长现金清算的时间，控制现金支出，具体方式如下：

(1)采用汇票付款。企业在货款结算时，使用汇票代替支票。因为汇票不是“见票即付”的付款方式，企业实际付款时间要迟于汇票开出时间。

(2)合理利用现金浮差量。企业在结算时尽量延长票据的交换时间。例如，利用距离较远的银行账户来付款。大连的企业在向广东客户支付货款时，如果采用支票结算会增加企业的正现金浮差量，获取正收益。上述行为被称为合理利用现金浮差量。

(3)利用零余额账户。在企业的主账户基础上设置零余额账户，这些账户的余额都是零，当采用其进行货款结算时，账户余额变为负数，随后这部分资金将会从企业的主账户转到零余额账户里。

自测题:5. 列举出可以延缓现金流出的方法。

阅读材料

资金链管理失败的前兆——钱没了

营运资金不足——缺钱。

往来账期风险大——收不进；付不出。

流动负债增多——短期贷款到期，融资成本加大。

对外担保贷款变现——关联单位出现财务危机；给自己企业造成被动。

投资失误迭现 ——计划资金超标；成本加大。

10.3 应收账款管理

应收账款，是指企业因销售商品、材料以及提供劳务等，应向购货单位收取的款项。由于商业竞争的原因，企业为扩大销售，增强竞争力，往往采用赊销政策，这样会增加企业的应收账款数量，坏账发生的可能性提高，增加了企业资金的使用成本。因此，应收账款管理政策应该在这种政策下增加的盈利和这种政策下产生的成本之间做出权衡，具体包括信用政策、客户信用和应收账款监控。

10.3.1 信用政策

信用政策，是指企业为对应收账款进行规划与控制而确立的基本原则与行为规范，是应收账款管理的重要组成部分。

1.信用期间

信用期间，是指企业给予顾客付款的时间。不同的行业付款时间差异较大，一般在30天至120天之间。信用期间的延长，会增加销售额，产生有利影响；与此同时应收账款、坏账损失、收账费用增加，产生不利影响。当前者大于后者时，可以延长信用期间，否则不宜延长。在制定信用期间时，应该考虑到以下三个因素：

(1)客户不付款的概率。客户所在行业风险高,信用期间比较短。

(2)交易金额的大小。交易金额小,信用期间比较短。

(3)商品的变现力。如果交易的商品变现力低,信用期间比较短。

2. 信用标准

信用标准,是指客户为享受企业的信用政策而具备的实力。如果客户的实力达到标准,就会享受企业的信用政策;反之,则不会享受企业的信用政策。企业的信用标准主要包括客户的品质、能力、资本、抵押和经营环境。

3. 收款政策

收款政策,是指企业对过期应收账款回收的程序。对于逾期应收账款的回收,一般分为以下步骤:

第一步,寄催收信。当某一款项逾期数日时,可发出信件提醒,在第一封信中,应该使用礼貌的语气。如果对方没有反应,在随后的信中应该使用较强烈的语气。

第二步,电话通知或亲自拜访。当某一款项逾期一个月时,可以打电话或亲自拜访,商谈应收账款回收问题。

第三步,利用收账代理机构。当某一款项逾期两个月时,企业可借助收账代理机构催讨。

第四步,诉诸法律。

4. 现金折扣

现金折扣,是指企业为鼓励客户提前还款,而给予客户在货款上所做的扣减。现金折扣加速了企业应收账款的回收,但也产生了折扣成本。因此,现金折扣的使用需要在增加的收益和增加的成本中进行选择。

现金折扣成本=[折扣率/(1-折扣率)]×360/(净信用期限-折扣期限)

【例 10-3】 A 企业的信用条件是“2/10、n/30”,即在 10 天内付款有 2%的现金折扣,则该企业的现金折扣成本是多少?

解 现金折扣成本=[折扣率/(1-折扣率)]× 360/(净信用期限-折扣期限)

=[2%÷(1-2%)]× 360÷(30-10)

=37%

通过计算,企业提前回收应收账款的代价为年利率 37%。这意味着,当企业短期融资的年利率高于 37%时,在 2%的现金折扣下提前回收应收账款才是有利的。否则,不应该提前回收或者降低现金折扣。

10.3.2 客户信用

企业信用政策不是固定不变的,会随着客户信用的变化而调整。对于高信用等级客户,企业会给予宽松的信用政策;反之,则给予紧缩的信用政策。因此,客户信用等级的评价是企业信用政策制定的前提，一旦客户信用等级评价失误，必然导致信用政策错误，会对企业造成很大的损失。

1. 信用信息

信用信息构成了企业对客户进行信用等级评价的基础。这些信息包括：

(1)客户的经营时间，至少在三四年以上。

(2)客户的财务报表。根据客户提供的财务报表，可以计算出有用的财务比率指标。例如，流动比率为2.5∶1或者更高；净资产的比例是债务的3倍等。

(3)客户与其他企业之间信用交易的历史报告。

(4)银行对客户的信用评价。

(5)企业与客户的历史交易记录。

2. 信用评级

在信息收集的基础上，企业将对客户的信用进行评价。在这一过程中，我们采用5项标准，由于这5项标准的英文开头字母为C，又称为5C评价法。

(1)品质(character)，是指客户偿还债务的意愿，这一点经常被视为评价客户的首要因素。

(2)能力(capacity)，是指客户偿还债务的能力，主要是看客户流动资产的质量与经营能力。

(3)资本(capital)，是指客户的财务实力和财务状况，表明客户可能偿还债务的背景。

(4)担保(collateral)，是指客户无力付款或者无力支付款项时，能够被用于抵押的资产。这对不知底细或信用状况有争议的客户尤为重要。

(5)经营环境(condition)，是指外在的经济环境对客户还款能力的影响。

10.3.3 应收账款监控

实务中，我们可以根据应收账款回收天数[①]和应收账款账龄分析表来控制应收账款的状况。

应收账款回收天数反映的是应收账款回收的速度，揭示赊销额转化为现金的平均时间，通过与信用期限的比较来衡量企业信用政策的效率。使用该比率时应该考虑到以下一些因素：

(1)季节性销售时，应收账款余额应该怎样确定。

(2)销售方式的影响。

(3)计算日销售额时，计算期应该怎样确定。

---

① 参考第2章财务报表分析。

通过应收账款账龄分析，我们可以了解：

(1)所有应收账款逾期时间的长短。账龄短的账户所占比重越大，说明企业应收账款回收的速度越快。

(2)不同客户遵守信用政策的程度。

(3)应收账款在未来产生的现金流入量。

但是，在实务中应牢记，应收账款的数量会随着赊销情况的改变而发生变化。例如，企业将赊销期从 30 天增加为 60 天，则企业的应收账款数量会增加。但是，这样的变化不是应收账款回收速度变慢。

练习题

3. 企业销售 A 产品，单位产品成本资料如下：产品售价 500 元，单位变动成本 300 元，单位固定成本 100 元，单位产品利润 100 元。某客户愿意购买 1 500 件 A 产品，并答应在 60 天内付款。假设这是一笔一次性的交易，根据对客户的信用评估，该客户有 10% 的概率会违约。企业的资本成本为 12%。对这样一笔交易，企业是否应该接受？

阅读材料

通过信贷放松和收款政策增加销售额很容易，但是在应收账款增加的同时，信贷损失也同时增加。这种情况对财务经理来说十分危险。这是因为，销售额的增加常常会给予销售部门表扬，但是高应收账款余额和由此产生的相关损失则会由财务部门来承担。因此，使总经理明确应收账款的增加是财务部门与销售部门共同产生的结果，十分重要。

10.4　存货管理

存货，是指企业销售给客户的产品。企业持有存货的目的是通过销售存货获得收益，因为产品不可能立即生产出来，所以企业要持有一定量的产品，即存货。实务中，企业存货不足，会影响企业的销售，导致企业盈利下降，而过多的存货又会占用企业的资金。因此，存货管理应该在持有存货的收益与产生的成本之间做出权衡。

10.4.1　与存货相关的收益与成本

1. 与存货相关的收益

任何企业都要持有一定量的存货，避免库存缺货和拖欠订单的现象。从销售角度看，库存缺货是在客户需要而企业没有产品时发生的，因此企业通常会向需要产品的客户开具拖欠订单，这是对当前销售的补救措施，需要尽快解决。否则，客户如果不能立即得到他们想要的产品，会引起他们的不满而转向其他供应商。可见，库存缺货会导致企业失去客户，销售额下降。因此，持有一定量的存货，可以保证企业经营的顺畅以及保持与客户的良好关系，增加企业的销售额。

2. 与存货相关的成本

与存货相关的成本，主要包括购置成本、持有成本和缺货成本三个部分：

(1)购置成本，是指存货购置过程中花费的代价。例如，采购人员的工资、差旅费和进行订货的业务费(电讯、网络方面的费用)等。

(2)持有成本，是指为保存存货而发生的成本。它包括资金占用成本、空间成本、存货损失。

(3)缺货成本，是指一种机会成本，用存货短缺时产生的“代价”来衡量。它包括由于停工待料而发生的损失、为补足拖欠订货所发生的额外成本支出、由于对顾客延期交货而支付的罚金或失去的交易机会。

存货的收益与成本性质各异，随着存货数量的增加，存货的收益与存货的持有成本会增加，而存货的购置成本和短缺成本会下降。因此，在使用存货管理技术时，需要在不同类型的收益与成本之间取得一个“最佳结合点”。

10.4.2 存货管理技术

1. ABC 分类管理法

ABC 分类管理法，是存货管理最简单的一种方法。它主要是对昂贵和重要的存货，要比对价格较低的存货进行更严格的控制。

首先，根据存货的特征将存货进行分类。A 类代表价值高、最重要，数量与品种少的存货；B 类代表一般存货；C 类代表价值低，数量与品种多的存货。

其次，根据存货的分类采用不同的方法进行管理。A 类存货实行重点管理，严格控制，采用永续盘存法管理，如大型备品备件等；B 类存货进行适当控制，实行日常管理，如日常生产消耗用材料等；C 类存货进行一般管理，如办公用品、劳保用品等。

通过分类后，可以认识到不同种类存货的重要性，抓住重点存货，控制一般存货，制定出较为合理的存货采购计划，从而有效地控制存货库存，减少储备资金占用，降低存货管理的成本。

2. 经济订货批量(EQQ)模型法

经济订货批量(EQQ)模型法，是指当存货量下降到预定的最低存货数量(订货点)时，按规定数量(一般以经济订货批量为标准)进行订货补充。这是目前大多数企业最常采用的订货方法，如图 10-10 所示。当存货量下降到订货点(也称再订货点)时，马上按预先确定的订货量，发出货物订单，经过交货周期，收到订货，存货水平上升。

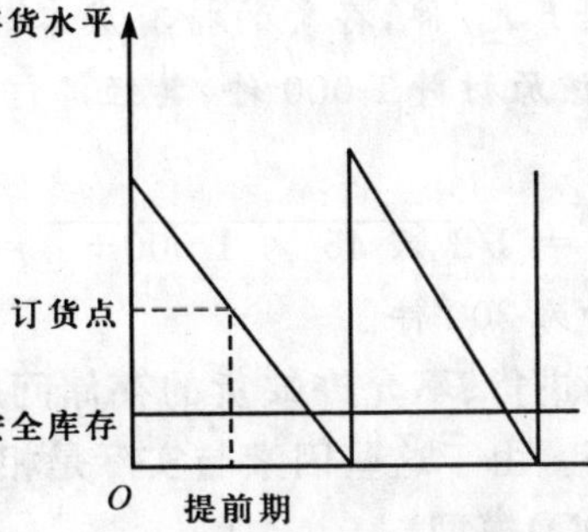

图 10-10　经济订货批量(EQQ)模型法

(1)经济订货批量的确定

经济订货批量(EQQ)模型法可以帮助企业确定每次订货的数量。但是,在这个过程中会发生购置成本与持有成本。因此,我们应该根据存货成本最小化来确定每次的订货数量,如图 10-11 所示。

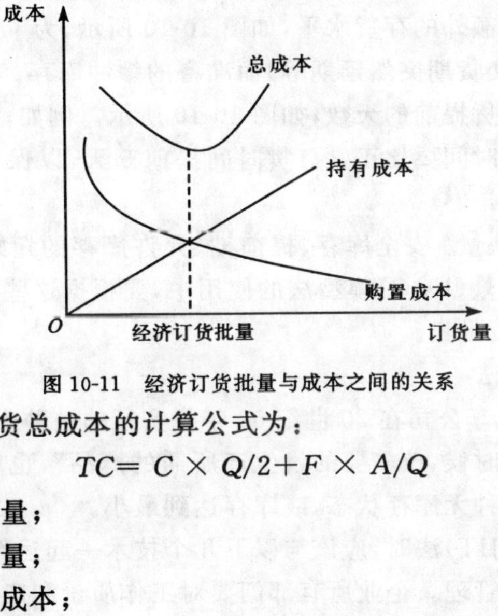

图 10-11　经济订货批量与成本之间的关系

根据图 10-11,订货总成本的计算公式为:

$$TC = C \times Q/2 + F \times A/Q$$

式中　A——全年需要量;

Q——每次订货量;

F——每次订货成本;

C——每件年持有成本;

$Q/2$——平均库存量;

A/Q——订货次数;

TC——总成本。

当上述两项成本之和最小的时候,企业订货量为最佳。运用数学微积分求导,经济订货批量的公式为:

$$Q^* = \sqrt{2AF/C}$$

【例 10-4】 A 企业某原材料 5 元/件，存货的持有成本为 1 元/件，每次订购的成本为 45 元。如果企业每年使用该原材料 1 000 件，其经济订货批量是多少？

解 根据公式

$$Q^{*}=\sqrt{2AF/C}=\sqrt{2\times 45\times 1\,000\div 1}=300(\text{件})$$

A 企业的每次经济订货批量为 300 件。

该方法适用于解决整批间隔进货、不允许缺货的存储问题，即存货的需求量为常量；存货立即收到；不允许缺货等。由于这些因素与实际是相脱离的，因此需要结合实际因素来调整经济订货批量(EQQ)模型。

练习题

4. A 企业预计年耗用某材料 10 000 千克，单价 10 元/千克，单位存储成本为 10 元，每次进货费用 50 元。要求：计算该材料的经济订货批量。

(2)经济订货批量(EQQ)模型的调整

①安全库存，是指额外的存货水平，如图 10-10 所示，为了防止出现不确定性因素(如大量突发性订货、交货期突然延期等)而准备的缓冲库存。

②提前期，是指订货提前的天数，如图 10-10 所示。例如，企业收到存货需要 5 天时间，那么实际的订货时间要比正常订货时间提前 5 天，以保证新存货在上一期存货使用完时到达。

③允许库存的短缺量。安全库存、提前期、允许库存的短缺量是存货管理中的实际问题，在经济订货批量(EQQ)模型法的使用中，要根据这些因素带来的收益与产生的成本来调整经济订货批量。

3. 及时订货(JIT)法

JIT 是日本丰田汽车公司在 20 世纪 60 年代实行的一种生产方式。JIT 的核心思想可概括为“在需要的时候，按需要的量生产所需的产品”，也就是通过生产计划和控制及库存管理，追求一种无库存状态，或库存达到最小。

在采用及时订货(JIT)法时，应该与以下几个技术一起运作：

(1)实行全面质量管理。企业所有部门要对工作质量和产品质量负责。这样才能在 JIT 系统的每个环节上把好质量关，使之尽力做到“零缺陷”，以实现“零库存”。

(2)全员参与。为了实现不间断地提高产品质量和生产效率，企业需要采用全员参与方式，将全员按产品分类的生产原则重新组织起来，形成若干个班组，各班组的员工应对本部门的原材料、产品质量负责。

(3)建立自动化生产方式。通过自动化生产方式操作，使得生产准备阶段所耗时间变得最短，从而使生产准备耗费大幅度下降。

(4)建立长期供货机制。选择几个可靠的、信誉好的供应商，且与他们建立长期的订购关系，在采购过程中通过传真或电话的方式进行。一方面，可以大量缩减采购费用；另一方面，可以保证材料按时、按量和按质运到。这样，企业的库存可以降到最低，由此产生的相关成本也降到最低。

10.4.3　存货监控

存货的监控与应收账款的监控一样，根据财务比率指标①即存货周转天数与存货周转率来完成。但是，在使用财务比率指标来监控企业存货的时候，应该注意以下问题：

(1)产品的生产与销售是否是季节性的。如果是季节性的，计算的结果与实际情况不一样。

(2)存货周转率指标高是好还是坏呢？指标高，意味着企业的存货运用效率高，但企业可能面临存货短缺的风险，失去销售机会与客户的可能性增加；反之，带来相反的影响。存货周转天数指标也面临同样的问题。

本章小结

通过本章的学习，我们知道营运资金是企业生产经营中循环周转的资金。企业的营运资金越多，企业的周转能力越强，关系到企业的生存与发展。我们重点阐述了营运资金的来源方式、营运资金的管理模式和营运资金的构成内容管理。通过上述内容的学习，我们明确了营运资金管理的方法、特点和适用条件，在实务中我们应该注意这些因素的影响，以选择较为客观的方法，保证营运资金管理的质量。

思考题

1. 掌握下列专业术语

营运资金	现金周转期	永久性流动资产
临时性流动资产	营运资金管理模式	鲍摩尔(BAT)模型法
米勒-奥尔(MO)模型法	现金浮差量	信用标准
收款政策	ABC 分类管理法	EQQ 模型法
安全库存	提前期	允许库存的短缺量

2. 因为企业拥有存货、应收账款资产，所以银行愿意为这些资产提供长期贷款，对吗？为什么？

3. 企业的经营周期与现金周转期有什么不同？

4. 现金本身不能产生收益，但企业却需要持有一定量的现金，这是为什么？

5. 企业信用政策由哪些因素构成？应该如何实施？

---

① 参考第 2 章财务报表分析。

6.对客户信用状况评价时，需要收集哪些信息？

7.在确定最优存货水平时，要考虑的因素有哪些？

8.案例分析题

A企业2008年甲产品销售收入为4 000万元，总成本为3 000万元，其中固定成本为600万元。2009年该企业制定两个信用政策。

信用政策1：给予顾客60天信用期限(n/60)，雨季销售收入为5 000万元，货款将于第60天收到，其信用成本为140万元；

信用政策2：给予顾客(2/10,1/20,n/90)的信用政策，预计销售收入为5 400万元，将有30%的货款于第10天收到，20%的货款于第20天收到，其余50%的货款于第90天收到(前两部分货款不会产生坏账，后一部分货款的坏账损失率为该部分货款的4%)，收账费用为50万元。

假设A企业甲产品销售额的相关范围为3 000～6 000万元，企业的资本成本率为8%(为简化计算，本题不考虑增值税因素)。

请问：A企业应该采取何种信用政策？说明理由。

答案部分

第1章　财务管理概论

自测题答案：

1.该案例表明了CFO或财务管理的三层境界或三个阶段：

(1)企业有名的“救火队队长”(实用型财务管理者)。他们是企业出现财务危机时的英雄，是现阶段企业争相出高薪聘用的人。比如在成长期的企业中，资金是发展中的大问题，所以企业一般都会找有融资能力的人来做CFO。比如企业要上市一般都要找有上市经验或审计内控经验、在资本市场比较有人脉的人来带领财务团队；企业经历税务危机会找擅长税务实务的人来解决等。

(2)企业的风险控制专家(法制型财务管理者)。他们为企业建立完善的业务和财务内控体系，建立企业的信息基础系统、企业的风险预警和处理体系，以及企业的财务团队。实时地为业务部门解决和控制风险。

(3)企业的幕后英雄，企业信息系统的创建者、风险和收益的控制者、企业核心竞争力的创造者之一(成熟型财务管理者)。他们深入到业务中去，在业务部门有新的业务发生前为其提供数据模型的支持和业务预算的数字化。将企业的财务管理系统化为企业日常运作的工具，为企业创造价值。

以上三层境界是CFO都要具备的，对于企业来说都是必要的，在企业的不同发展阶段都是必不可少的，在企业的初创期可能最重要的是靠实用型财务管理者来为企业打天下，在企业成长期可能更加需要法制型财务管理者建立流程制度和信息系统来帮助企业做大做强。在成熟期可能需要成熟型财务管理者来为企业创立品牌建立常青基业。另一方面从企业财务管理实务来说，处理企业的业务问题就如同治病，预防、治小病、急救都是必不可少的本领。

2.(1)从每年收入中抽取1.8万元左右投保，并对保险项目进行组合，在购买1～2个主险的同时最好附加意外伤害、住院医疗等保险，从而得到全面保障。投保重大疾病保险以及分红类的两权保险附加意外保险等需要1万元；另外，为小孩购买大学教育金和婚姻及医疗类保险，需0.3万元。

(2)考虑到实际资金周转方面可能出现的困难，建议张先生近期不要对房产进行投资。若要在将来投资房地产，建议至少要在一至两年之后，这样手中可能有一定现金量，可以用来防范风险。

同时现有住房的还款压力过大，可适当对还款期限进行调整，从10年放宽至15年或20年，在减轻每月还款压力的同时，抽出部分资金进行各项投资，增加年收入。

3. ABCE

4. C

5. C

6. B

第2章 财务报表分析

自测题答案：

1. 资产负债率＝162 761 807.10÷(162 761 807.10＋227 142 909.76)
＝0.417

2. 负债与所有者权益比率＝162 761 807.10÷227 142 909.76＝0.717

3. 销售毛利率＝32 959 418.16÷99 196 008.79×100％＝33.2％

销售净利率＝22 057 971.43÷99 196 008.79×100％＝22.2％

4. 销售成本利润率＝1 428 480÷6 424 060×100％＝22.2％

5. 成本费用利润率＝61 842÷(668 249＋50＋22 690＋23 330＋839)
＝8.597％

6. 净资产报酬率＝39558÷[(186 350＋215 623)÷2]＝19.6819％

7. 现金到期债务比＝84 963÷15 198＝5.6

8. 现金流动负债比＝84 963÷167 792＝0.51

9. 销售现金比＝84 963÷799 115＝0.106

10. 每股营业现金流量＝84 693÷280 000＝0.3(元/股)

练习题答案：

1. 资产负债率＝(6 444 099－3 879 029)÷6 444 099＝0.398

负债与所有者权益比率＝(6 444 099－3 879 029)÷3 879 029＝0.661

2. 资产负债率＝2 536 781÷5 432 195＝0.467

负债与所有者权益比率＝2 536 781÷(5 432 195－2 536 781)＝0.876

3. 资本收益率＝22 057 971.43÷227 142 909.76＝0.097

4. 净资产收益率＝22 057 971.43÷[(389 904 716.86＋405 344 509.84)÷2]＝0.055

5. 现金到期债务比＝68 392÷10 387＝6.6

6. 全部资产现金回收率＝84 963÷520 572＝0.17

7. 每股营业现金净流量＝5 716.5÷40 000＝0.14(元/股)

8. 现金股利保障倍数＝84 963÷28 000÷0.09＝3.37

第3章　货币时间价值

自测题答案:

1. 450 000元

2. 第一个图是单笔现金流量图,第二个是多笔现金流量图。

3. 问题1:流出量、流入量。

问题2:流入量、流出量。

4. 问题1

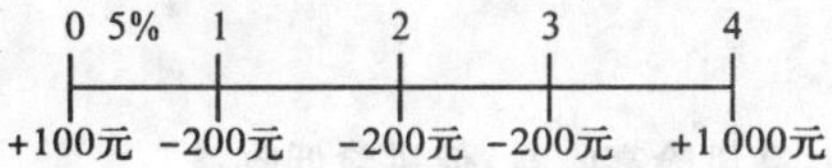

问题2

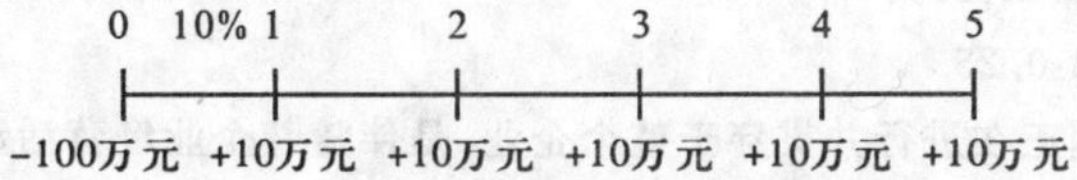

5. 1 060.9元、1 125.5元

6. 1 061.2元、1 124.9元

7. 正比例变动关系,随着期限、利率增加,复利终值相应增加。

8. 4 713元、4 442.5元

9. 4 711.5元、4 445元

10. 反比例变动关系,随着期限、利率增加,复利现值相应减少。

11. 是

12. 10 150元、20 920元

13. 15 300元、15 610元

14. 正比例变动,随着期限、利率增加年金终值增加。

15. 7 652元、14 868元

16. 11 535.6元、11 100元

17. 年金现值与期限成正比例关系,与利率成反比例关系。

18. 预付年金

19. 当利率上涨时,永续年金现值会下降;当利率下跌时,永续年金现值会上升。

练习题答案:

1. 购房

2. 2 144 000元

3. 25 644元

4. 大约29年

5. 大约15%

6. 6 105 100元

7. 大约6.5年

8.432 900 元

9.25 045 元

10.17 530 900 元

11.6 961 元

12.45 460 元

13.7 454.5 元

14. 8 890.6 元

第 4 章　风险与收益思考题答案

自测题答案：

1.风险代表的是不确定性，高风险高收益，低风险低收益。

2.方案 A:10％；方案 B:25％

3.方案 A:0；方案 B:0.25

4.(1)企业风险管理正在进行并贯穿于整个企业，是伴随着企业经营活动产生的。

(2)企业风险管理全员管理，受到企业各个层次人员的影响。

(3)公司目标的制定应该考虑风险的影响。

(4)企业风险管理是关于保护和提高股价，以满足股东财富最大化的首要业务目标。企业风险管理必须是包罗万象的，能应对商业计划的各方面，比如策略计划、营销计划、运营计划、研发计划、管理及组织计划、预测和财务数据、融资、风险管理程序及业务控制等。

第 5 章　融资管理答案

自测题答案：

1.可以

2.普通股股东享有的是剩余分配权，只有在提取了各种公积金和支付债权人及优先股股东报酬后，普通股股东才能获得报酬。

3.保持对企业的控制权和防止股票价值被稀释。

4.包销方式：损失超额收益的风险；代销方式：无法筹集足额资本的风险。

5.从社会角度看，普通股是一种理想的融资方式，因为企业不会轻易受到销售和收益递减的影响。普通股融资不涉及固定费用支出，而这些费用支出往往可能导致摇摇欲坠的公司破产。从经济角度看，如果太多公司采用负债形式，商业波动将会扩大，任何衰退都将造成巨大的影响。

6.2.5 元

7.优先股股利的发放权在公司董事会手中。优先股股利是一个固定的索取额，在利润增加时不会享受到杠杆效益。

8.

普通股　面值1元 发行20 000股	20 000元
股本盈余	30 000元
留存收益	10 000元
普通股权益总额	60 000元

每股账面价值为3元/股(60 000/20 000)

9. AB

10. 当市场利率大于票面利率时，只有降价销售，才能吸引投资者的投资意愿，保证债券发行成功，筹集到资金。

11. a. 是否应该发行可提前赎回债券。

b. 怎样确定调换(赎回)的时机。

12. 存在

13. 20

14. 企业发展前景良好，但股票价格被低估的时候。

第6章　资本成本答案

自测题答案：

1. 没有意义，因为投资报酬率低于融资成本。

2. 资金期限、财务风险、偿还方式、限制条件。

3. 项目A、B、C，因为收益率大于资本成本。

4. 3%

5. 20.6%、10.3%。优先股成本与股价成反比例关系。

6. 普通股、企业债券、银行借款。

7. 个别资本成本、融资数量的比例结构。

8. 错误

9. 正确，因为融资数量越多，发生的代价越大，边际资本成本就越高。

10. 错误，由于企业已有负债过多，继续借债会导致财务风险失控。

11. 不受限制，无发行费用。

12. 企业已有债务过多，无人再愿意向企业提供借款；借款人提出的要求过高，超出企业承受能力。

练习题答案：

1. 6.73%

2. 462元

3. 17.1%

4. 17.1%

5.融资额与资本成本变化情况表

资金种类	资本结构	资本成本	新筹资额	筹资总额范围
长期借款	15%	6%	45万元以内	0～300万元
		6.5%	45万～90万元	300万元～600万元
		8%	90万元以上	600万元以上
长期债券	25%	9%	200万元以内	0～800万元
		10%	200万～400万元	800万元～1 600万元
		12%	400万元以上	1 600万元以上
普通股	60%	11%	300万元以内	0～500万元
		13%	300万～600万元	500万元～1 000万元
		15%	600万元以上	1 000万元以上

不同融资范围内的边际资本成本表

融资总额范围	边际资本成本
300万元以内	15% × 6%+25% × 9%+60% × 11%=9.75%
300万～500万元	15% × 6.5%+25% × 9%+60% × 11%=9.83%
500万～600万元	15% × 6.5%+25% × 9%+60% × 13%=11.03%
600万～800万元	15% × 8%+25% × 9%+60% × 13%=11.25%
800万～1 000万元	15%× 8%+25% × 10%+60% × 13%=11.50%
1 000万～1 600万元	15%×8%+25%×10%+60%×15%=12.70%
1 600万元以上	15%×8%+25%×12%+60%×15%=13.20%

6. DOL=1.455

7. DFL=1.190

8. DTL=DOL ×DFL=1.455×1.190=1.731

第7章

自测题答案：

1.

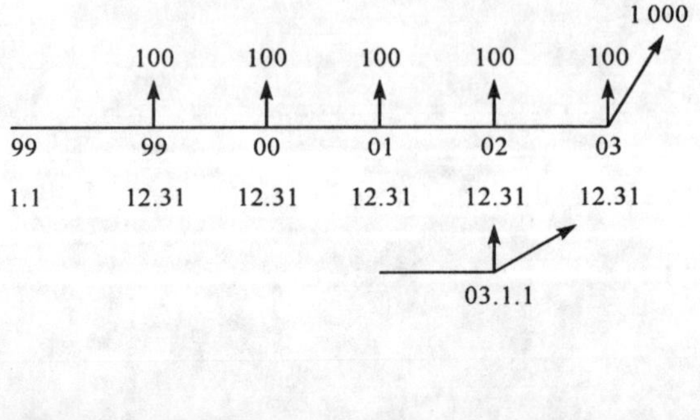

债券价值 $=V=(1\,000+1\,000\times10\%\times1)\div(1+8\%)=1\,019$(元)

所以，当债券价格低于 1 019 元时，可以购买。

2. $V=1\,000\times8\%\times(P/A,10\%,5)+1\,000(P/F,10\%,5)$

$=80\times3.791+1\,000\times0.621$

$=924.28$(元)

由于债券的价值大于市价，因此如不考虑风险问题，该投资者可以购买此债券。

3. (1)平价发行且每年支付一次利息的债券，到期收益率等于票面利率，即为 10%。

(2)2008 年 1 月 1 日时，债券还有 1 年到期。

$$V=1\,000\times10\%\div(1+8\%)+1\,000\div(1+8\%)=1\,019(\text{元})$$

(3)$900=100\div(1+k)+1\,000\div(1+k)$

$$k=22\%$$

(4)2006 年 1 月 1 日时，债券还有 3 年到期。

$$V=100(P/A,12\%,3)+1\,000(P/F,12\%,3)=952(\text{元})$$

因为债券价值为 952 元，大于市价(950 元)，故应购买。

4. 企业债券是指企业为了筹措资金而向投资者出具的、承诺在一定时期还本付息的债务凭证。企业债券投资属于债权性投资，投资人有权要求发行债券的企业按期偿付本息，否则可通过法律程序要求补偿。股票是股份有限公司在筹集资本时向出资人发行的股份凭证。股票投资属于权益性投资，投资人作为权益所有者，有权参与被投资企业的经营管理和按所占股份分享利润。但当被投资人发生经营亏损或损失时，投资人须以出资额为限承担其损失。

5. $V=2/16\%=12.5$(元)

经求解得知该股票的价值是 12.5 元。

6. (1)计算 A、B 公司股票价值

A 公司股票价值 $=0.15\times(1+6\%)/(8\%-6\%)=7.95$(元)

B 公司股票价值 $=0.60/8\%=7.5$(元)

(2)分析与决策

由于 A 公司股票现行市价为 9 元，高于其投资价值 7.95 元，故 A 公司股票目前不宜投资购买；B 公司股票现行市价为 7 元，低于其投资价值 7.50 元，故 B 公司股票值得投资，宜购买 B 公司股票。

7. $k=1/20+10\%=15\%$

该股票的投资收益率为 15%。

8. $V=20\times0.6=12$(元)

若该股票的价格低于 12 元，就可以考虑买进。

9. $\beta_{ABC}=30\%\times1.5+30\%\times1.5+40\%\times1.5=1.5$

$\beta_{ABD}=30\%\times1.5+30\%\times1.5+40\%\times0.1=0.94$

可见，构成投资组合的个股的 β 系数减小，则投资组合的综合 β 系数降低，使投资组合的风险减少；反之，则风险增加。

投资人可以据此选择自己能接受的风险水平。但是，降低风险的同时，投资收益率也会降低。

练习题答案

1. **解** (1)计算 A 公司购入甲公司债券的价值和收益率：

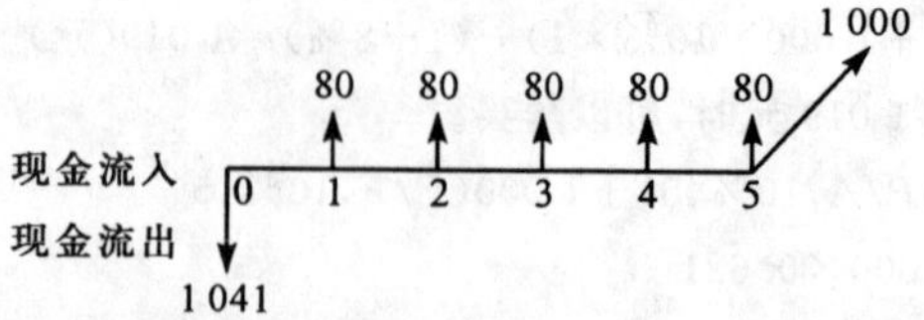

甲公司债券的价值＝1 000×8%×$(P/A,6\%,5)$＋1 000×$(P/F,6\%,5)$
＝1 084.29(元)

债券收益率为:1 000×8%×$(P/A,k,5)$＋1 000×$(P/F,k,5)$＝1 041(元)

设k为7%：

1 000×8%×$(P/A,7\%,5)$＋1 000×$(P/F,7\%,5)$＝328＋713＝1 041(元)

所以甲公司债券的收益率为7%。

(2)计算A公司购入乙公司债券的价值和收益率。

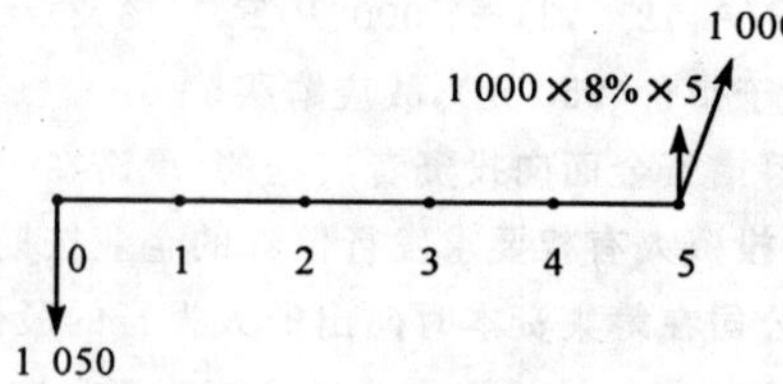

乙公司债券的价值＝(1 000×8%×5＋1 000)×$(P/F,6\%,5)$＝1 400×0.7473
＝1 046.22(元)

设k为5%：

(1 000×8%×5＋1 000)×$(P/F,5\%,5)$＝1 400×0.7835＝1 096.9(元)

$(k-5\%)/(6\%-5\%)=(1\,050-1\,096.9)/(1\,046.22-1\,096.9)$

$k=(1\,096.9-1\,050)/(1\,096.9-1\,046.22)\times(6\%-5\%)+5\%$

$k=5.93\%$

所以乙公司债券的收益率为5.93%

(3)计算A公司购入丙公司债券的价值和收益率。

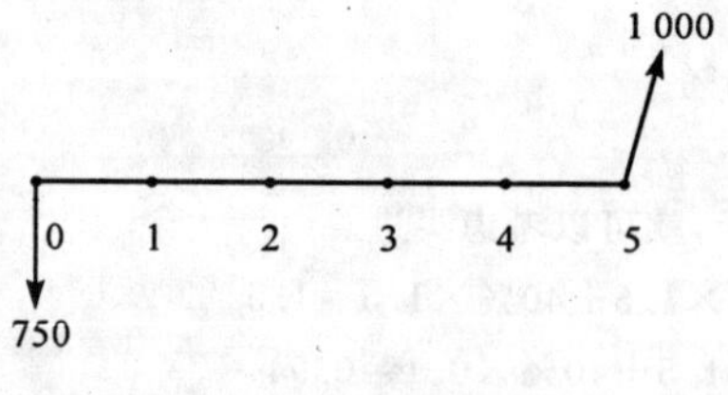

丙公司债券的价值＝1 000×$(P/F,6\%,5)$＝1 000×0.7473＝747.3(元)

$750\times(1+k)^5=1\,000$

$k=6\%$

所以丙公司的收益率为6%

(4)由于甲公司债券的价值高于其买价，所以甲公司债券具有投资价值；而乙公司和丙公司债券的价值均低于其买价，所以不具有投资价值。

(5)若 A 公司购买并持有甲公司债券，1 年后将其以 1 050 元的价格出售，计算该项投资收益率：

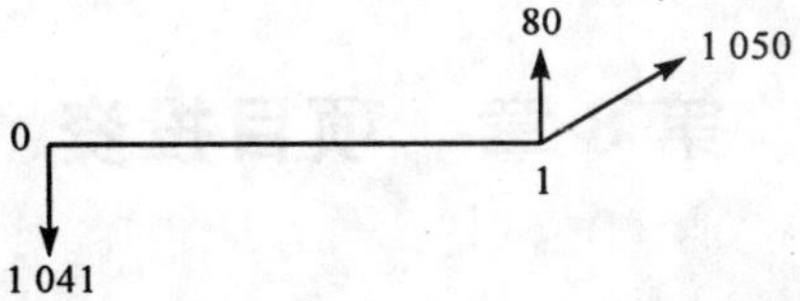

投资收益率＝[(1 050－1 041)＋80]/1 041＝8.55%

2.解　(1)A 公司债券的内在价值＝80×$(P/A,6\%,5)$＋1 000×$(P/F,6\%,5)$

＝1 084.29(元)

因为 1 084.29＜1 105，所以不应购买。

(2)B 公司债券的内在价值＝1 400×$(P/F,6\%,5)$＝1 046.22(元)

因为 1 046.22＜1 105，所以不应购买。

3.解　N 公司股票投资收益率：$7=0.60/k_N$

$k_N=8.57\%$

M 公司股票投资收益率：$9=0.15\times(1+6\%)/(k_M-6\%)$

$k_M=0.15\times(1+6\%)/9+6\%$

$k_M=7.77\%$

由于甲企业要求的必要报酬率是 8%，所以甲企业应购买 N 公司的股票。

4.解

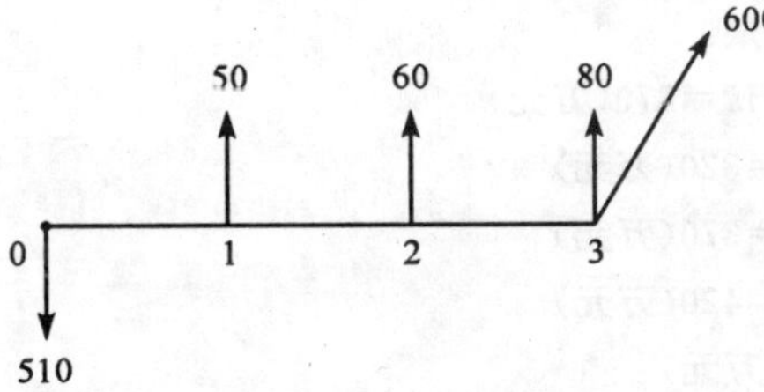

根据题意得：510＝50×$(P/F,k,1)$＋60×$(P/F,k,2)$＋680×$(P/F,k,3)$

现采用插值法进行计算，详细情况见下表。

时间	股利及出售股票的现金流量(万元)	测试 20%		测试 18%		测试 16%	
		系数	现值	系数	现值	系数	现值
2006 年	50	0.833 3	41.67	0.847 5	42.38	0.862 1	43.11
2007 年	60	0.694 4	41.66	0.718 2	43.09	0.743 2	44.59
2008 年	680	0.578 7	393.52	0.608 6	413.85	0.640 7	435.68
合计			476.85		499.32		523.38

运用内插法即：

$(k-16\%)/(18\%-16\%)=(510-523.38)/(499.32-523.38)$

$k=17.11\%$

5.解 (1)$\beta=1.5\times0.3+1.7\times0.4+1.9\times0.3=0.45+0.68+0.57=1.7$

(2)$R_p=1.7\times(9\%-7\%)=3.4\%$

(3)$R_i=7\%+3.4\%=10.4\%$

第8章 项目投资

自测题答案

1.解 第一年所需流动资金＝50－15＝35(万元)

首次流动资金投资额＝35－0＝35(万元)

第2年所需流动资金＝80－30＝50(万元)

第2年流动资金投资额＝本年流动资金需用额－截至上年的流动资金投资额＝50－35＝15(万元)

流动资金投资合计＝15＋35＝50(万元)

2.解 该项目的寿命为10年,建设期为1年。

项目计算期 $n=1+10=11$(年)

(1)建设期现金净流量:

$NCF_0=-(1\ 000+50)=-1\ 050$(万元)

$NCF_1=-200$(万元)

固定资产原值＝1 000＋100＝1 100(万元)

固定资产年折旧＝(1 100－100)/10＝100(万元)

(2)经营期内的现金净流量:

$NCF_2=10+100+50+110=270$(万元)

$NCF_3=110+100+110=320$(万元)

$NCF_4=160+100+110=370$(万元)

$NCF_5=210+100+110=420$(万元)

$NCF_6=260+100=360$(万元)

$NCF_7=300+100=400$(万元)

$NCF_8=350+100=450$(万元)

$NCF_9=400+100=500$(万元)

$NCF_{10}=450+100=550$(万元)

(3)终结点现金净流量:

终结点回收额＝100＋200＝300(万元)

$NCF_{11}=500+100+300=900$(万元)

3.解 固定资产年折旧额＝(530－30)/10＝50(万元)

项目计算期＝建设期＋生产经营期＝1＋10＝11(年)

$NCF_0=-530$(万元)

$NCF_1=-80$(万元)

$NCF_{2\sim6}=600\times(1-25\%)-400\times(1-25\%)+50\times25\%=162.5$(万元)

$NCF_{7\sim10}=900\times(1-25\%)-600\times(1-25\%)+50\times25\%=237.5$(万元)

$NCF_{11}=237.5+30+80=347.5$(万元)

4.解　累计现金净流量等于零的年份在第4年内，所以回收期为：

$PP=3+63\,480/64\,120\approx3.99$(年)

5.解　年平均报酬率＝年平均利润额／原始投资额×100%

A方案年平均报酬率＝17 000/106 250×100%＝16%

B方案年平均报酬率＝(120 000÷5)/130 000×100%＝18.46%

A、B两个方案的年平均报酬率分别为16%和18.46%，都超过了该企业的期望报酬率11%。所以两个方案都具有可行性。由于B方案的平均报酬率大于A方案的平均报酬率，因此，应选择B方案。

6.解　$NCF_A=(11\,800\times0.909\,1+13\,240\times0.826\,4)-20\,000=1\,669$(元)

$NCF_B=(1\,200\times0.909\,1+6\,000\times0.826\,4+6\,000\times0.751\,3)-9\,000$

$=10\,557-9\,000=1\,557$(元)

$NCF_C=4\,600\times2.487-12\,000=11\,440-12\,000=-560$(元)

因为$NCF_C<0$，所以方案C不可行。

又因为1 669>1 557，所以A方案最优。

7.续自测题6，三个方案的现值指数如下：

$PI_A=21\,669/20\,000=1.08$

$PI_B=10\,557/9\,000=1.17$

$PI_C=11\,440/12\,000=0.95$

因为$PI_C<1$，所以方案C不可行。

又因为1.17>1.08，所以方案B最优。

8.A方案内部报酬率的测试：

年份	现金净流量	贴现率＝18%		贴现率＝16%	
		系数	现值	系数	现值
0	(20 000)	1	(20 000)	1	(20 000)
1	11 800	0.847	9 995	0.862	10 172
2	13 240	0.718	9 506	0.743	9 837
合计			(499)		9

插值法：

$$IRR_A=16\%+2\%\times9/(9+499)=16.04\%$$

B方案内部报酬率的测试：

年份	现金净流量	贴现率＝18%		贴现率＝16%	
		系数	现值	系数	现值
0	(9 000)	1	(9 000)	1	(9 000)
1	1 200	0.847	1 016	0.862	1 034
2	6 000	0.718	4 308	0.743	4 458
3	6 000	0.609	3 654	0.641	3 846
净现值			(22)		338

插值法：

$$IRR_B=16\%+2\%\times338/(22+338)=17.88\%$$

C方案各期现金流入量相等，符合年金现值形式，内部报酬率可直接利用年金现值表来确定，不需要逐步测试。

$(P/A,IRR,n)$＝投资总额／营业现金净流量

＝12 000/4 600＝2.6086

插值法：

$IRR_C=7.33\%$

因为 $IRR_C<10\%$，所以方案C不可行。

又因为 17.88%＞16.04%，所以方案B最优。

9. $NPV=20\,000\times(P/A,IRR,6)+(20\,000+3\,000)\times(P/F,IRR,6)-(20\,000+60\,000)=0$

当 $IRR=18\%$ 时，$NPV=290>0$

当 $IRR=19\%$ 时，$NPV=-3\,704<0$

因此 IRR 介于18%和19%之间，用插值法求得：

$IRR=18.07\%$

即该方案本身能带来18.07%的投资报酬率。若企业要求的投资报酬率低于此比率，该项目可行。

10. 首先计算两个方案每年的营业现金净流量：

继续使用旧设备：

年折旧额＝15 000/5＝3 000(元)

税前利润＝37 500－(22 500＋3 000)＝12 000(元)

税后利润＝12 000×(1－25%)＝9 000(元)

营业现金净流量＝9 000＋3 000＝12 000(元)

更换新设备：

年折旧额＝(45 000－7 500)/5＝7 500(元)

税前利润＝60 000－(30 000＋7 500)＝22 500(元)

税后利润＝22 500×(1－25%)＝16 875(元)

营业现金净流量＝16 875＋7 500＝24 375(元)

然后，再结合初始现金流量和终结现金流量编制两个方案的全部现金流量表，如下表所示。

投资项目现金流量计算表 单位：元

项目	第0年	第1年	第2年	第3年	第4年	第5年
继续使用旧设备：						
初始投资	－15 000					
营业现金净流量		12 000	12 000	12 000	12 000	12 000
现金流量	－15 000	12 000	12 000	12 000	12 000	12 000
更换新设备：						
初始投资	－45 000					
营业现金净流量		24 375	24 375	24 375	24 375	24 375
固定资产残值						7 500
现金流量	－45 000	24 375	24 375	24 375	24 375	31 875

最后我们可以计算两个方案各自的净现值，比较其净现值的大小确定两个方案孰优孰劣。

继续使用旧设备：

$NPV = 12\ 000 \times (P/A, 15\%, 5) - 15\ 000$

$= 12\ 000 \times 3.3522 - 15\ 000$

$= 25\ 226.4$(元)

更换新设备：

$NPV = 24\ 375 \times (P/A, 15\%, 5) + 75\ 000 \times (P/F, 15\%, 5) - 45\ 000$

$= 24\ 375 \times 3.3522 + 7\ 500 \times 0.4972 - 45\ 000$

$= 40\ 473.875$(元)

上述计算结果表明，更换新设备方案的净现值大于继续使用旧设备方案的净现值，故企业应采纳更换新设备方案。

练习题答案：

1.解　为计算现金流量，先计算两个方案每年的折旧额：

甲方案每年折旧额＝200 000/5＝40 000(元)

乙方案每年折旧额＝(240 000—40 000)/5＝40 000(元)

下面用表计算两个方案的营业现金流量，然后，再结合初始现金流量和终结现金流量编制两个方案的全部现金流量表，见表1和表2。

表1　　投资项目营业现金流量计算表　　单位：元

t	1	2	3	4	5
甲方案					
销售收入(1)	120 000	120 000	120 000	120 000	120 000
付现成本(2)	40 000	40 000	40 000	40 000	40 000
折旧(3)	40 000	40 000	40 000	40 000	40 000
税前利润(4)＝(1)－(2)－(3)	40 000	40 000	40 000	40 000	40 000
所得税(5)＝(4)×25%	10 000	10 000	10 000	10 000	10 000
税后净利(6)＝(4)－(5)	30 000	30 000	30 000	30 000	30 000
营业现金流量(7)＝(1)－(2)－(5)＝(3)＋(6)	70 000	70 000	70 000	70 000	70 000
乙方案					
销售收入(1)	160 000	160 000	160 000	160 000	160 000
付现成本(2)	60 000	68 000	76 000	84 000	92 000
折旧(3)	40 000	40 000	40 000	40 000	40 000
税前利润(4)＝(1)－(2)－(3)	60 000	52 000	44 000	36 000	28 000
所得税(5)＝(4)×25%	15 000	13 000	11 000	9 000	7 000
税后净利(6)＝(4)－(5)	45 000	39 000	33 000	27 000	21 000
营业现金流量(7)＝(1)－(2)－(5)＝(3)＋(6)	85 000	79 000	73 000	67 000	61 000

表 2　　投资项目现金净流量计算表　　单位：元

t	0	1	2	3	4	5
甲方案						
固定资产投资	－200 000					
营业现金流量		70 000	70 000	70 000	70 000	70 000
现金净流量	－200 000	70 000	70 000	70 000	70 000	70 000
乙方案						
固定资产投资	－240 000					
营运资金垫支	－48 000					
营业现金流量		85 000	79 000	73 000	67 000	61 000
固定资产残值						40 000
营运资金回收						48 000
现金净流量	－288 000	85 000	79 000	73 000	67 000	149 000

2.解　根据所给资料计算下列相关指标：

①项目计算期＝1＋10＝11(年)

②固定资产原值＝200＋200 ×10％＝220(万元)

③固定资产年折旧额＝(220－20)/10＝20(万元)

④经营期第 1～7 年每年总成本费用＝76＋20＋22＝118(万元)

经营期第 8～10 年每年总成本费用＝76＋20＝96(万元)

⑤经营期第 1～7 年每年营业利润＝160－118＝42(万元)

经营期第 8～10 年每年营业利润＝140－96＝44(万元)

⑥经营期第 1～7 年每年应交所得税＝42×25％＝10.5(万元)

经营期第 8～10 年每年应交所得税＝44×25％＝11(万元)

⑦经营期第 1～7 年每年净利润＝42－10.5＝31.5(万元)

经营期第 8～10 年每年净利润＝44－11＝33(万元)

按简化公式计算建设期现金净流量为：

$$NCF_0=-200(\text{万元})$$

$$NCF_1=0(\text{万元})$$

按简化公式计算经营期现金净流量为：

$$NCF_{2\sim8}=31.5+20+22=73.5(\text{万元})$$

$$NCF_{9\sim10}=33+20=53(\text{万元})$$

$$NCF_{11}=33+20+20=73(\text{万元})$$

3.解　该项目的寿命为 10 年，建设期为 1 年，则

项目计算期 n＝1＋10＝11(年)

(1)建设期的现金净流量＝－原始总投资

$$NCF_0=-1\ 000(万元)$$

$$NCF_1=0$$

(2)经营期内某年现金净流量＝净利润＋折旧＋摊销＋财务费用中的利息

固定资产原值＝1 000＋100＝1 100(万元)

折旧＝(原值－残值)/使用年限

＝(1 100－100)/10

＝100(万元)

$$NCF_{2\sim4}=100+100+110=310(万元)$$

$$NCF_{5\sim10}=100+100=200(万元)$$

(3)终结点的 NCF＝净利＋折旧、摊销＋财务费用中的利息＋回收额

$NCF_{11}=100+100+100=300$(万元)

4.预计投资回收期＝120/40＝3(年)

该项目预计 3 年能够收回投资。

5.该项目头三年能收回投资额共 2＋3＋3＝8 万元，第 4 年再收回 2 万元即能全部收回投资，因此：

投资回收期＝3＋(10－8)/4＝3.5(年)

6.年平均利润＝(10＋12＋13＋15＋10)/5＝12(万元)

年平均报酬率＝年平均利润/原始投资额＝12/100＝12％

年平均报酬率高于企业要求的投资报酬率，因此该项目可行。

7.(1)第一步：现金流量分析

每年折旧额＝(520 000－20 000)/10＝50 000(元)

前 5 年每年支付利息＝520 000×10％＝52 000(元)

前 5 年每年税后利润＝(300 000－232 000－50 000)×(1－25％)＝13 500(元)

后 5 年每年税后利润＝(300 000－180 000－50 000)×(1－25％)＝52 500(元)

前 5 年每年现金净流量＝税后利润＋折旧＋利息费用

＝13 500＋50 000＋52 000＝115 500(元)

后 5 年每年现金净流量＝税后利润＋折旧

＝52 500＋50 000＝102 500(元)

10 年末收回残值 20 000 元。

编制如下现金流量表：

单位：元

年份	0	1～5	6～9	10
现金净流量	－520 000	115 500	102 500	122 500

第二步：净现值计算(以借款利率 10％为贴现率)

求 1～5 年的净现值：$NPV_{1\sim5}$＝115 500×3.791＝437 860.5(元)

求 6～9 年的净现值：$NPV_{6\sim9}$＝102 500×3.17×0.621＝201 778.4(元)

求第 10 年的净现值：NPV_{10}＝122 500×0.386＝47 285(元)

该项目净现值为：$NPV=-520\ 000+437\ 860.5+201\ 778.4+47\ 285=166\ 923.9$(元)

第三步：评价指标

$NPV>0$，所以该方案可行。

(2)根据(1)可求出获利指数

$PI=(437\ 860.5+201\ 778.4+47\ 285)/520\ 000=1.321$

8.每年现金净流量相等，可用简单法求解 IRR：

年金现值系数＝50 000/12 000＝4.1667

用插值法可得：

折现率	6%	7%
折现系数	4.2124	4.1002

$4.100\ 2<4.1667<4.2124$　所以 $6\%<IRR<7\%$

$IRR=6.4\%$

第9章　股利政策

自测题答案：

1.股票股利的发放可以有效降低股票价格，有助于增加投资者的投资兴趣，让股东分享企业的盈利而无须分配现金，由此可以留存更多的现金以供发展之用，有利于企业的长期健康稳定发展。就中国上市公司而言，还包含“扩大总股本便于今后配股筹集更多资金和刺激股价”。

2.当期利润、留存收益

3.(1)配合企业长短期财务规划；

(2)有无其他投资计划；

(3)同行业的发放水准；

(4)未来几年企业的盈利预测。

4.剩余股利政策

5.剩余股利政策

6.企业可以保持理想的资本结构和统筹考虑企业的资本预算、资本结构和股利政策等基本财务问题。

7.固定股利政策

练习题答案：

6 000 000 × 70%＝4 200 000(元)

10 000 000－4 200 000＝5 800 000(元)

第10章　营运资金管理

自测题答案：

1.存货、应收账款、银行存款和现金、应付账款。

2.交易需求、投资需求、预防需求、补偿需求。

3.机会成本、交易成本。

4.(1)严格执行债务人收账程序是加快现金流入的最重要的有效手段。

(2)每天收到的现金和支票都应存入银行账户。

(3)对大额支票应该当天结算,即使存入银行。

(4)外地的销售代表收到现金应及时存入企业银行账号或在当地的银行分行,不要邮寄或随身带回。

(5)应该尽可能要求或鼓励客户采用电子资金拨款方式(EFT)、电子数据交换系统(EDI)或通过国际互联网付款等现代支付方式。

(6)应该要求国外或路途遥远的客户直接将款项电汇到企业的银行账户,尽可能不要采用邮寄的方式。

5.(1)尽可能长地拖延债权人的付款是延缓现金流出的最常用的方法,但是这样做有一定的风险。

(2)尽可能采用邮寄支票方式,而不是现金或银行转账来支付款项,这样可以使现金在企业多保留几天。

(3)组合安排银行存款、往来款项和收付款,尽量增加付款的在途时间。

(4)加强付款审核制度,尽可能保证每一笔付款都在信用期限的最后一天。

练习题答案:

1.50 000 元

2.10 400 元,21 200 元

3.根据下列计算结果,可以接受这笔交易。

预计销售额(500 × 1 500)	750 000 元
销售额的期望值(750 000× (1－0.1))	675 000 元
60 天资本成本(12%/12×2)	2%
销售期望的现值(675 000/(1＋2%))	661 765 元
成本现值(400 ×1 500)	600 000 元
期望收益(661 765－600 000)	61 765 元

4.800 千克

附 录

1元复利终值表

期数	利率																			
	1%	2%	3%	4%	5%	6%	7%	8%	9%	10%	11%	12%	13%	14%	15%	16%	17%	18%	19%	20%
1	1.0100	1.0200	1.0300	1.0400	1.0500	1.0600	1.0700	1.0800	1.0900	1.1000	1.1100	1.1200	1.1300	1.1400	1.1500	1.1600	1.1700	1.1800	1.1900	1.2000
2	1.0201	1.0404	1.0609	1.0816	1.1025	1.1236	1.1449	1.1664	1.1881	1.2100	1.2321	1.2544	1.2769	1.2996	1.3225	1.3456	1.3689	1.3924	1.4161	1.4400
3	1.0303	1.0612	1.0927	1.1249	1.1576	1.1910	1.2250	1.2597	1.2950	1.3310	1.3676	1.4049	1.4429	1.4815	1.5209	1.5609	1.6016	1.6430	1.6852	1.7280
4	1.0406	1.0824	1.1255	1.1699	1.2155	1.2625	1.3108	1.3605	1.4116	1.4641	1.5181	1.5735	1.6305	1.6890	1.7490	1.8106	1.8739	1.9388	2.0053	2.0736
5	1.0510	1.1041	1.1593	1.2167	1.2763	1.3382	1.4026	1.4693	1.5386	1.6105	1.6851	1.7623	1.8424	1.9254	2.0114	2.1003	2.1924	2.2878	2.3864	2.4883
6	1.0615	1.1262	1.1941	1.2653	1.3401	1.4185	1.5007	1.5869	1.6771	1.7716	1.8704	1.9738	2.0820	2.1950	2.3131	2.4364	2.5652	2.6996	2.8398	2.9860
7	1.0721	1.1487	1.2299	1.3159	1.4071	1.5036	1.6058	1.7138	1.8280	1.9487	2.0762	2.2107	2.3526	2.5023	2.6600	2.8262	3.0012	3.1855	3.3793	3.5832
8	1.0829	1.1717	1.2668	1.3686	1.4775	1.5938	1.7182	1.8509	1.9926	2.1436	2.3045	2.476	2.6584	2.8526	3.0590	3.2784	3.5115	3.7589	4.0214	4.2998
9	1.0937	1.1951	1.3048	1.4233	1.5513	1.6895	1.8385	1.9990	2.1719	2.3579	2.5580	2.7731	3.0040	3.2519	3.5179	3.8030	4.1084	4.4355	4.7854	5.1598
10	1.1046	1.219	1.3439	1.4802	1.6289	1.7908	1.9672	2.1589	2.3674	2.5937	2.8394	3.1058	3.3946	3.7072	4.0456	4.4114	4.8068	5.2338	5.6947	6.1917
11	1.1157	1.2434	1.3842	1.5395	1.7103	1.8983	2.1049	2.3316	2.5804	2.8531	3.1518	3.4785	3.8359	4.2262	4.6524	5.1173	5.6240	6.1759	6.7767	7.4301
12	1.1268	1.2682	1.4258	1.6010	1.7959	2.0122	2.2522	2.5182	2.8127	3.1384	3.4985	3.8960	4.3345	4.8179	5.3503	5.9360	6.5801	7.2876	8.0642	8.9161
13	1.1381	1.2936	1.4685	1.6651	1.8856	2.1329	2.4098	2.7196	3.0658	3.4523	3.8833	4.3635	4.8980	5.4924	6.1528	6.8858	7.6987	8.5994	9.5964	10.6993
14	1.1495	1.3195	1.5126	1.7317	1.9799	2.2609	2.5785	2.9372	3.3417	3.7975	4.3104	4.8871	5.5348	6.2613	7.0757	7.9875	9.0075	10.1472	11.4198	12.8392
15	1.1610	1.3459	1.5580	1.8009	2.0789	2.3966	2.7590	3.1722	3.6425	4.1772	4.7846	5.4736	6.2543	7.1379	8.1371	9.2655	10.5387	11.9737	13.5895	15.4070
16	1.1726	1.3728	1.6047	1.8730	2.1829	2.5404	2.9522	3.4259	3.9703	4.5950	5.3109	6.1304	7.0673	8.1372	9.3576	10.7480	12.3303	14.129	16.1715	18.4884
17	1.1843	1.4002	1.6528	1.9479	2.2920	2.6928	3.1588	3.7000	4.3276	5.0545	5.8951	6.8660	7.9861	9.2765	10.7613	12.4677	14.4265	16.6722	19.2441	22.1861
18	1.1961	1.4282	1.7024	2.0258	2.4066	2.8543	3.3799	3.9960	4.7171	5.5599	6.5436	7.6900	9.0243	10.5752	12.3755	14.4625	16.8790	19.6733	22.9005	26.6233
19	1.2081	1.4568	1.7535	2.1068	2.5270	3.0256	3.6165	4.3157	5.1417	6.1159	7.2633	8.6128	10.1974	12.0557	14.2318	16.7765	19.7484	23.2144	27.2516	31.9480
20	1.2202	1.4859	1.8061	2.1911	2.6533	3.2071	3.8697	4.6610	5.6044	6.7275	8.0623	9.6463	11.5231	13.7435	16.3665	19.4608	23.1056	27.3930	32.4294	38.3376

1元复利现值表

期数	利率 1%	2%	3%	4%	5%	6%	7%	8%	9%	10%	11%	12%	13%	14%	15%	16%	17%	18%	19%	20%
1	0.9901	0.9804	0.9709	0.9615	0.9524	0.9434	0.9346	0.9259	0.9174	0.9091	0.9009	0.8929	0.8850	0.8772	0.8696	0.8621	0.8547	0.8475	0.8403	0.8333
2	0.9803	0.9612	0.9426	0.9246	0.9070	0.8900	0.8734	0.8573	0.8417	0.8264	0.8116	0.7972	0.7831	0.7695	0.7561	0.7432	0.7305	0.7182	0.7062	0.6944
3	0.9706	0.9423	0.9151	0.8890	0.8638	0.8396	0.8163	0.7938	0.7722	0.7513	0.7312	0.7118	0.6931	0.6750	0.6575	0.6407	0.6244	0.6086	0.5934	0.5787
4	0.9610	0.9238	0.8885	0.8548	0.8227	0.7921	0.7629	0.7350	0.7084	0.6830	0.6587	0.6355	0.6133	0.5921	0.5718	0.5523	0.5337	0.5158	0.4987	0.4823
5	0.9515	0.9057	0.8626	0.8219	0.7835	0.7473	0.7130	0.6806	0.6499	0.6209	0.5935	0.5674	0.5428	0.5194	0.4972	0.4761	0.4561	0.4371	0.4190	0.4019
6	0.9420	0.8880	0.8375	0.7903	0.7462	0.7050	0.6663	0.6302	0.5963	0.5645	0.5346	0.5066	0.4803	0.4556	0.4323	0.4104	0.3898	0.3704	0.3521	0.3349
7	0.9327	0.8706	0.8131	0.7599	0.7107	0.6651	0.6227	0.5835	0.5470	0.5132	0.4817	0.4523	0.4251	0.3996	0.3759	0.3538	0.3332	0.3139	0.2959	0.2791
8	0.9235	0.8535	0.7894	0.7307	0.6768	0.6274	0.5820	0.5403	0.5019	0.4665	0.4339	0.4039	0.3762	0.3506	0.3269	0.3050	0.2848	0.2660	0.2487	0.2326
9	0.9143	0.8368	0.7664	0.7026	0.6446	0.5919	0.5439	0.5002	0.4604	0.4241	0.3909	0.3606	0.3329	0.3075	0.2843	0.2630	0.2434	0.2255	0.2090	0.1938
10	0.9053	0.8203	0.7441	0.6756	0.6139	0.5584	0.5083	0.4632	0.4224	0.3855	0.3522	0.3220	0.2946	0.2697	0.2472	0.2267	0.2080	0.1911	0.1756	0.1615
11	0.8963	0.8043	0.7224	0.6496	0.5847	0.5268	0.4751	0.4289	0.3875	0.3505	0.3173	0.2875	0.2607	0.2366	0.2149	0.1954	0.1778	0.1619	0.1476	0.1346
12	0.8874	0.7885	0.7014	0.6246	0.5568	0.4970	0.4440	0.3971	0.3555	0.3186	0.2858	0.2567	0.2307	0.2076	0.1869	0.1685	0.1520	0.1372	0.1240	0.1122
13	0.8787	0.7730	0.6810	0.6006	0.5303	0.4688	0.4150	0.3677	0.3262	0.2897	0.2575	0.2292	0.2042	0.1821	0.1625	0.1452	0.1299	0.1163	0.1042	0.0935
14	0.8700	0.7579	0.6611	0.5775	0.5051	0.4423	0.3878	0.3405	0.2992	0.2633	0.2320	0.2046	0.1807	0.1597	0.1413	0.1252	0.1110	0.0985	0.0876	0.0779
15	0.8613	0.7430	0.6419	0.5553	0.4810	0.4173	0.3624	0.3152	0.2745	0.2394	0.2090	0.1827	0.1599	0.1401	0.1229	0.1079	0.0949	0.0835	0.0736	0.0649
16	0.8528	0.7284	0.6232	0.5339	0.4581	0.3936	0.3387	0.2919	0.2519	0.2176	0.1883	0.1631	0.1415	0.1229	0.1069	0.0930	0.0811	0.0708	0.0618	0.0541
17	0.8444	0.7142	0.6050	0.5134	0.4363	0.3714	0.3166	0.2703	0.2311	0.1978	0.1696	0.1456	0.1252	0.1078	0.0929	0.0802	0.0693	0.0600	0.0520	0.0451
18	0.8360	0.7002	0.5874	0.4936	0.4155	0.3503	0.2959	0.2502	0.2120	0.1799	0.1528	0.1300	0.1108	0.0946	0.0808	0.0691	0.0592	0.0508	0.0437	0.0376
19	0.8277	0.6864	0.5703	0.4746	0.3957	0.3305	0.2765	0.2317	0.1945	0.1635	0.1377	0.1161	0.0981	0.0829	0.0703	0.0596	0.0506	0.0431	0.0367	0.0313
20	0.8195	0.6730	0.5537	0.4564	0.3769	0.3118	0.2584	0.2145	0.1784	0.1486	0.1240	0.1037	0.0868	0.0728	0.0611	0.0514	0.0433	0.0365	0.0308	0.0261

1元普通年金终值表

期数	利率																			
	1%	2%	3%	4%	5%	6%	7%	8%	9%	10%	11%	12%	13%	14%	15%	16%	17%	18%	19%	20%
1	1.0000	1.0000	1.0000	1.0000	1.0000	1.0000	1.0000	1.0000	1.0000	1.0000	1.0000	1.0000	1.0000	1.0000	1.0000	1.0000	1.0000	1.0000	1.0000	1.0000
2	2.0100	2.0200	2.0300	2.0400	2.0500	2.0600	2.0700	2.0800	2.0900	2.1000	2.1100	2.1200	2.1300	2.1400	2.1500	2.1600	2.1700	2.1800	2.1900	2.2000
3	3.0301	3.0604	3.0909	3.1216	3.1525	3.1836	3.2149	3.2464	3.2781	3.3100	3.3421	3.3744	3.4069	3.4396	3.4725	3.5056	3.5389	3.5724	3.6061	3.6400
4	4.0604	4.1216	4.1836	4.2465	4.3101	4.3746	4.4399	4.5061	4.5731	4.6410	4.7097	4.7793	4.8498	4.9211	4.9934	5.0665	5.1405	5.2154	5.2913	5.3680
5	5.1010	5.2040	5.3091	5.4163	5.5256	5.6371	5.7507	5.8666	5.9847	6.1051	6.2278	6.3528	6.4803	6.6101	6.7424	6.8771	7.0144	7.1542	7.2966	7.4416
6	6.1520	6.3081	6.4684	6.6330	6.8019	6.9753	7.1533	7.3359	7.5233	7.7156	7.9129	8.1152	8.3227	8.5355	8.7537	8.9775	9.2068	9.4420	9.6830	9.9299
7	7.2135	7.4343	7.6625	7.8983	8.1420	8.3938	8.6540	8.9228	9.2004	9.4872	9.7833	10.0890	10.4047	10.7305	11.0668	11.4139	11.7720	12.1415	12.5227	12.9159
8	8.2857	8.5830	8.8923	9.2142	9.5491	9.8975	10.2598	10.6366	11.0285	11.4359	11.8594	12.2997	12.7573	13.2328	13.7268	14.2401	14.7733	15.3270	15.9020	16.4991
9	9.3685	9.7546	10.1591	10.5828	11.0266	11.4913	11.9780	12.4876	13.0210	13.5795	14.1640	14.7757	15.4157	16.0853	16.7858	17.5185	18.2847	19.0859	19.9234	20.7989
10	10.4622	10.9497	11.4639	12.0061	12.5779	13.1808	13.8164	14.4866	15.1929	15.9374	16.7220	17.5487	18.4197	19.3373	20.3037	21.3215	22.3931	23.5213	24.7089	25.9587
11	11.5668	12.1687	12.8078	13.4864	14.2068	14.9716	15.7836	16.6455	17.5603	18.5312	19.5614	20.6546	21.8143	23.0445	24.3493	25.7329	27.1999	28.7551	30.4035	32.1504
12	12.6825	13.4121	14.1920	15.0258	15.9171	16.8699	17.8885	18.9771	20.1407	21.3843	22.7132	24.1331	25.6502	27.2707	29.0017	30.8502	32.8239	34.9311	37.1802	39.5805
13	13.8093	14.6803	15.6178	16.6268	17.7130	18.8821	20.1406	21.4953	22.9534	24.5227	26.2116	28.0291	29.9847	32.0887	34.3519	36.7862	39.4040	42.2187	45.2445	48.4966
14	14.9474	15.9739	17.0863	18.2919	19.5986	21.0151	22.5505	24.2149	26.0192	27.9750	30.0949	32.3926	34.8827	37.5811	40.5047	43.6720	47.1027	50.8180	54.8409	59.1959
15	16.0969	17.2934	18.5989	20.0236	21.5786	23.2760	25.1290	27.1521	29.3609	31.7725	34.4054	37.2797	40.4175	43.8424	47.5804	51.6595	56.1101	60.9653	66.2607	72.0351
16	17.2579	18.6393	20.1569	21.8245	23.6575	25.6725	27.8881	30.3243	33.0034	35.9497	39.1899	42.7533	46.6717	50.9804	55.7175	60.9250	66.6488	72.9390	79.8502	87.4421
17	18.4304	20.0121	21.7616	23.6975	25.8404	28.2129	30.8402	33.7502	36.9737	40.5447	44.5008	48.8837	53.7391	59.1176	65.0751	71.6730	78.9792	87.0680	96.0218	105.9306
18	19.6147	21.4123	23.4144	25.6454	28.1324	30.9057	33.9990	37.4502	41.3013	45.5992	50.3959	55.7497	61.7251	68.3941	75.8364	84.1407	93.4056	103.7403	115.2659	128.1167
19	20.8109	22.8406	25.1169	27.6712	30.5390	33.7600	37.3790	41.4463	46.0185	51.1591	56.9395	63.4397	70.7494	78.9692	88.2118	98.6032	110.2846	123.4135	138.1664	154.7400
20	22.0190	24.2974	26.8704	29.7781	33.0660	36.7856	40.9955	45.7620	51.1601	57.2750	64.2028	72.0524	80.9468	91.0249	102.4436	115.3797	130.0329	146.6280	165.4180	186.6880

1元普通年金现值表

期数	利率																			
	1%	2%	3%	4%	5%	6%	7%	8%	9%	10%	11%	12%	13%	14%	15%	16%	17%	18%	19%	20%
1	0.9901	0.9804	0.9709	0.9615	0.9524	0.9434	0.9346	0.9259	0.9174	0.9091	0.9009	0.8929	0.8850	0.8772	0.8696	0.8621	0.8547	0.8475	0.8403	0.8333
2	1.9704	1.9416	1.9135	1.8861	1.8594	1.8334	1.8080	1.7833	1.7591	1.7355	1.7125	1.6901	1.6681	1.6467	1.6257	1.6052	1.5852	1.5656	1.5465	1.5278
3	2.9410	2.8839	2.8286	2.7751	2.7232	2.6730	2.6243	2.5771	2.5313	2.4869	2.4437	2.4018	2.3612	2.3216	2.2832	2.2459	2.2096	2.1743	2.1399	2.1065
4	3.9020	3.8077	3.7171	3.6299	3.5460	3.4651	3.3872	3.3121	3.2397	3.1699	3.1024	3.0373	2.9745	2.9137	2.8550	2.7982	2.7432	2.6901	2.6386	2.5887
5	4.8534	4.7135	4.5797	4.4518	4.3295	4.2124	4.1002	3.9927	3.8897	3.7908	3.6959	3.6048	3.5172	3.4331	3.3522	3.2743	3.1993	3.1272	3.0576	2.9906
6	5.7955	5.6014	5.4172	5.2421	5.0757	4.9173	4.7665	4.6229	4.4859	4.3553	4.2305	4.1114	3.9975	3.8887	3.7845	3.6847	3.5892	3.4976	3.4098	3.3255
7	6.7282	6.4720	6.2303	6.0021	5.7864	5.5824	5.3893	5.2064	5.0330	4.8684	4.7122	4.5638	4.4226	4.2883	4.1604	4.0386	3.9224	3.8115	3.7057	3.6046
8	7.6517	7.3255	7.0197	6.7327	6.4632	6.2098	5.9713	5.7466	5.5348	5.3349	5.1461	4.9676	4.7988	4.6389	4.4873	4.3436	4.2072	4.0776	3.9544	3.8372
9	8.5660	8.1622	7.7861	7.4353	7.1078	6.8017	6.5152	6.2469	5.9952	5.7590	5.5370	5.3282	5.1317	4.9464	4.7716	4.6065	4.4506	4.3030	4.1633	4.0310
10	9.4713	8.9826	8.5302	8.1109	7.7217	7.3601	7.0236	6.7101	6.4177	6.1446	5.8892	5.6502	5.4262	5.2161	5.0188	4.8332	4.6586	4.4941	4.3389	4.1925
11	10.3676	9.7868	9.2526	8.7605	8.3064	7.8869	7.4987	7.1390	6.8052	6.4951	6.2065	5.9377	5.6869	5.4527	5.2337	5.0286	4.8364	4.6560	4.4865	4.3271
12	11.2551	10.5753	9.9540	9.3851	8.8633	8.3838	7.9427	7.5361	7.1607	6.8137	6.4924	6.1944	5.9176	5.6603	5.4206	5.1971	4.9884	4.7932	4.6105	4.4392
13	12.1337	11.3484	10.6350	9.9856	9.3936	8.8527	8.3577	7.9038	7.4869	7.1034	6.7499	6.4235	6.1218	5.8424	5.5831	5.3423	5.1183	4.9095	4.7147	4.5327
14	13.0037	12.1062	11.2961	10.5631	9.8986	9.2950	8.7455	8.2442	7.7862	7.3667	6.9819	6.6282	6.3025	6.0021	5.7245	5.4675	5.2293	5.0081	4.8023	4.6106
15	13.8651	12.8493	11.9379	11.1184	10.3797	9.7122	9.1079	8.5595	8.0607	7.6061	7.1909	6.8109	6.4624	6.1422	5.8474	5.5755	5.3242	5.0916	4.8759	4.6755
16	14.7179	13.5777	12.5611	11.6523	10.8378	10.1059	9.4466	8.8514	8.3126	7.8237	7.3792	6.9740	6.6039	6.2651	5.9542	5.6685	5.4053	5.1624	4.9377	4.7296
17	15.5623	14.2919	13.1661	12.1657	11.2741	10.4773	9.7632	9.1216	8.5436	8.0216	7.5488	7.1196	6.7291	6.3729	6.0472	5.7487	5.4746	5.2223	4.9897	4.7746
18	16.3983	14.9920	13.7535	12.6593	11.6896	10.8276	10.0591	9.3719	8.7556	8.2014	7.7016	7.2497	6.8399	6.4674	6.1280	5.8178	5.5339	5.2732	5.0333	4.8122
19	17.2260	15.6785	14.3238	13.1339	12.0853	11.1581	10.3356	9.6036	8.9501	8.3649	7.8393	7.3658	6.9380	6.5504	6.1982	5.8775	5.5845	5.3162	5.0700	4.8435
20	18.0456	16.3514	14.8775	13.5903	12.4622	11.4699	10.5940	9.8181	9.1285	8.5136	7.9633	7.4694	7.0248	6.6231	6.2593	5.9288	5.6278	5.3527	5.1009	4.8696

参考文献

1. 中国注册会计师协会. 财务成本管理. 北京:经济科学出版社,2006
2. 财政部会计资格评价中心. 财务管理. 北京:中国财政经济出版社,2005
3. 陈玉菁. 中小企业财务管理通. 上海:立信会计出版社,2004
4. 朱开悉. 财务管理学. 长沙:中南大学出版社,2004
5. 吴井红. 中级财务管理. 上海:上海财经大学出版社,2005
6. 张纯 . 财务管理学 . 上海:上海财经大学出版社,2005
7. 宫巨宏 . 财务管理学. 北京:中国铁道出版社,2006
8. 彭林君. 财务管理. 上海:立信会计出版社,2005
9. 荆新等. 财务管理学. 4 版 . 北京:中国人民大学出版社,2006
10. 晏志高等. 财务分析与案例. 成都:西南财经大学出版社,2006
11. 陈国欣. 财务管理. 天津:南开大学出版社,2005
12. 王亚卓. 轻松学出纳. 南昌:江西人民出版社,2007
13. 殷佩英,任芳. 财务管理. 北京:北京出版社,2005
14. 戴书松. 财务管理. 北京:经济管理出版社,2006
15. 陈荣奎 . 公司财务管理. 厦门:厦门大学出版社,2006
16. 陈勇等. 财务管理案例教程/ 中国 MBA 教学案例教程丛书 北京:北京大学出版社,2004
17. 姚海鑫. 财务管理. 北京:清华大学出版社,2007
18. 彼得·阿特勒尔. 财务管理基础. 北京:机械工业出版社,2004
19. 罗斯,维斯特菲尔德,杰富. 公司理财. 北京:机械工业出版社,2000
20. 莱佛辛,柯林斯,约翰逊. 财务报告与分析. 北京:机械工业出版社, 2004
21. 布里格姆,贝斯利. 财务管理精要. 北京:机械工业出版社, 2003
22. 威廉 R. 拉舍. 财务管理实务. 北京:机械工业出版社, 2004
23. 布朗利二世,费里斯,哈金斯. 公司财务报告. 北京:机械工业出版社, 2005
24. 罗伯特 C. 希金斯. 财务管理分析. 北京:机械工业出版社, 1998
25. 财政部 http://www.mof.gov.cn